世界最高の
サイクリストたちの
ロードバイク・
トレーニング

ツール・ド・フランスの科学

ジェイムズ・ウィッツ 著／西薗良太 監訳

Training secrets
of the world's
best cyclists

THE SCIENCE OF THE TOUR DE FRANCE

東京書籍

THE SCIENCE OF THE TOUR DE FRANCE by James Witts
Copyright © James Witts, 2016
This translation of THE SCIENCE OF THE TOUR DE FRANCE
is published by TOKYO SHOSEKI CO., LTD.
by arrangement with Bloomsbury Publishing Plc.
through Tuttle-Mori Agency, Inc., Tokyo

CONTENTS

- 序章 **4**
  THE PROLOGUE
- **1** パワーメーター　トレーニング分析の始まり **8**
  POWER METERS
- **2** バイクフィッティング　調整、準備、実戦 **28**
  BIKE FITTING
- **3** ツールのための燃料補給 **48**
  FUELLING UP TO THE TOUR
- **4** ツールのためのトレーニング **66**
  TRAINING FOR THE TOUR
- **5** バイクとホイールの革新 **82**
  BIKE AND WHEEL INNOVATION
- **6** 塵も積もれば山となる　ウェア、ヘルメット、サドル **106**
  SUPPLEMENTING SPEED
- **7** 酸素を求めて **124**
  IN SEARCH OF OXYGEN
- **8** ピレネーとアルプス　神々の頂へ **144**
  PYRENEES AND ALPS
- **9** レースの燃料補給 **164**
  RACE FUELLING
- **10** 速やかな回復 **182**
  RAPID RECOVERY
- **11** 暑さに打ち勝て **202**
  BEAT THE HEAT
- **12** 極限域での進歩（マージナル・ゲイン）**2.0** **222**
  MARGINAL GAINS 2.0
- 用語集 **230**
- 索引 **233**

THE PROLOGUE
序章

　1893年、モリス・ガランは初めてプロ選手としてレースで優勝した。後にフランス国籍を取得する彼は、当時22歳。煙突掃除の仕事を7年間務めた後、2人の弟、フランソワとセザールと共同で自転車店を営んでいたのだが、彼の情熱はレースにこそあった。そこでガランは二足のわらじを履き、働くかたわらでレースに出場した。初優勝の晴れ舞台となったのは、パリで開催された24時間レースである。これは機材の良し悪しが成績を左右することをはっきり示す勝利でもあった——彼はそれまで乗っていた自転車をレース前に売り払い、ずっと軽量な自転車に買い換えていたのだ。軽量といっても重さは16kgを上回っていたが、この自転車を駆ってガランは24時間で701kmを走破し、2位の選手に49分の大差をつけてゴールインしたのである。

　このレースでは、時間と距離もさることながら、気温の面でも過酷だった。なんと2月に開催されたのだ。エネルギー補給のため、ガランは卵8個（もちろん調理したもの）、仔羊の肉45枚、そして数え切れないほどの牡蠣を7リットルの紅茶と19リットルのホットチョコレートで流し込んだというが、無理からぬ話である。

　その後10年間、ガランの機材と栄養補給の手段に大きな進歩はなかった。しかし、1903年に初開催されたツール・ド・フランスでも、彼は優勝を果たすことになる。距離268kmから471kmまでの6ステージを94時間33分14秒で走破し、3時間近い差をつけて同じフランスのリュシアン・ポティエを下した。友人のデラトルが食事を用意するなど、ガランのサポートはごく少人数で行われていたが、筋肉の痛みを和らげるためのソワニエ（世話係）を帯同していたことは注目に値するだろう。

　それからさらに100年以上の時を経た2015年、クリス・フルームは自身2度目となるツール総合優勝を成し遂げた。彼が駆ったカーボンファイバー製のピナレロ・ドグマF8の車重はたったの6.8kg。ガランの自転車より10kg近く軽量だ。また、ガランは独りでレースを戦ったが、フルームはチーム・スカイの8人の頼れるチームメイトたちからサポートを受けることができた。その結果、彼は84時間46分14秒で全21ステージを完走し、2位のナイロ・キンタナに1分12秒の差でパリの表彰台中央への登壇を果たしたのである。

　選手だけではない。チーム・スカイが現地に送り込んだサポートチームも極めて大規模であった。栄養学関連のデータを扱うスタッフや、機材面およびスポーツ科学の面でサポートを行うスタッフなど、様々な役割を持つ男女が分乗する機材トラックやキッチントラック、サポートカーによってホテルの駐車場が占領され、他のチームから苦情が出るほどであった。

　プロフェッショナルな自転車競技の世界において、チーム・スカイは科学的アプローチの最先端を走っている。それは事実だろう。だが、他のチームも手をこまねいているわけではない。以前はチーム予算のほぼすべてが選手への報酬に充てられていた。2016年現在も、選手のサラリーが年間予算の大部分を占めている状況そのものに変化

◁ モリス・ガラン。1903年の第1回ツール・ド・フランス優勝者。1953年7月26日、第50回ツール・ド・フランス最終日にパリのパルク・ド・プランスで行われたパレード・ラップにて

はなく、たとえばティンコフのペテル・サガンとアルベルト・コンタドールはどちらも400万ユーロの報酬を得ていると言われている。だが、選手だけに200万ユーロを払うより、選手に190万ユーロを払い、10万ユーロをスポーツ科学の世界的権威に払うほうがむしろ得だという認識が、各チームの間に浸透しつつある。

選手のトレーニングも様変わりし、以前は日が暮れるまで走るだけだったのが、トレーニングゾーン、パワーメーター、そしてコンピューター分析に基づいて能力強化が図られるようになった。栄養補給も同様だ。ガランの場合は牡蠣だったが、今では研究所で研究され、調整され、試験されたジェルが用いられている。

本書は、こうした時代の要請に応えて登場した。科学が自転車競技にどのように取り入れられているかを知るため、筆者は世界最高峰の選手たちに話を聞いて回ったが、取材はそれだけにとどまらない。なぜ特定の高さのホイールが好まれ、真水より電解質を含むドリンクが選ばれるのかといった疑問を徹底的に追究するため、チームの頭脳というべき人々にもインタビューを重ね、レースに同行した。

全12章で構成された本書には、スポーツサイエンティストやコーチの他、様々なチーム（ティンコフ、チーム・スカイ、モビスター、ジャイアント・アルペシン、BMCレーシング）に所属する栄養士も登場する。彼らには、「トレーニングキャンプに理想的な標高は？」「気温40℃以上の中で体温上昇を防ぐための工夫は？」「いったいなぜジャイアント・アルペシンの選手はタイムトライアルの前にスラッシュ（かき氷）を口にするのか？」といった質問に答えてもらった。

スポーツの現場で科学の力が活用されている——その事実に筆者は心躍らずにいられない。選手とサポートチームは、最新の理論を日々試している。そしてその中には、まったく新しい研究も少なくない。チーム・ディメンションデータのスポーツサイエンティストであるジョナサン・ベイカー博士は、次のように語ってくれた。「疲労の原因や出力向上の方法、そういった研究テーマに打ち込んでいる科学者は、世界中に大勢います。発表される論文も膨大で、その数は全世界で年間およそ1万編に達するでしょう。必要なのは、その中からこれぞという研究を拾い出し、応用できる成果を見つけ、時には細部に手を加えて、その研究から最良の部分を抽出することです。実験では確かに生理学的パラメーターが向上しているのに、雑然としたプロ競技の現場では何の役にも立たない。そんな研究もあるかもしれません」。

本書は便宜上、ツール・ド・フランスを話題の中心に据えている。もちろんこうした着想や現実への応用は、世界各地で開催されている他のプロ大会でも実践されているが、チームの年間報道の最大9割がツール・ド・フランスに関するものである以上、ツールこそがどのチームにとっても最重要のレースであるという事実は動かせない。「だからこそ誰もがツールに最良の戦略、最良の資材、最良のスタッフ、最良の選手で臨もうとするのです」。ティンコフで主任スポーツサイエンティストを務めていたダニエル・ヒーレーは語る。「ツールは自動車のF1レースのようなもの。F1では最適なタイヤの選択や素早いピット作業に全神経が注がれます。栄養、科学的トレーニング、機材の選択、これらすべてが私のコーチングメニューに含まれているのも同じ理由です」。

それにしても今、なぜ？　そう問う読者もいるかもしれない。90年代後半から2000年代にかけての時代にも、選手たちはカーボンフレームのバイクに乗り、エナジードリンクを飲んでいたが、単にそれだけの話だ。スポーツ科学の実践的応用は、EPOや自己血輸血といったドーピングスキャンダ

ルのせいで停滞してしまっていた。不正行為やその隠蔽に使える資金があるなら、どうしてコーチや料理人、バイクフィッティングのスペシャリストを雇う必要があろうか？　1998年のフェスティナ事件で発見された車のトランクいっぱいの禁止薬物やランス・アームストロングの薬棚は、少々の金でどうにかなる代物ではないのだ。ドーピングは確かに出力と持久力を向上させてくれるかもしれないが、そのためには相応の（倫理的、人間的な）対価を支払わねばならなかったのである。

生体パスポートが導入され――これについては標高に関する項で解説する――、ビャルネ・リースやヤン・ウルリッヒといったドーピングの助けを借りた選手たちが活躍していた時代と比較して出力が実際に低下していることを考えると、近年の自転車競技界は以前よりクリーンになっていると考えて良いだろう。もちろんいずれは（「いずれは」ではなく「すでに」かもしれないが）誰かがまた別の手口を考え出すに違いない。専門家いわく、自転車競技をクリーンに保つ上で大きな障害となっているのは、EPOの超微量摂取を行う選手がいることだ。そこでUCIやWADA（世界アンチ・ドーピング機関）は、ヤニス・ピツラディスのような研究者に投資し、選手のDNAからEPO使用を検出する検査の実用化を急いでいる（チームだけでなく、統括団体もまた最先端の科学を利用しているのだ）。ともあれ、事態は改善の方向に向かっているのは間違いない。MPCC（信頼できる自転車界を作るムーヴメント）の活動や、スカイをはじめとするチームがドーピング歴のある選手を排除したことで、自転車競技界は以前より風通しが良くなっていると言えそうだ。筆者としては、狡猾な者だけが得をする、「沈黙の掟」的な文化が根絶されることを願うばかりである。

これも、またあらかじめ述べておくべきであろう。本書は、科学に基づくトレーニング法、栄養補給、機材に焦点を当てている。選手の精神状態やチーム内での振る舞いも興味深いテーマだが、これらについて今回は深く切り込んでいない。もちろんだからといって、科学者や機材メーカーがフルームやコンタドールのやり方に何ひとつ口を挟まないというわけではない。また、時としてUCIは、厳しすぎるように思えるルールを課すこともあり、バイクの設計についてはその傾向が特に著しい。これは自転車競技がバイクの性能勝負にならないようにするためであり、規則書にはそのためのルールがそこかしこに書かれているが、自転車業界は矢継ぎ早に革新的な手法を考案し、バイクの高速化を加速させている。

自転車競技ほど限界に挑み続けているスポーツはない。だからこそ自転車競技では、チーム・スカイがいみじくも「極限域の進歩（マージナル・ゲイン）」と名づけたような、新たな方法が次々に取り入れられているのである。ただし、これから書くことは超一流選手限定かというと、決してそうではない。本書で紹介しているやり方や実践例の多くは、読者自身の成績向上にも容易に応用可能だ。確かにナイロ・キンタナのように軽々と山を駆け上ることや、ファビアン・カンチェラーラのようなパワフルさでタイムトライアルを走り切るのは無理かもしれないが、問題の本質はそこにはない。本書から得られる情報を最大限に取り入れれば――100万円を超えるような超高級バイクから得られるパフォーマンスは別として――読者はきっと望みうる最高のサイクリストになれるはずだ。パリの表彰台に立つことはできなくても、本書の購入を後悔することはないだろう。アレ、アレ、アレ！（Allez, allez, allez!）

> ツールは自動車のF1レースのようなもの……栄養、科学的トレーニング、機材の選択、これらすべてが私のコーチングメニューに含まれているのも同じ理由です。
>
> ダニエル・ヒーレー
> （ティンコフ）

POWER METERS
パワーメーター
トレーニング分析の始まり

「走れ。とにかく走れ」。どうすれば強くなれるのかと尋ねられ、エディー・メルクスがこう答えたという逸話は有名だ。ツール・ド・フランスとジロ・デ・イタリアでの総合優勝各5回、クラシックでの優勝28回、マイヨ・ジョーヌ着用日数96日、等々……このトレーニング方法がまったく的外れでないことは、彼が残したプロ通算525勝という不朽の大記録が証明している。「量が大切」というメルクスのやり方には、相応の効果が確かにあるのだ。一方、同じくツールを5度制したジャック・アンクティルは、対照的に距離よりも強度を重視し、自動車の後ろについて高速で走る2時間のセッションをトレーニングプランの中心に据えていた。

どのような方法論に基づいてトレーニングをするにせよ、発揮する力を計測するのは地図とストップウォッチと流れ落ちる汗であり、厳しさを決定するのは何度も繰り返されるスプリントやチームメイトとの競り合い、坂を駆け上がる速さであった。多くの選手にとって週あたり400km超の練習はごく普通のことであり、メルクスが実証したように、確かに一部の選手には効果のあるトレーニング方法であったが、やがて様々なトレーニングツールが登場し、選手やチームはより定量的な方法で目標を達成できるようになっていく。プロ自転車競技の商業的側面において、こうしたトレーニングツールの重要性は今も高まり続けている。中でも、自転車競技に与えた技術的なインパクトの大きさにおいて他のツールを圧倒しているもの、それがパワーメーターだ。

ツール・ド・フランスを3度制したグレッグ・レモンは、SRMパワーメーターの創設者、ウルリッヒ・ショーバーに世界チャンピオンの証しであるアルカンシェルを贈った際、その虹色のジャージに「1983年にスイスで世界チャンピオンになったときにSRMがあったら、もっともっと勝利を積み重ねることができたろうに」と書き添えた（ちなみにSRMとは、"ショーバー・ラート・メステクニク〈ショーバー・バイク技術測定〉"の頭文字である）。1986年、エンジニアの卵であり、自転車選手でもあったショーバーは、選手からのフィードバックをもっと正確にできないものかと思案していた。

◁1972年、エディー・メルクスはツール・ド・フランス4連覇を達成。彼には間違いなく力があったが、頼れるのはストップウォッチだけだった

彼の悩みは、「ペダル回転数（ケイデンス）、スピード、心拍数はどれも風速や気温、地形といった変動要素の影響を受けてしまう」ことであった。ただひとつ不変のもの、それは出力だ。そこで彼は、クランクで出力を計測するSRMの設計と開発に着手、1988年に市販を開始する（レモンは最初にSRMのパワーメーターを購入した選手のひとりだった）。

発売からの数年間、SRMの使用者はわずかなアマチュアサイクリストと、さらに少ないプロ選手に限定されていた。普及を阻んでいたのは、価格と複雑さであった。さらに1990年代のプロ競技の世界は、ドーピングの横行という問題も抱えていた。「ドーピングはパフォーマンスを向上させる科学的手法の発展を鈍化させました。そこにはパワーメーターの発展と普及も含まれています」。こう語るのは、2015年のツール・ド・フランスで総合2位になったナイロ・キンタナを擁するモビスターのコーチでスポーツサイエンティストでもあるミケル・サバラである。「コーチはほとんどおらず、心理学者など皆無で、生体力学者もいない……ドーピングするしか方法はないと思われていたのです」。

「現在、このスポーツは以前よりクリーンになり、パワーメーターはあらゆる選手にとってトレーニングの中核となっています。パワーメーターは選手がこなすべきトレーニングの量だけでなく、トレーニングの負荷やトレーニングによる刺激への反応、以前のパフォーマンスとの比較、さらには将来予測の数値化にも役立ちます。また、レースの途中で作戦を変更する際にも有益です」。

2013年のツールでクリス・フルームがモン・ヴァントゥの上りで見せた走りは、その何よりの証拠だ。59分を超える力走の末にステージを制したフルームは（ゴール直後、救護スタッフによる酸素吸入を受けることになりはしたが）、途中こまめにSRMの表示をチェックしていた。彼は5度アタックを仕掛けたが、力を振り絞った後は必ずSRMを見て結果を確認したという。彼は自分の限界を把握しており、全力で走れる時間と回数も心得ていたのだ。このやり方が効果抜群だったことは言うまでもない。この年、彼はツールで初の総合優勝を果たしたのだから。

そもそも出力とは？

これ以上ないくらい簡単に言えば、出力＝力 × 距離 ÷ 時間であり、単位にはワットが用いられる（ルーメンなる単位が登場する以前は、電球の明るさもワットで表されていたものだ）。自転車の世界に当てはめれば、「選手とバイクを一定距離移動させるのに必要なエネルギー」と表現できるだろう。自転車選手の出力の計算は、上の式よりもっと複雑だが、選手が発生させる力が大きいほど出力も大きくなり、時間あたりの移動距離は延びると考えておけば間違いない。これを計測するのはパワーメーターに内蔵された歪みゲージの役割であり、「ブリッジ回路」と呼ばれるもの、すなわち既知かつ一定の抵抗と組み合わせて計測される。

力が加わると歪みゲージは変形し、電気抵抗に変化が生じる。また、押し出された電子によって電圧が生じる「圧電効果」もある。力が加わることによるこの2つの反応により、回路の平衡に乱れが生じるわけだが、その差および結果として発生する電磁力を効果的に測定することで、力を定量化可能な測定結果へと変換するのである。もしUCIがレース中の選手の出力をリアルタイムで放送することがあったら、こうした仕組みをちょっと思い出していただきたい。イェンス・フォイクトが2014年に引退を表明した際、彼はイギリスのニュー・フォレストで「選手の出力値は今後も高まっていくだろう」と話してくれた。

「初めてレースに参加するようになった頃のことを、今でも覚えているよ。450ワットで10分間プッシュして後ろを振り返ると、そこにはもう誰もいなかった」。大胆な逃げで知られるフォイクトはこう回想してくれた。「それが最近では、同じことをしても、80人くらいの選手がちぎれずについてくるんだ！」。

選手の出力を正確に計算するため、歪みゲージはペダルにできるだけ近い場所に配置しなければならないことを、ショーバーは認識していた。彼がSRMをクランクと一体化させた理由もそこにある。市場には軽さが勝負の製品も存在するが、選手の出力を測定する装置として、SRMは今も定番中の定番だ。

「今や私が知る限り、すべての選手がパワーメーターを使っています。我々の場合は以前からSRMを使い続けています。様々な機種が次々と登場していますが、SRMは正確ですし、使い勝手もいいですからね」。BMCレーシングのスポーツサイエンティスト兼パフォーマンスコーチ、デイヴィッド・ベイリーはそう語る（BMCにはティージェイ・ヴァン・ガーデレンや、アワーレコードの元記録保持者であるローハン・デニスが所属）。

2015年には、トレック・セガフレード、アスタナ、ティンコフなど、ワールドツアーに属する10チームがSRMから機材供給を受けた。チーム・スカイが使用したのはStagesで、これは左クランクからデータを取り、それを単純に2倍して左右合計の出力値を得る仕組みだ。他の主要チームに目を向けると、アージェードゥーゼル・ラ・モンディアルがQuarq、モビスターとエティックス・クイックステップがPower2Maxを採用。Rotorはランプレ・メリダと提携。キャノンデール・ガーミンは当然ながらガーミンのペダル内蔵メーターであるVectorを使用し、ロットNL・ユンボとジャイアント・アルペシンは左右のクランクで出力を測定するタイプのパワーメーターの供給をパイオニアから受けるといった具合になっている。

ジャイアント・アルペシンのスプリンター、ジョン・デゲンコルブのスポーツサイエンティストであるトゥーン・ヴァン・エルプは言う。「3年間SRMを使っていましたが、今はパイオニアを使用しています。得られるデータはSRMとほぼ同じなので、以前のデータをパイオニアで得たデータに組み込むことも可能です」。

元祖であるSRMの他にも様々なパワーメーターが使用されるようになってきており、その要因は2つある。1つは、SRMとの精度差が以前ほどではなくなってきていること。もう1つは、スポンサー料の問題だ。実際、最低でも年間700万ユーロの運営資金が必要なワールドツアー・チームにとって、これは重要な要素である。スポンサーがパワーメーターを作っているなら、それを採用しない理由はどこにもない。

パワーメーターとその使い方は、2012年のツール・ド・フランスにおいて、選手やファンに明確な形で認識されることになった。この大会でブラッドリー・ウィギンスと彼のチームメイトたち（そこにはクリス・フルームやリッチー・ポートも含まれていた）は、パワーメーターの表示どおりに山岳を走ることにより、ライバルたちの息の根を止めたのだ。そこにロマン溢れる"パナッシュ"——フランス語からの造語で、トマ・ヴォクレールが得意とする長距離の逃げのようなヒロイックな行為を意味する

▽BMCのバイクに取り付けられたSRMのパワーメーター。ツール・ド・フランスにて

——はなかった。純粋かつ客観的な数字が勝利をもたらしたのである。

ダウセットの"気づき"

　数値とデータは、1秒差にしのぎを削るTTスペシャリストの領分でもある。2015年に初めてツールを走ったモビスターのアレックス・ダウセットは、その年の5月にアワーレコードで52.937kmの新記録を樹立したが、わずか1カ月後にブラッドリー・ウィギンスが54.526kmを叩き出し、記録を塗り替えてしまった。

　イギリス出身のダウセットは、2010年、トレック・リブストロングのアンダー23育成チームからチーム・スカイに加わり、2012年末にスペインのモビスターに移籍した。「自分のキャリアにとってベストだと感じたことを実行するには、チーム・スカイを離れるしかなかった」とは彼自身の弁だが、パワーメーターの可能性を彼に気づかせたのは、そのチーム・スカイだった。

　「以前は感覚だけでレースをしていたんだ。2012年、モビスターに移籍する前に世界選手権に出たんだけど、きっとさんざんな結果に終わるだろうと思っていたよ。なにしろその年の初めに肘を骨折した後、あまり調子が上がっていなかったし、オランダのコースはすごくキツかったからね。そんなとき、ショーン［・イェーツ。スポーツディレクター（監督）］がアドバイスしてくれて、結果としてこれが大正解だったんだ」。

　2012年の世界選手権個人タイムトライアルは、ヘールレンからファルケンブルフまでの全長46.2kmのコースで争われた。途中には急勾配の上りが3カ所あり、特にアムステル・ゴールド・レースにも登場するカウベルグは、距離1,200m、平均勾配5.8%、最大勾配12%と、短いがかなりの難所であった。

　「丘が多くてテクニカルだったから、ショーンには出力を見ながら走れと言われたんだ。そうすれば自滅せずに済むとね。出力を確認しながら走ったのはこのときが初めてだったけれど、平地では420ワット、上りでは450ワット、下りでは流して走ったよ。結果は8位。さんざんなシーズンの後だったから、僕としては嬉しかったね。以来、僕はトレーニングでもレースでも、出力に注意して走るようになったんだ」。

　ダウセットが1時間以上のレースでこれほどの数値を維持し続けたことは驚嘆に値するが、キッテルのような超一流スプリンターなら、走行時間こそ10秒に満たないも

▽モビスターのアレックス・ダウセットにパワーメーターのメリットを気づかせたのは、古巣のチーム・スカイだった

△マルセル・キッテル(中央。撮影当時はジャイアント・シマノ)のゴールスプリント中の出力は1,900ワットに達するという

のの、1,900ワットものパワーを出すと言われている。もっともキッテルは、自分がどれだけの出力を発生させているか、自覚していないだろう。多くのプロ選手がそうであるように、彼もレース中はパワーメーターの表示を隠し、スプリントを開始するタイミングを見極める直感が数字によって惑わされないようにしているからだ。出力と直感をバランスさせることは、モビスターのスポーツサイエンティストであるサバラが注目しているテーマでもある。
「キンタナが山岳で逃げを仕掛ける際は、感覚とパワーメーターの両方に基づいて判断しています。出力だけを頼りにしている選手はレースで勝てません。創造性を発揮し、自分の感覚に耳を傾けることが必要です。だからこそナイロ[・キンタナ]やコンタドールは、恐れることなく、はるか遠くからでもアタックできるのでしょう。そうしたアタックは、他の選手の目には自殺行為と映るかもしれません。パワーメーターを見て、追走しても出力を維持できないと考えるライバルも多くいるでしょう。しかしナイロは彼らの顔やプロトンの中での位置など、様々な要素を見ています。創造的であること、そして勇敢であること。それが大切なのです」。何にせよ、レース中もパワーメーターには果たすべき重要な役割があるということだ。そしてその真価が発揮されるのは、何と言ってもトレーニングである。

トレーニングの共通言語

1990年代のクリス・ボードマンとグレアム・オブリーの戦いは、今や伝説と化している。2人はいずれもTTスペシャリストで、イタリアのフランチェスコ・モゼールが1984年に樹立したアワーレコードを破るという夢を抱いていた。生まれながらの理論派だったボードマンは、ロータスが製作した極めて高価で高性能なカーボンモノコッ

ク構造のスーパーバイクを使い、新記録を樹立した。スコットランドのオブリーも新記録を樹立したが、そのやり方はボードマンより慎ましいものだった。彼は自作の自転車でアワーレコードに挑んだのだが、そこには洗濯機の部品までもが使われていた。

ボードマンは言う。「グレアムは大したものですよ。彼がしていたような、純粋に感覚だけを頼りにレースやトレーニングをするという考え方は、私も大好きです。だけどそうしたやり方は、今ではほとんど通用しないと思いますね」。

ボードマンはプロに転向し、フランスのガンやクレディ・アグリコールといったチームでキャリアを重ねたが、オブリーはアマチュアであり続け、直近では伏せた姿勢での自転車による世界速度記録を更新している。一方、2000年にプロ競技から引退した後のボードマンは、自身のバイクブランドを創設し、ITVのツール・ド・フランス中継に解説者として出演もしている。ボードマンは最初にパワーメーターを導入した選手のひとりでもあり、今日のプロ自転車競技にこの機器が与える影響の大きさを早くから理解していた。

独特のリバプール訛りでボードマンは語ってくれた。「この20年間はまさに玉石混交でした。しかし、多くのまがい物の中にも、優れたアイデアや真実は確かにひそんでいたのです。そのひとつがパワーメーターです。しかし、データの活用方法を知らなければ、膨大な数字が手許に残っただけだったでしょう。そこに現れてくれたのが、ピーター・キーン[ボードマンのコーチ]でした。パワーメーターのパイオニアとしての彼の重要性はあまり認識されていませんが、過小評価もいいところです。なにしろトレーニングのための"共通言語"を生み出したのは、他ならぬ彼なのですから」。

ジュニア時代はトラック競技の選手としてナショナルチームに属していたキーンは、チチェスター大学でスポーツサイエンスを学び、この新たな学位をイギリスで取得した最初のひとりとなった。1986年、22歳の若さで彼はボードマンのコーチとなる。それから6年後、ボードマンはバルセロナオリンピックの4,000m個人追い抜きで金メダルを獲得。自転車競技では1920年以来となる金メダルをイギリスに持ち帰った。そして、国営宝くじがスポンサーについて1年目の1996年、キーンはイギリス自転車連盟

△フランスのチーム、ガンで走っていた頃からクリス・ボードマンはパワーメーターを愛用していた

の強化監督に就任。彼の影響（特にゾーンシステムによるパワートレーニング）がイギリス自転車連盟の取り組み方を一変させ、やがてはプロ競技の方向性をも変えたとボードマンは断言する。

「パワートレーニングにおける"ゾーン"を発案したのはキーンです。ゾーンにはレベル1から4までがありました。鍛えられる生理学的要素はそれぞれ異なります。現在では、コーチによってゾーンの数は6つ、あるいは7つにまで増えていますが、このシステムの考案はパワートレーニングを根底から前進させました。なにしろそれまでは、『すごくキツイ』とか『すごくラク』といった曖昧な表現しかなく、人によってその意味はてんでばらばらといった状態でしたから」。

キーンによる出力とトレーニングゾーンの導入には、他の2つのトレーニング指標、すなわち心拍数とトレーニング強度に関する選手からのフィードバックを補完する効果もあった。そしてボードマンが"3つのP"と呼ぶもの、つまり出力、心拍、認知を向上させるという考え方は、自転車競技に革命を巻き起こし、キーンがイギリス自転車連盟を去った後の2003年、1998年から相談役としてイギリス自転車連盟で働いていたデイヴ・ブレイルスフォードの強化監督就任へとつながっていくのである。キーンの優れたやり方を継承したブレイルスフォードとイギリス自転車連盟は、"3つのP"を極限まで向上させ、2004年のオリンピックでさらに2個の金メダルを獲得することに成功。北京オリンピックとロンドンオリンピックでは、それぞれ8個の金メダルを獲得するまでになる。さらに、それと並行してブレイルスフォードは2010年にチーム・スカイを立ち上げて自らマネージャーに就任し、ウィギンスとフルームによる2012、13、15年のツール・ド・フランス制覇のお膳立てをすることになったのだ。

ボードマンは言う。「現在のチーム・スカイや他チームにおける出力の位置づけは、キーンに端を発します。チーム・スカイでは、イギリス自転車連盟やキーンが始めたやり方を、基本的にはそのまま引き継いでいるのです」。

ボードマンの言葉にもあるように、現在ではワールドツアー・チームの多くが、アメリカのアンドリュー・コーガン博士やハンター・アレンが考案した、キーンの発案をさらに進化させた7ゾーンシステムを採用している。ゾーンごとの狙いについては、コラム「数字によるトレーニング」（16ページを参照）に詳しいが、コーガン博士の分類を強度順に並べると、アクティブレスト、エンデュランス、テンポ、乳酸性閾値、最大酸素摂取量、無酸素能力、神経筋出力となる。これらをどう使い分けるかは状況次第で、たとえば過酷なトレーニングやレースの後は「アクティブレスト」ゾーンを用いることになる。

かつて自転車のトレーニングといえば、サポートスタッフの「アレ、アレ、アレ」（「アレ」は英語の「ゴー」に相当するフランス語）という掛け声の中、水が入ったボトルだけを頼りに、日が暮れ、選手がふらふらになるまで続けるものと相場が決まっていた。しかし今日、プロ選手のトレーニングの大部分は、ゾーンに基づいて立案・実行されている。

「パワーメーターとゾーンシステムが僕のトレーニングへの取り組み方を変えたのは間違いない」。こう語るのはBMCレーシングに属し、ツール完走3回の実績を持つアメリカのブレント・ブックウォルターだ。「1年の中のどの時期かによって、守るべきゾーンやこなすべきセッションは違うんだけど、なにしろずっと自転車に乗ってきたわけだから、選手の多くはパワーメーターに表示されるのとだいたい同じパワーを感覚で出せるんじゃないかな。だけど、最近のツールは走るだけでも大変だから、きちんと検証できるのは良いことだよ」。

数字によるトレーニング

○アメリカ人コーチであるアンドリュー・コーガン博士とハンター・アレンは、特定の生理学的パラメーターや能力を重点的に鍛えられるよう、パワートレーニングを次の7つのゾーンに分けるシステムを考案した。トレーニング走行の際、選手個々人のゾーンごとの出力をステムに貼るのは、プロチームでよく行われているひと工夫だ。

トレーニングゾーン	出力	生理学的順応	具体的効能
1 回復	閾値の55%以下	血流を増やし、老廃物の除去と栄養の運搬を促す	回復促進；より過酷な練習のための土台作り
2 基礎的エンデュランス	56–75%	脂質代謝を促す；筋肉、腱、靭帯、神経系を自転車競技に適したものにする	エネルギー利用効率の向上
3 テンポ	76–90%	炭水化物代謝を強化する；遅筋の一部を速筋に変化させる	持続可能出力の向上
4 閾値	91–105%	炭水化物の代謝能力をさらに強化する；乳酸性閾値を向上させる	レースで持続可能なスピードは向上するが、このゾーンでの長時間の走行は倦怠感と疲労を生じさせる可能性がある
5 最大有酸素出力	106–120%	心臓血管系と最大酸素摂取量の強化	タイムトライアル能力と短期的疲労への耐性の向上
6 無酸素能力	>121%	30秒から3分までの短時間高強度の運動は無酸素能力を高める	集団から逃げる能力の構築
7 神経筋出力	最大	最大筋出力の増大；特定ケイデンスでのペダリング時における神経的制御能力の向上	スプリント力の向上

自転車界のルネッサンス人

　ティンコフ時代のダニエル・ヒーレーの肩書きは、主任スポーツサイエンティストであった。プロ自転車競技におけるスポーツサイエンティストの役割は、近年ますます重要なものになっているが、ニュージーランド出身のヒーレーは、そうした流れを受けて2014年末にBMCレーシングからティンコフに移籍した。「90年代半ば、まだ大学生だった頃から、私はSRMとトレーニングゾーンを用いてきました。皮肉な話ですよ。ティンコフで私がしていたような仕事を得ることは、当時は望むべくもありませんでした。そもそも当時のプロ自転車界には、"スポーツサイエンティスト"なる職業そのものが存在しなかったのです」。
　ルネッサンス期の多芸多才な人々が時に「ルネッサンス人」と呼ばれるように、ヒーレーはスポーツサイエンスのルネッサンス人と言える。彼は、コーチングに始まり、栄養学や生理学、さらには機材に至るまで、様々なことを知り尽くしている。彼のこの"知的財産"こそ、億万長者として知られるチームオーナー、オレグ・ティンコフが、勝利を追い求めるために大金をはたいて手に入れようとしたものだ。
　「ゾーンがどのように機能するか、一例を挙げましょう。アルベルト［・コンタドール］のような選手については、7月のツール・ド・フランスに狙いを定め、12月にはすでに準備を始めました。つまり、まずは調子を整え、そこからさらに鍛えていくわけですが、高出力や高強度のトレーニングはあまり行いません。はっきりと言えるのは、特定ゾーンに絞ってのトレーニングは、

▽ほぼすべてのプロ選手と同じく、スペインのアルベルト・コンタドールもパワーゾーンに従ってトレーニングを行っている

◁ブラッドリー・ウィギンスによる2012年のツール制覇は、チームが立てた数字戦略に基づくところが大きい

アルベルトのような選手にとって、シーズンを通して活躍するための準備となる、一連の生理学的変化を生じさせるということです」。

一般に12月のトレーニングの目的は、オフシーズンが終わってレースシーズンが近づいてきたとき、より厳しい練習に耐えられるしっかりした土台を築くことだ。最近では早くも1月に開催されるツアー・ダウンアンダーがシーズン開幕戦となる選手も少なくない。

先にヒーレーが話してくれたシーズン序盤の調整で主に重視されるのは、酸素を運搬し、活用する能力の向上である。ツール・ド・フランスのような究極の持久系レースでは、この能力が何よりも重要となる。順応は多岐にわたるが、とりわけ重要なのは、運動筋中のミトコンドリア数の増加、筋肉の毛細血管の太さと数の向上、酸素運搬能力を高めるためのヘモグロビンとその血漿中濃度の増大、血漿量の増加と血液循環の改善による体温調整の向上、グリコーゲン貯蔵量の増大（やがて高強度のレースで役立つ）の5つである。「これを達成するため、11月と12月の大半を回復やテンポゾーンでの高出力［とはいっても、まだ強度そのものは比較的低い］に的を絞るよう、選手たちを指導することになります」。

ここまでは納得だが、ヒーレーやチーム・スカイのケリソンは、アクティブレストやテンポといったトレーニングゾーンをどのようにして設定しているのだろう？「オフシーズンのトレーニングキャンプで選手全員を詳しく調べ、フィットネスレベルが向上しているか確かめると同時に、一人ひとりに個別のトレーニングゾーンを指示します」。

「ゾーンの設定にあたっては、判断基準となるものが必要ですが、それを私たちは"閾値"と呼んでいます。"1時間維持できる最大出力"が閾値の定義ですが、この出力を維持するのはかなり大変ですし、その後のトレーニングセッションで求める効果にも影響するので、閾値の測定は多くの場合、トレーニングキャンプの後半に、時間を20分に短縮して行われます。そしてこの測定値から5％を引いたものが、1時間の予測値、つまり閾値となります」。

閾値の重要性

閾値、あるいは乳酸性閾値があらゆるゾーンの設定基準として用いられているのは、これが3つの重要な変数、すなわち最大酸素摂取量、ある一定時間に維持し続けられるのが最大酸素摂取量の何割程度か、そして効率を統合した、持久系自転車競技能力における最も重要な生理学的決定要因だからである。

「基本的には、閾値では生成されたのと同じだけ乳酸を消費しています。乳酸の大半はリサイクル可能なので、このレベルであれば苦しいながらも長時間維持することが可能です。これより強度が上がると、乳酸が蓄積し始め、VO_2ゾーン、すなわちレッドゾーンに突入します。原則として、閾値が向上するということは、その選手がより強くなることを意味しますが、このゾーンでトレーニングする量はきっちりと限定されて、コントロールされた分量であるべきです」。

プロ選手のFTP（実効的出力閾値。こと出力に関する限り、"実効的出力閾値"と"閾値"は同義と考えて差し支えない）は門外不出の秘密だが、ブラッドリー・ウィギンスの実効的出力閾値は440ワットから460ワットの間だと言われている（アワーレコードを塗り替えるペースを維持するのに役立ったはずだ）。また、外部に流出した2015年のツールの写真には、420ワットというアルベルト・コンタドールの出力が写っていたと言われている。毎週5時間から7時間トレーニングする熱心なホビー・サイクリストの出力は、250ワットを下回る程度だろう。

実際、閾値と出力データは選手のパフォーマンスを推し量るのに非常に重要であり、2013年のツールでクリス・フルームが薬物使用の嫌疑をかけられた際、チーム・スカイはフランスの『レキップ』紙に彼の2年分の出力データを公開したほどである（専門家たちはこのデータを検討し、高強度で1時間走った後に60ワットほど出力が落ち込んでいるのはツール期間中の選手として自然であることから、フルームはドーピングをしていないと結論づけた）。2015年もスカイは同様の措置が必要だと判断したが、それについてはコラム「フルームの出力」で検証している。

　選手一人ひとりのゾーンを割り出した後、コーチがそれを印刷してバイクのステムに貼り付けるのは、それほど珍しいことではない。ヒーレーは言う。「私がチームに持ち込んだやり方です。このカードの真ん中、閾値の部分に灰色の横線が引いてあります。冬の前半は、この線より下でトレーニングするよう選手たちに告げました。そこを上回ると、トレーニングによって得られる順応が狙いと違うものになってしまうのです」。

　トレーニングゾーンや特定のトレーニングセッションでヒーレーたちが行っていることの多くは、当然ながら競争力の向上を目的としている。したがって、取材に対しておいそれと話せるような内容ではないのだが、鷹揚なことにヒーレーは、ティンコフの選手が冬季に行うパワートレーニングについて明かしてくれた。

　「長年しているトレーニングのひとつに、坂を2段階に分けて繰り返し上るというものがあります。難しい話ではなく、完全に異なる強度でヒルクライムを行うだけです。これは、選手が基本段階にいるときに、特定の筋力トレーニングと並行して実施します」。

　「上り始めはエンデュランス出力です。その後も坂の半分までは同じ強度を維持します。前半が終わったら、そこからは1つ強度を上げ（テンポ──たとえば266〜318ワット）、そのまま最後まで走ります」。

　ヒーレーによると、このトレーニングの期間は4週間で、頻度は週2回程度。最初はエンデュランスやテンポで3〜4時間走る途中に低強度と高強度で各2回、計4本のヒルクライムを行うが、負荷は徐々に高められる。3週目には走行時間を5時間に延ばし、ヒルクライムを2倍の8本に増やす場合もあるが、ゾーンは最後まで同じままだ。

フルームの出力

○ 2015年のツール・ド・フランスは、クリス・フルームとチーム・スカイが席巻した。あまりにも圧倒的であったため、専門家や元選手の間でドーピングの可能性が取り沙汰され、それが話題の中心になってしまったのも、ある意味無理からぬことであろう。そうした悪い噂を払拭するためにチームは、フルームがレースの主導権を握った第10ステージ、とりわけラ・ピエール・サンマルタン山頂までの15.3kmにおける出力データの一部を公開した。

　アスリートパフォーマンス主任のティム・ケリソンは、記者会見の場で次のように述べた。「我々は選手について多くのデータを有しています。その応用や活用方法についても熟知しており、それが我々にレースにおけるアドバンテージをもたらしています。ほとんどの業界がそうであるように、知識と情報は競争に勝つ強力な武器となるのです」。

　「坂がどこから始まっているか、明確に示すのは困難なので、今回は最後の15.3km、時間にして41分30秒を検証しました」。

　ケリソンによると、41分28秒間のフルームの平均出力は414ワットだったという。フルームの実効的出力閾値──1時間維持できる出力──は不明だが、同世代の閾値と比較する限りでは（たとえばサー・ブラッドリー・ウィギンスは440〜460ワットだと言われている）、妥当な値と言えるだろう。

　多くの人を混乱させたのは、フルームのパワーウェイトレシオだ（パワーウェイトレシオについては第8章で詳しく述べる）。この値は6.13ワット/kgとなるはずだが、チーム・スカイはフルームが使用している楕円チェーンリングの出力が過大評価されているとして、これを5.78ワット/kgに下方修正したのである。

　自身が運営するウェブサイト、The Science of

Sportsで数年前から出力の分析を行っているスポーツサイエンティストのロス・タッカーは、これらの数値を疑問視し、この程度の出力でフルームがあれほど速く走るのは無理だと述べている。

「ただし、2つの考え方を取り入れれば、これらの数値は必ずしも誤りとは言えなくなりますし、その2つを組み合わせれば説明もつけられると思います」。彼は当時、自身のウェブサイトにこう記している。「［チェーンリングの］メーカーは［出力の過大評価を適正値に補正するための引き下げ率を］4％と主張していますが、ティム・ケリソンは計測された出力を6％引き下げています。これが4％の引き下げであったなら、得られる出力値はより大きなものとなるでしょう。極端に大きくなるわけではありませんが、十分な差です」。

「414ワットは表示上の値です。したがって、414を仮に6％引き下げるなら、値は389になります。チーム・スカイはこれを67.5kg［フルームの体重］で割り、5.77という値を得ました。しかし、この414という出力はそのままにして引き下げ率を4％にするなら、得られる値は397となります。質量が同じなら、出力重量比は5.89ワット/kgです」。

こう記した上でタッカーは、67.5kgではなく、フルームのドーフィネ前の体重（6月に開催されたこのレースでフルームは優勝している）、すなわち66kgを用いれば、得られる値は6.02ワット/kgになるとして、「これでようやく辻褄が合ってきます」と述べている。

8月、フルームは一連の生理学的試験を受け、彼の能力が非合法な手段によるものではないことを証明するため、ロンドンにあるGSK人体能力研究所へ足を運んだ。

この結果は2015年12月に公開され、彼のピーク出力は525ワット、20〜40分間持続可能な出力は419ワット、最大酸素摂取量は84.6ml/kgであることが明かされた。この3つのパラメーターはどれも、彼にドーピングの疑いがないことを示している。それよりもこの試験で示されたのは、軽量化が著しい効果を発揮していることであった。フルームがこれ以前に生理学的試験を受けたのは2007年のことだが、そのときの体重が75.6kgだったのに対し、2015年のツールでは67kgしかなかったのである。

◁2015年のツール・ド・フランス第10ステージ、タルブからラ・ピエール・サン マルタンまでの167kmをトップで駆け抜け、満面の笑みでゴールするチーム・スカイのクリス・フルーム（イギリス）

POWER METERS

結果分析

　もちろんゾーンを設定して終わりではない。選手にとって楽すぎるということはないか（これは滅多にない）、あるいは追い込みすぎているということはないか（こちらはありがちだ）をモニタリングするのも重要だ。「トレーニング走行を終えると必ずデータをアップロードして、コーチに分析してもらうんだ」。こう語るのは、2015年のツール・ド・フランスを7位で完走したトレック・セガフレードのバウク・モレマだ。「いいことだよ。先月や先週のデータをコーチと比較できるからね」。

　ワイヤレス技術の進歩は、パワーメーターの情報を一瞬にしてコンピューターやスマートフォンにアップロードすることを可能にしたが、データの検証と解釈を行う分析ツールなしでは、せっかく着飾ったのにデートの相手がいないのと同じになってしまう。BMCのコーチであるデイヴィッド・ベイリーに聞いてみよう。「我々はトレーニングピークスのサポートを受けており、どの選手もトレーニング結果をこのソフトウェアにアップロードすることになっています。今ではチーム規約により、これを怠った選手はレースに出られないほどです」。

　トレーニングピークスとは、オンライン

△ティンコフ・サクソの選手たちは、アルベルト・コンタドールも含め、全員がSRMのパワーメーターを使用

で分析を行ってくれるソフトウェアパッケージである。議論の余地があるかもしれないが、多くのチームが出力をトレーニングの基礎に置くようになったのは、こうしたソフトウェアがあるからこそだ。ボードマンは言う。「以前は、紙とペンでデータを記録しなくてはなりませんでした。それが今ではずっと簡単になり、複雑さとも無縁になったのです」。

トレーニングピークスを開発したのは、有名なアメリカ人コーチであるジョー・フリールの息子、ダーク・フリールとエンジニアでありサイクリストでもあるギア・フィッシャーである。フリールに語ってもら

おう。「トレーニングピークスを開発したのは1999年、サービス開始は2000年のことです。最初の顧客はトライアスロンの選手たちでしたが、2007年に自転車競技の分野で画期的な動きがありました。この年、ボブ・ステイプルトンがTモバイルの指揮を執ることになったのです。彼はより透明でクリーンなスポーツを望んでいました。ボブの指揮の下、私たちはTモバイルと協力し、後にはベルギーのチームであるロットとも提携するようになりました」。

「その翌年にはサクソとの提携が始まり、このチームとの関係は他のどこよりも長く続きました。最も慌ただしかったのは2008

POWER METERS

年です。[コーチの] ボビー・ジュリックによってサクソとの関係が始まり、その後彼は、スカイ、BMC、そしてまたサクソとチームを渡り歩きました。その後、チーム・スカイでの2年目に、ティム・ケリソンから私たちのシステムを利用したいとの申し出がありました」。

　トレーニングピークスには、トレーニング走行やレースの間に選手の出力がどのように変動したかなど、様々なグラフを作成する機能もある。これを1日単位や1週間単位で比較することにより、トレーニングが所期の効果（より長いレースを、より速く走れるようになる）を発揮しているか確かめられるのだ。おそらく最も進歩したのは、レースに最善の状態で臨むための疲労とコンディションの管理だろうが、フリールはこのシステムの最大のセールスポイントは「柔軟性」だと言う。

「私たちのシステムに唯一絶対の使用方法というものはありません。チームとコーチはそれぞれが別個の方法論を持ち、日々注目している指標とデータ点も異なるものです。チームによってはコーチがツールの個々のステージのファイルに目を通し、『選手は今日、ピークパワーを出したか？』『ステージの厳しさは？』『今日のストレススコアは？』『これまでのステージとの関連は？』『ステージレースにおいて、選手はどこでこのポイントに達するべきか？』『選手たちの疲労は、これから5日間大きな山岳で良い走りができるレベルにあるか？』など、様々なフィードバックを得ている場合もあるでしょう」。

「毎日すべてのデータファイルに目を通し、それに基づいて監督と話し合いをするコー

▽フランスのレ・ゼルビアでのトレーニングの合間にチームコーチのシェーン・サットンと談笑するブラッドリー・ウィギンス

チもいます。話の内容は、『これから4日間行けそうだ』とか『明日は抑え気味にして、あまり頑張らせないようにしよう』などといったものかもしれません。こうしたフィードバックが次のステージの戦略に反映されるわけです」。

ロジャースのステージ勝利

　トレーニングピークスの利点は他にもある。激しい坂を何ワットで駆け上がっているのか、走行速度はどれくらいなのか、いったい何千キロカロリーを消費しているのかなど、一般の人々にプロ選手のすごさを垣間見せてくれることもそのひとつだ。

　トレーニングピークスは、チームから許可を得て、21ステージすべてのファイルを公開している。ティンコフのマイケル・ロジャースも、2014年大会のグラン・デパール（リーズ～ハロゲート）における自分のデータをアップロードしている。この全長190km以上のステージのデータグラフは、一見するとまるで心電図のようだが、じっくりと読み解けば、彼が4,007kcalを消費したことや、445ワットを全体としては11分間、最初の山岳では23秒間維持したことなどがわかってくる。第2山岳では、出力こそ388ワットに下がっているものの、持続時間は8分強に及んでいた。データからは、ロジャースのこのステージでのペダル回転数（ケイデンス）が普通よりずいぶんと低い79rpmであったこともわかる。翌日のヨークからシェフィールドに至る201kmのステージでの走行時間は5時間半に達し、消費カロリーは4,860kcal、コート・ディ・ホーム・モスの上りの平均出力は361ワット、ステージ全体では平均319ワットであった。

　こうしたデータは分析のために自動的にコーチのスマートフォンに送られ、チームは選手のコンディションや必要な栄養補給について検討を始める。その後もロジャースからトレーニングピークスにはデータが送られ続けた。第15ステージ——タラールからニームまでの222km——は、2014年のツールで最も雨風の強い日であった。このステージでロジャースは、5時間以上にわたって1時間あたり800kcalを消費し続け、波乱の展開となった最後の1時間には平均出力336ワットを記録。ラスト5kmでは634ワットもの出力を30秒にわたって発生させ続けた。長いステージの最後としてはかなりの出力である。だが残念なことに、カチューシャのアレクサンドル・クリストフの優勝を阻むには至らなかった。

　労多くして功少ない日であったが、その晩ロジャースとチームはデータを検証し、彼のコンディションは悪くないことを確認した。ロジャースは言う。「僕たちは第16ステージこそはと心に定め、チームが一丸となって僕をバックアップしてくれることになった。あのステージは2014年のツールで最も長かったけど、マイヨ・ジョーヌを争っているチームが総合争いと無縁の選手を逃がしてくれそうな最後のチャンスだったんだ」。

　当日、ロジャースは他の20人の選手と逃げ集団を形成。プロトンとの間に10分のリードを築く。やがてこの日最大の山岳であるバレス峠の山頂に達した時点で、逃げ集団はスカイのヴァシル・キリエンカ、ランプレ・メリダのホセ・セルパ、ユーロップカーのトマ・ヴォクレールとシリル・ゴティエ、そしてロジャースの5人に絞られていた。

　最も有利だったのは、スプリンターであるゴティエを擁するフランスのユーロップカーであったが、ロジャースはゴールまでまだ4km以上ある地点で奇襲に出る。このアタックをまったく予想していなかったゴティエはロジャースを捕まえることができず、長年の経験を遺憾なく発揮した元オーストラリア追い抜きチャンピオンが、自身初となるツールでのステージ優勝を勝ち取ったのであった。

「後になって考えれば、ちょっと無謀な作戦だったよ。まるで追いかけっこだったけど、最初の逃げではあまり無理をしたくなかったんだ。ひとりもついてこなかったらマズいし、誰だって200kmを独走したくはないからね。僕のチームは僕1人だったけど、ユーロップカーは2人いた。だけど、チャンス到来と思ったら迷わず仕掛けなければならないってことは、長い経験からわかっていたんだ」。

ただし、このステージ勝利につながった逃げは、パワーだけによるものでないと彼も認めている。ファイルを見ればわかるが（コラム「出力の推移」を参照）、6時間に及んだ逃げの後、彼は平均出力377ワット、平均時速57.7km/hを維持して最後の4分35秒を走り切っている。総消費カロリーは6,639kcalだ。これらの数値はそれ自体は特筆すべきものではないかもしれないが、ロジャースが勝てるかどうかは彼の個人追い抜きの経験にかかっていることが、チームのコーチにはわかっていたに違いない。ロジャースの出力が逃げ集団を率いるのに十分なものであることは、トレーニングピークスの第15ステージのデータからわかっていたが、彼はスプリンターではないので、4kmという短くはない距離で高いワット数を維持する以外に勝つ方法はなかったのだ。

ヒーレーは言う。「出力については独自の集計データを以前から蓄えていますが、マイケル［・ロジャース］が証明してみせたように、トレーニングピークスは非常に有益なツールです。毎週日曜日の夜や月曜日の朝、選手のもとにはシーズンを通して前週の結果を集計した詳細なフィードバックが送られてきます。これを各選手の成長テンプレート（シーズン中どのように調子を上げていくかの事前計画）と照らし合わせた後、データを基準にして翌週の大枠を決めるのです」。

トレーニングピークスは、チーム・スカイやモビスターを含む多くのチームで用い

られているが、他にこうしたソフトウェアが存在しないわけではない。BMCのベイリーは、同じくらいよくできたソフトウェアとして、ゴールデン・チーターを挙げてくれた。「開発したのは、アメリカのMITを卒業し、エクセター大学（イギリス）で研究活動に従事していたフィル・スキバです。大勢の人間にMRIの中で運動させクレアチンリン酸塩の減少を調べるという研究に従事していた彼は、この研究を土台としてソフトウェアとアルゴリズムを開発しました。酸素を用いる有酸素運動と8～10秒間だけエネルギーを供給する最も迅速なエネルギー系であるATP-CP系のいずれにおいても、クレアチンリン酸塩は人体にとってエネルギー源として機能します。被験者に高強度

出力の推移

○2014年のツール・ド・フランス第16ステージで優勝したマイケル・ロジャース（ティンコフ）の出力をトレーニングピークスで見るとこのようになる。ピンクで示されているのが出力の推移だ。このグラフからは、彼のスピード（km/h。グリーン）とケイデンス（rpm。オレンジ）も読み取れる。

第16ステージ—カルカソン〜バニェール・ド・ルション—237.5km
マイケル・ロジャース（ティンコフ・サクソ）

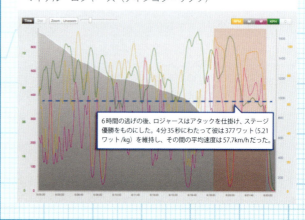

△オーストラリアのマイケル・ロジャースは、出力データと直感の両方で、2014年のツール・ド・フランス第16ステージで優勝を勝ち取った

の運動の後に閾値もしくはそれ以下の運動を依頼することで、クレアチンリン酸塩の減少と回復を観察することができました。このデータを用いることにより、彼はあらゆるサイクリストに有効なトレーニングゾーンの考案に役立つ数学的モデルを構築しました。もちろんMRI検査を受ける必要はありません」。

トレーニングピークスを使い続けるにせよ、ゴールデン・チーターに鞍替えするにせよ、あるいはその他のパワートレーニング用ソフトウェアを選択するにせよ、ステージ優勝や急峻な山岳でのトップ通過、逃げ切りなどに必要な出力をコーチが計算によって割り出せるようになったことで、イチかバチかの賭けはこれから見られなくなっていくのかもしれない。必要な数字はわかっているのだ。あとはそれを実現するためのトレーニングを考え、疲労をコントロールし、適切な栄養補給を行うだけである。次章では、これらについて考えてみよう。

BIKE FITTING
バイクフィッティング
調整、準備、実戦

パリ～ルーベ1976年度大会を追ったドキュメンタリー、『地獄の日曜日（A Sunday In Hell）』は自転車映画の最高傑作のひとつとして知られているが、この中にツール・ド・フランスを5度にわたって制した偉大なチャンピオン、エディー・メルクスのバイクフィッティングへのこだわりを捉えたシーンが2カ所ある。石畳が連続するこのクラシックレースの決戦前夜、チームが宿泊しているホテルに現れたメルクスは、サドルの高さやブレーキレバーの位置をしつこいほど入念にチェックする。調整は、水準器や巻尺、金属製の長い物差しまで持ち出して続けられる。翌日のレースは、デモによって中断されるが、メルクスは好都合とばかりにライバルチームの車にバイクを寄せ、借りた工具でサドルをもう一度調整するのである。

ライバルたちに対してわずかでも優位に立つためなら労を惜しまなかったメルクスは、いわば「極限域の進歩（マージナル・ゲイン）」を求めた先駆者と言えるだろう。だが、彼が行う変更（ひいては進歩）は、感覚に頼っていた。もちろんプロ通算500勝という不朽の記録が証明しているように、彼の感覚が研ぎ澄まされたものであったことは間違いない。また、革新的な発想の持ち主でもあったので、実証と正確さを重視するワールドツアー・レベルのバイクフィッティングが当時あれば、きっと喜んで採用

していただろう。

2015年のツールで総合7位という好成績を得たオランダのバウク・モレマは、次のように語っている。「2014年の末にベルキンから移籍したとき、トレック［・ファクトリーレーシング］が最初にしてくれたのは、僕のバイクポジションを見直すことだったんだ。そのやり方は高度な技術と理論に基づくもので、その中でサイクルフィットのスタッフは僕の体やバイオメカニクスのチェックも行ったんだけど、やってもらうだけの価値はあったよ。なんていうか、以前よりずっとバイクの上で"のびのび"できるようになったんだ！」。

ロンドンに拠点を置くサイクルフィットは、2012年以来、フィッティングに関してトレックと技術的パートナーシップを結んでいる。創立は2001年。その役割は、バイクと選手の相互関係――この上なく重要な関係だ――について、最新技術を用いたソリューションを提供することである。

バイクフィッターであり、サイクルフィットの共同創立者でもあるジュリアン・ウォールは言う。「基本的に我々がチームと共同で作業にあたる場所は、トレーニングキャンプということになります。例年であれば、クリスマス前にスペインのカルペで2週間のトレーニングキャンプが行われます。それとその後、1月にも1週間。あと、場合によっては、10月のイル・ロンバルディア

◁ スペシャライズド本社で風洞実験を行うティンコフのペテル・サガン

の直後にも」。

どのチームにも言えることだが、ポジションの変更はオフシーズン中に行われる。「選手はシーズン中に新しいことを試すのを嫌がる」というのもあるが、ロジスティクスの問題も無視できない。サイクルフィットはトレック・セガフレードの遠征先であればどこへでも帯同するが、それはすなわち彼らが所有するハイテク機材を、整然としているとは言いがたい場所へ運ばねばならないことも意味しているからである。

ウォールは言う。「ホテルの地階を占領してしまうことがよくあります。さいわいにもそれほど大きな問題にはなりませんし、会議場を借りられる場合も少なくありません。現場ではサイクルフィットのスタッフたちが30人近い選手に対応し、バイクフィッティングやサドルにかかる圧力、柔軟性などを見ます。目が回るような忙しさですが、いたって整然としたものです」。

バイクフィッティングの目的は、選手一人ひとりの効率をより高めることだ。選手は成長の過程で"自然と"最適なポジションを見つけるものと思っているかもしれないが、ごくわずかな変化がパフォーマンスを激変させる可能性も皆無ではない。実際、スペインで行われた研究では、最適なサドル位置から0.5cm～1.5cmずれただけで、エネルギー消費が大幅に増大する場合があることが示されている。総走行距離3,000km以上に達するツール・ド・フランスでは、この差がマイヨ・ジョーヌと後方集団の差につながるかもしれないのだ。

3つの重要な接点

最適なバイクポジションを探り当てるため、サイクルフィットがファビアン・カンチェラーラを筆頭とするトレックの面々に対してまず行うのは、身体検査である。とはいっても、聴診器の出番はない。理学療法士が四肢の動きを確認し、柔軟性や可動域、長所や短所を見極めていくのだ。その後はフィットバイクの出番となる。これは各部を動かせるようになっている固定式のフィッティング器具で、サドル、ハンドル、ペダルという最も重要な接点について、本物のバイクと同じポジションを再現できるようになっている。調整のたびに選手に降りてもらい、ネジを緩めたりしなくて済むフィットバイクは、この作業に欠かせないものだ。

「この段階で選手のペダル・ストロークを調べ、脚の伸び具合や姿勢はどうかといったことをチェックします。より単純に考えるために、我々はハンドル、サドル、ペダルに注目します。フィットバイクでは、またがったままこれらを調整できます。手、お尻、脚。この3つがポイントです」。

「オーダーメイドの服を仕立てるときに採寸するようなものですよ」、とはウォールの弁である。こうした選手一人ひとりに合わせたバイクフィッティングは、ツール出場チームでは当たり前のこととして行われている。ティンコフ、アスタナ、エティックス・クイックステップなど、多くのチームはリトゥールを利用しているが、これは驚くに値しない。2012年、リトゥールはこれらのチームにバイクを供給しているスペシャライズドに買収されたからだ。

アフリカ初のツール・ド・フランス出場チームとなったチーム・ディメンションデータのコーチ、ジョナサン・ベイカーは語る。「我々もリトゥールを利用しています。2014年はトレックのバイクを使用していましたが、その年の末に機材をサーベロに変更しました。ポジションの計測はトレックのバイクで行いましたが、サーベロのバイクもサイズは似ていましたし、その後リトゥールがサーベロのバイクでフィッティングを行ってくれたので、最善のポジションを見つけることができました」。

煎じ詰めれば、サイクルフィットもリトゥールも役目は同じ。素人には意味不明か

もしれないが専門家にとっては欠かせない大量のデータを駆使し、選手が最も力を発揮できるポジションを見つけ出すことだ。

ジュリアン・ウォールとともにサイクルフィットを立ち上げたフィル・キャヴェル（自身もバイクフィッターである）は言う。「もちろんテクノロジーの助けがあるに越したことはありません。しかし情報を整理分析し、実際に用いるには、経験が必要です。選手の多くは変化を嫌うので、なおさらです。せっかく調整したのに、いつのまにか元のポジションに戻してしまい、そのくせ同じ問題を訴えてくる。それが選手というものですからね。しかし、きちんとした数字の裏付けがあれば、こちらの考えを主張することができます。テクノロジーは自分たちの助けになるとわかれば、選手たちも我々の仕事を認めてくれるかもしれません」。

ここで言う"テクノロジー"には、フィットバイクも含まれている。フィットバイクはコンピュトレーナーに有線で接続されており、スピンスキャン（1回のペダルストローク中の出力や左右の脚の差を数値化してくれるソフトウェア）と連動させて負荷やトレーニング内容を変化させられる仕組みになっている。さらに、選手とバイクを細部まで記録するため、これらはすべて複数台のカメラによって側面や正面から撮影されている。また、サイクルフィットではダートフィッシュというモーションキャプチャー・システムを採用し、脚の伸び具合の計測やフィッティング中およびフィッティング後の分析で重要となる可動点の図示化に役立てている。膝の動きは特に重要なので、レーザーを用いてペダルストローク中の縦の動きを確認している。実際、プロ選手が経験する負傷の23%は膝に関わるものであるとの研究結果も存在するくらいなのだ。ウォールは語る。「足と太ももの板挟みになっている膝は、最も故障しやすい場所です。そこで、推奨されるパラメーターに収まるようにバイクを調整し、インソールを使って問題の解消を図ることになります。必要ならクリートにも手を加えますが、変更は最小限に抑えたいというのが本音です。結局のところ、負傷を誘発するような漕ぎ方をずっと続けていたのなら、プロになることは無理だったに違いないわけですから」。

スペシャライズドのバイクフィッターであり、マーク・カヴェンディッシュのような一流選手たちと仕事をしてきたショーン・マドセンの意見は、これとは少し異なっている。「ええ、ほとんどの変更は微調整の範囲内に収まります。ですが、大きく変更することも時にはあります。理由としては、チームの移籍やコンチネンタルレベルからのステップアップが多いですね。プロ選手はみんなフ

▽完璧なバイクフィッティングを求め、多くのチームはリトゥールが提供する最新のメソッドを利用している

ェラーリのエンジンを持っていますが、それを積んでいる車体はフォルクスワーゲンという選手も中にはいますから」。

「2014年のクリスマス前にティンコフ・サクソのキャンプに帯同した際は、エドアルド・ベルトランのポジションを大改造しなくてはなりませんでした。彼は一方にだけ股ズレが生じるという症状に悩まされていたのですが、調べた結果、脛骨の長さが左右で5mmほど異なっていることが根本原因であると判明しました。そこで、脚を伸ばし切らずに済むよう、短いほうのシューズに工夫を加えました。彼ほどの選手でも、改善の余地はあるということです」。

バイクフィッティングの過程では、選手の体重がどのようにサドルにかかっているかも解析されるが、サイクルフィットではドイツのジェビオマイズドが開発した圧力マッピングツールを使用している。とりわけこのツールが力を発揮するのは、ポジションを実際に変更した場合である。サドルの高さを変更すると、それに伴って選手のフォームも変化することがあるが、様々な色で圧力の変化を示してくれるこのツールは、問題が生じそうな部分を可視化してくれるのだ。

規則の縛り

たいていの変更は小規模なものだが、徹底した見直しが必要になる場合もある。キャヴェルは語る。「チームが新型のスピード・コンセプトにバイクを変更した際の変更は、非常に大きなものでした。選手という人種はとても保守的で、かつてはTTバイクには長いクランクを使うものと相場が決まっていました。"専門家"と呼ばれる人たちが、そのほうがより大きな出力を発揮できると言い続けてきたからです。しかし、パワーメーターの計測結果は違っています。それに、多くの選手はロードバイクとTTバイクで異なる長さのクランクを使っていま

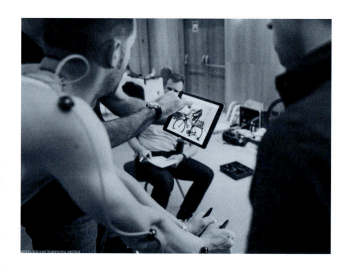

△▷最新の技術を用いたバイクフィッティングを受けるイヴァン・バッソ(現在は引退)

した。ファビアンの場合は、ロードバイクが175mm、TTバイクが177.5mmです。問題は、クランクが長いと上体を倒したときにペダルストロークの上死点付近で脚をスムーズに回せず、出力が低下してしまうことです」。

カンチェラーラは2年も旧来のセッティングにこだわり続けた後――タイムトライアルのスイスチャンピオンに9度も輝くという大記録を打ち立てた彼にとっては、いわば当然の選択だろう――、ようやく変化を受け入れた。同じスイスのロジャー・フェデラーと同じく、"スパルタクス"も寄る年波には勝てなかったのだ。「歳を重ねると、若いときのような力任せでは立ち行かなくなります」とウォールは言う。「ファビアンはライディングテクニックに優れ、ロンド・ファン・フラーンデレンのようなレースでは鋭い戦術眼を発揮しますが、タイムトライアルでより重要なのは、どれだけ出力を活かせるか、です」。

1990年代前半にボードマンやオブリーといったタイムトライアルのスペシャリストが取っていた極端な姿勢を禁止するため、UCI(国際自転車競技連合)が定めた「サドルの先端はボトムブラケットより5cm以上後方になければならない」という規則も、

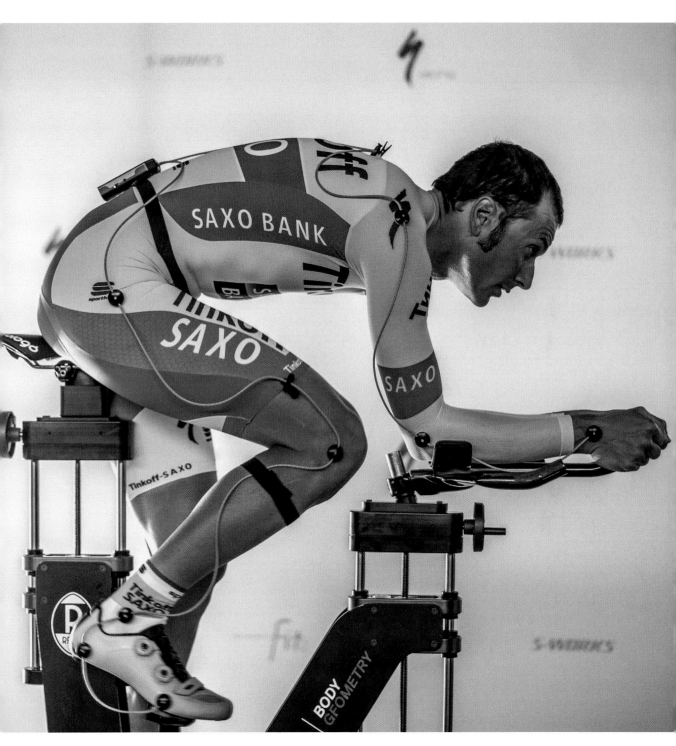

カンチェラーラにとっては足枷となっている。「もっともなルールですが、問題は186cmというファビアンの身長です。バーまでの距離は今は85cmですが、許されるのであれば90cmまで延ばしたいところですね。もっと余裕のあるフォームを取ることができれば、彼は今より速く走れるはずです」。

タイムトライアル用セッティングの見直しでサイクルフィットは、多くの選手のバーの位置をわずかに上げてポジションをロードバイクのそれに近づけた。「ロードバイクからTTバイクに乗り換えて空気抵抗を最優先したフォームを取った場合、以前は30から40ワットを失っていました。ちょっとした変更ですが、これによって出力のロスが減りました」。

風のように走れ

バイクフィッティングは、ポジションを決定する様々な要素のひとつにすぎない。バイクメーカーは空気抵抗のより少ないフレームやフォークを開発するために風洞実験を繰り返しているが、チームのほうでもポジションの最適化に向けた次なるステップとして、選手たちを風洞実験室に送り込んでいる。

エアロダイナミクスの専門家であるサイモン・スマートは言う。「タイムトライアルでの高速走行、たとえば45km/hでは、85%ほどが選手の空気抵抗で、バイクの空気抵抗は15%でしかありません。しかし、最適化されたポジションで走れば、この割合を65‐35まで引き下げることが可能です」。

2014年、エンヴィのホイールやTTバイクであるスコット・プラズマの設計にも関わったスマートは、自身の会社であるドラッグ2ゼロが使用しているイギリスの風洞実験室でモビスター・チームのテストに着手し、目を見張るような結果を得た。アレハンドロ・バルベルデがスペイン選手権のTTで自身初となる優勝。ナイロ・キンタナが自己最高レベルの走りをタイムトライアルで披露してジロ・デ・イタリアを制覇。さらにアドリアーノ・マローリが2014年のブエルタ・ア・エスパーニャ最終日のタイムトライアルを制したのである。

「ポジションのどんな要素が効率を向上させるのか？ 一流選手にとっては、どれもほんの些細な違いです」。スマートは控えめにこう言った後、プロの自転車競技におけるエアロダイナミクスの重要性の高まりを次のように強調した。「私が会社を立ち上げたとき、主な対象はタイムトライアルのスペシャリストでした。しかし、グラン・ツールの総合順位がタイムトライアルで決まることが増えたため、今では総合優勝を狙う選手も対象に加わっています。選手たち自身のエアロダイナミクスへの関心も高まりつつあり、彼らのCdは以前よりも小さくなっています」。

Cdとは、Coefficient of drag（空力抵抗係数）の略だ。スマートのようなエアロダイナミクスの専門家が対象の空気抵抗を減らす、つまりスピードアップのサポートをする上で、この係数は重要な要素となる。空気抵抗とは読んで字の如く、物体に作用する空気の抵抗のことであり、物体の"風の流れやすさ"、つまりCdに物体の大きさ、この場合は前面の面積（A）を掛けることで求められる。要するに、Cd×Aイコール空気抵抗ということである。

空気抵抗（CdA）は、向上するほどゼロに近づいていく。Cdがゼロの物体は地上に存在せず、たとえどれだけ滑らかな形状であろうと、物理法則の定めるところによって抵抗は万物に生じるが、限りなくゼロに近づけることは可能だ。たとえば、最高級のバイクに取り付けられているティアドロップ型ハンドルの場合、この値は0.005でしかない（ティアドロップ形状とそれがエアロダイナミクスに与える影響については第5章で詳しく解説する）。まさしく"エアロ"

空気抵抗とは？

○速度が上がるほど大きくなっていく空気抵抗は、選手にとって天敵に等しい。では、空気抵抗はどのように作用するのか？ 少々込み入った話になるが、どうかお付き合い願いたい。

空気の圧力によって生じる力は、速度の2乗に比例する。さらに、空気を切り裂いて前に進むために必要な出力は、速度の3乗に比例する。要するに、速度が2倍になると必要な出力は8倍になるのだ。実際、集団走行によるドラフティングを利用しない場合、ツール出場選手はエネルギーの90％を空気の圧力に打ち勝つために消費することがわかっている。

空気抵抗は、形状、表面処理、境界層剥離（空気の層が早い時点でフレームから離れると大きな乱流が生じる）など、多くの要素に影響される。すべての選手が前面投影面積を小さくしようと努めるのは、空気抵抗を減らすためであり、脇を締めたり、ティアドロップ型のエアロヘルメットが背中から離れないようにするのも、目的は同じである。

下の画像は、サーベロのCFD（数値流体力学）技術者が提供してくれたもので、TTバイクに乗った選手の各部に生じる空気抵抗の大きさが可視化されている。色は圧力の違いを表しており、赤が高圧、青が低圧である。この画像を見れば、手の角度を少し水平に近づけただけでも前面投影面積が小さくなって圧力が下がる（ひいては空気抵抗が削減される）ことがわかるだろう。アレックス・ダウセットが肩をわずかに丸めるのも、理屈は同じである。

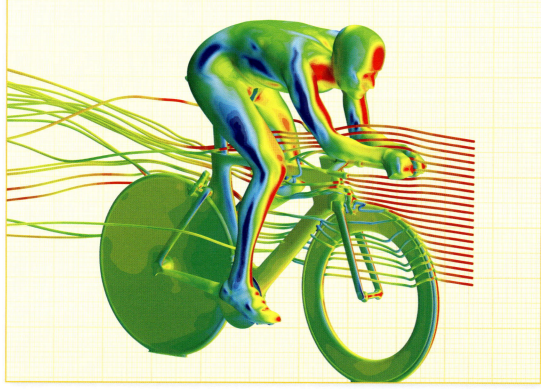

だ。これに対してレンガは2.0くらいで、まったくエアロではない。一流選手がエアロ形状のバーを使用した場合、CdAは0.18から0.25の間に収まるだろう。アマチュアの優れた選手も空気抵抗の少ないポジションで走れるが、プロには及ばず、そのCdAは0.25から0.30程度である。

　選手の出力という要素が絡んでくると、この値はよりいっそう重要性を増すことになる。目指すのは高い出力、そして空気抵抗による出力損失を減らす低いCdAの両立だ。

　コペンハーゲンで開催された2011年世界タイムトライアル選手権で優勝したトニー・マルティンの出力と空気抵抗は、CdA $1m^2$ あたり2,089ワットであったと算出されている。ちなみに2位のブラッドリー・ウィギンスは1,943、10位のヤコブ・フグルサングは1,725である。

　高出力と低CdAのバランスを追求することは、旧来の常識への挑戦でもある。CdAを下げれば下げるほど成績が向上するとは限らないからだ。古い映像を見るとわかるが、とりわけフランスの選手たちは、トップチューブに触れそうなくらい上半身を低くしていた。それと比べると、最近の選手の上半身はずっと高い位置にある。

低く、ではなく細く

　モビスターのアレックス・ダウセットは、コモンウェルス・ゲームズでタイムトライアルの金メダルをイングランドに持ち帰ったばかりか、その後アワーレコードを更新し、イギリス選手権の10マイル・タイムトライアルでも2位のマイケル・ハッチンソンに25秒の大差をつける17分10秒を記録して余裕の優勝を成し遂げた。

「風洞実験室で長い時間を過ごしてきて、その経験がポジションに大きく活かされているんだ。以前はものすごく伏せていたけれど、2009年と比較すると今は2.5cmくらい上体が起きていて、その結果が数字にも表れている。伏せすぎると、力がうまく出せなくなるんだ。サイモン[・スマート。エアロダイナミクスのスペシャリスト]がフォームを修正してくれたんだけど、効果は確かにあったよ。まあ、僕自身はしょっちゅう馬鹿な考えを起こして、もう少しだけ伏せるべきじゃないかと思ってしまうんだけれど、実際にやってみると出力が下がってしまうものだから、結局は元に戻してしまうんだよ！」。

「サイモンのおかげで、正面から見たときの幅や、どうすればそれをもっと細くできるかについても考えさせられたよ。タイム

△アレックス・ダウセットは出力とエアロダイナミクスを見事に両立させ、アワーレコードの新記録を樹立した

トライアル中の僕を見ればわかると思うけれど、いつも肩を丸めて前に出すようにしているんだ。そのほうが腕や肘の位置的に具合がいいんだよ。あと、たとえばアームレストの外側を少し立てると、肩を前に出したとき、そこに腕を押しつけて体を支えやすくなるね。このスポーツは前に進んでいるんだよ。それなのに、選手の中には馬鹿馬鹿しいくらい上半身を倒している人がまだいる。大昔の考え方に固執しているんだ」。

　なぜ上体を伏せすぎると出力が低下するのだろう？　エアロポジションを取ろうとして頭の位置を下げれば下げるほど、胸と腹の境界に位置している横隔膜は圧迫される。そして横隔膜が圧迫されればされるほど、酸素使用量や一回換気量、呼吸頻度への悪影響も大きくなっていく。この結果、疲労が増大し、出力が低下するのだ。「そこに鍵があるのです」、とチーム・スカイのデータサイエンティストで、以前はガーミン・シャープでスポーツサイエンティストをしていたロビー・ケッチェルは指摘する。「数年前、コロラドに拠点を置くチーム（ガーミン・シャープ）のために働いていたときの話ですが、選手たちに極端なエアロポジションを取ってもらったことがあります。その際に得られたデータは、そこそこの出力があれば極めて高い速度を出せることを示していました。問題ないからこのポジションで走らせてくれ、と選手たちは言いました。ところが問題はありました。求められる強度で実際に走ってみると、そのポジションを保ちながら良好な出力を維持することは不可能だったのです。つまり、行き着くところはやはり出力とエアロダイナミクスのバランスなのです」。

　体格、柔軟性、体幹の強さ、肺活量など、選手が維持できるポジションに影響する要素は数多くある。物事──この場合は選手──はあらゆる面が他の面に影響を及ぼし合うものなのだ。たとえば風洞実験では、指先をバーに添えるような握り方をすると、親指でグリップに絡めるようにする従来の握り方と比較して、56km/hで走行した場合に1分あたり0.54秒を削減できることがわかっている。

　ダウセットは言う。「無意味なことはひとつもないんだ。まあ、ストレスが溜まることもあるよ。なにしろ何年もタイムトライアルをやっていると、大幅な進歩は見込めなくなるからね。だからチームは今、僕のチームメイトたちを速くすることに取り組んでいて、その成果は実際に現れ始めている。サイモンに感謝だよ！」。

トラックでのデータ採取

　エアロダイナミクスを強化する上で風洞実験室は大きな武器になる。しかし各チームは、さらに高度な技術を用いた最先端の手法を導入し、選手たちの空気抵抗を削減しようとしている。「サイクルフィットによるバイクフィッティングの後は、バレンシアに飛んでトラックでテストをしたんだ」。こう語るのは、トレック・セガフレードのバウク・モレマである。

　ロードレースのチームとトラックという組み合わせは、一見すると不似合いに思えるかもしれない。だがトラックで走ることは、チームと選手どちらにとっても、最善のポジションを追求するのに極めて有益だ。キャヴェルは言う。「トレックはスタッフをスペインに派遣しました。といってもレースのためではなく、エアロダイナミクスをさらに向上させるためです。彼らは選手とバイクに様々なセンサーを取り付け、CdAを計測しました」。出力とエアロダイナミクスの黄金比を見つけるための、新たな革命的ステップの始まりである。

　アスタナ、エティックス・クイックステップ、そしてティンコフにバイクや装具を供給しているスペシャライズドでは、チームや選手とじかに接する「スペシャライズ

△トレック・セガフレード以外にも、多くのチームがトラックで選手のエアロダイナミクスを検証している

ド・レース部門プログラム」という立派な名前の部署を設けている。

　かつてのメーカーは、ツール出場チームにレースやトレーニングに使うバイクを提供することだけが仕事だった。しかし、自転車競技が飛躍の時代を迎え、商業的関心が高まると、スペシャライズドやそのライバルメーカー各社は、バイクだけでなくスポンサー料もチームに提供するようになり、ついには自社製品の売上アップを狙った市場戦略を実施するようになる。そして現在、チームとメーカーの関係はさらに発展した。スペシャライズドの場合は、ニバリ、キッテル、コンタドールといった選手たちが自社の製品を使ってチームの目標を達成する最良の方法を見つけるため、より総合的なアプローチを行っている。成績が向上すれば、ブランドの露出も増え、お互いにとって利益となるからだ。サンフランシスコのベイエリアに拠点を置くスペシャライズドのエアロダイナミクスR&D技術者、クリス・ユーが、スペシャライズドのスピード探求の道のりを詳しく語ってくれた。「総合優勝を狙う選手と我々はどのように協力していくのか、ひとつの例をお話ししましょう。まず、ツールのルートが発表されたら──例年10月末に発表されます──、どんなルートなのか、すぐさま検討を始めます。中盤に勝負の分かれ目となりそうなタイムトライアルがある場合は、『どうすれば選手の機材と出力をそのTTに最適化させ、なおかつ山岳ステージのためのエネルギーを温存できるか？』がひとつのポイントになるでしょう。この課題を達成するため、風洞実験室で選手たちに何種類かのポジションを教え、それらを自由に使い分けられるようになってもらいます。その後はヨーロッパに場所を移し、シーズン終盤にヴェロドローム（自転車競技場）や公道でそれらを実際に試してもらいます。1月末頃には再テストを行いますが、その際は環境を少し変え、レースと同じ出力で全力走行しても

物理学の戦い

○フランス各地で戦いを繰り広げるツール出場選手たちには、様々な"力"が作用している

●**空気抵抗**：選手は空気をかきわけて進まねばならない。およそ14km/h以上では、あらゆる抵抗の中で空気抵抗が最も大きくなる。正確に記せば、0.5 × 空気密度 × 移動速度（無風）の2乗 × 選手とバイクの抵抗係数 × 選手とバイクの前面投影面積＝空気抵抗である。

●**摩擦抵抗**：摩擦には良い面と悪い面がある。摩擦がゼロならタイヤは空転するばかりで、バイクは前に進むことすらできない。しかし、駆動系の摩擦――とりわけ可動部品の――は消費エネルギーのおよそ3%を無駄にする場合がある。

●**転がり抵抗**：選手とバイクの合計重量によってタイヤは変形するが、その復元力は変形する力に比べて弱く、結果としてエネルギーの損失が生じる。

●**重力**：バイクを地面にしっかりと押しつけてくれている半面、地球の引力のおかげでラルプ・デュエズのような山岳を登るのは並大抵の苦労ではない。

▽2015年5月9日、サンレモで開幕したジロ・デ・イタリア第1ステージにおいて、サンロレンツォ・アル・マーレからサンレモまでの17.6kmのタイムトライアルに挑むロットNL・ユンボの選手たち

らうことになります」。

「このやり方も有効ですが、今はF1で使われているのと同様のテレメトリー（対象のデータを収集して受信装置に送信する装置）を開発して使っています。計測するデータは複数あり、出力、空気抵抗、速度は当然として、風速や選手のフォームをリアルタイムでモニタリングすることも可能です。赤外線レーザーを使い、走行中の選手の上体と頭の動きの測定もしています。あと、車体の傾きを測るセンサーもあり、これによって選手がどれだけバイクを揺すっているかがわかります。この2つはどちらも疲労度を知る指標として有効です。センサーはフレームのトップチューブに取り付けられ、情報は無線でコース脇のサーバーに送信されます。私は現場でモニタリングすることもできますし、カリフォルニアを離れられない場合には、そちらにデータを転送してもらうことも可能です」。

「得られたデータはすべてソフトウェアに入力され、どのポジションがうまく機能するか、より現実に即した検討を行えます。その後は、それらの情報と機材に関する情報を結びつけて検討することが可能です。そしてさらにその後には、速度とエネルギー消費を最適化させるため、フレーム、フロントホイール、リアホイール、タイヤ、ウェア、ヘルメット、状況に応じたポジションを計算し、出力の最適化を図ることができます」。

現在、アルベルト・コンタドールのような選手は、ステージに合わせてポジションや機材を選択することができる。これは素晴らしいことであると同時に、自転車競技におけるデータと予測モデリングの重要性の高まりを示す好例であるともいえるだろう。

▽競技場で選手のエアロダイナミクスをテストするトレック・セガフレード

ベスト・バイク・スプリット

　最近、ソフトウェア会社のトレーニングピークスが、ベスト・バイク・スプリットという会社を買収した。その理由を創立者であるダーク・フリールに尋ねたところ、次のような答えが返ってきた。「ベスト・バイク・スプリットは、ツール・ド・フランスのタイムトライアルの結果を正確に予想するということで、何かと話題になっていました。自転車競技とアルゴリズムを知り尽くしていればこそです」。

　ベスト・バイク・スプリットは、出力や予想される（あるいは実際の）選手のCdAなど、様々な変数を考慮に入れることにより、ペース配分だけでなく機材選択の面でも選手をサポートすることを可能としている。

　好例と言えるのが、2015年のパリ～ニース最終ステージである。ニース郊外のエズ峠まで登るこの個人タイムトライアルは、全長こそ9.6kmと短いものの、全行程が上りで、勾配は3％から9％だった。コースを分析した結果、一般論としては、軽さよりエアロダイナミクスのほうが重要性が高いという結論が得られた。しかし話はそれほど単純ではない。急勾配の区間では必然的に速度が下がるので、エズ峠のようなステージで通常のロードポジションより大幅に出力が低下するエアロポジションを取り続けることは、メリットよりデメリットが勝る可能性があるからだ。

　さいわいトレック・ファクトリー・レーシングの3人の選手は、その年の早い時期にヴェロドロームでテストを行っており、サポートスタッフの手許には、異なるバイク、ホイール、ヘルメットの組み合わせによる空気抵抗の違いといった、勝負を左右するデータがあった。このデータを使うことで、ベスト・バイク・スプリットとそのアルゴリズムは、いつどこでエアロポジションをやめるべきか、またエモンダ（ロードバイク）、スピード・コンセプト（TTバイク）、エアロバーを装着したエモンダのいずれが最速タイムを出せるかを正確に予想してみせた。そればかりか、過去の気象データに基づく当日の天気予想まで、彼らは考慮に入れていたのである。

　予測モデリングに基づくベスト・バイク・スプリットの提案は、エアロポジションを維持しなくてはならない区間がかなりあるので、エモンダは使うべきではないというものだった。残る2つの選択肢のうち、トップレベルの選手にとってよりメリットがあるのはスピード・コンセプトのほうで、計算上は空気抵抗が少ないために高速区間で15秒も稼げる一方、急勾配の区間で失うタイムはほんの数秒にすぎないはずだった。

　だが実際には、ほとんどの選手がエアロバーを装着したエモンダを選択した。急勾配では軽さが物を言うし、勾配が緩い場所ではエアロバーのおかげで速度を上げられるというわけである。

　「リカルド［・ツォイドル］はまさにこの通りの走りを見せ、トップ10からわずか15秒遅れの15位でフィニッシュするという好結果を残しました」。トレック・セガフレードのトレーナー、ジョシュ・ララサーバルは言う。「ボブ・ユンゲルスは体が非常に柔らかく、TTバイクでもロードバイクと同等の出力を発揮できたので、スピード・コンセプトとエアロバーを装着したエモンダのどちらでも問題ありませんでした。しかし当日は向かい風で、スピードは上がらないと考えられたので、彼にもエアロバーを装着したエモンダで走ってもらうことにしました」。

　この注目すべき情報分析の結果はどのようなものだったのか？「ボブは49位という残念な結果に終わりました。どれだけ有益な分析結果やデータがあろうと、選手自身が最高のパフォーマンスを発揮できなければ、ワールドツアーで好成績を収めることはかなわないのです」。

データの人

　レースをするのは人間だ。しかし、信頼すべきはデータであり、データこそがチーム・スカイにとっての武器であることもまた事実だ。であるからには、2014年末にロビー・ケッチェルがチームに迎えられたことも、驚くには値しないだろう。以前、ガーミンに在籍していたとき、ケッチェルにはスポーツサイエンティストとして広範な権限が与えられていた。対してスカイで彼に与えられたのは、データサイエンティストという、より範囲を絞った、ワールドツアー初の役割であった。守秘義務により、現在進められているプロジェクトについてはノーコメントだったが、代わりにケッチェルはレース界の将来について自らのビジョンを語ってくれた。

　「ポイントは予測分析です」ケッチェルの口調は熱を帯びていた。「しかしこれは、ただ計算結果を出せば良いといった簡単な話ではありません。何度このモデルを作っても、現実世界では的を外してばかりです。何を見落としているのか、つかむ必要があります。だからこそ、このモデルを完全なものに近づけるため、より多くのデータを集め解析方法を洗練させていくのです」。

　「分析すべき変数は無数に存在しますし、現在の自転車競技は本当に興味深い状況にあります。生理機能、運動パターン、バイオメトリクス、環境などを計測するためのセンサーや機器はすべて揃っていますが、これらが果たす役割はそれぞれ異なります。情報をどのようにまとめるか、そこに未来へ通じる鍵があります。重要なのは、データをどのような方法で集計し、そこからどのような方法で意味のある情報を引き出すか、です」。

　究極的には、この予測困難なスポーツをより予測可能にすること、それがケッチェルの役割であり、何事も運任せにしないというチーム・スカイの哲学は、彼自身の哲学でもある。「データ主導のこのアプローチにより、レースや戦術から賭けの要素は減るでしょう。モチベーションさえ測定できる域に達することが夢ではありますが、それがすべてではないにせよ、生理学的な要素が増えることは確実です」。

　ケッチェルには先見の明がある。2013年のツール・ド・フランス第9ステージにおいて、アイルランド出身のダン・マーティン（当時はガーミン・シャープに所属）が最後の山岳でマイヨ・ジョーヌ集団から飛び出したとき、その動きは直感に基づいているように見えた。しかし実際のところは、完璧に実行された一連の戦術の結果であり、このアタックは何週間も前から計画されたものだったのだ。なんとマーティンは、「バニェール・ド・ビゴールに下る前のウルケット・ダンシザンの頂上で何秒の差をつけていれば勝利の可能性があるか」まで告げられていたのである。プラティパスと名づけられた自作アプリを使ってケッチェルがはじき出したその時間は、43秒であった。

　あるステージの注目選手全員の情報が収められているだけでなく、プラティパスはリアルタイムでのデータ分析も行うことができた。当時、ケッチェルはこう語っている。「選手が集団から飛び出すと、プラティパスがそれは誰かを教えてくれます。そこからさらにクリックすると、それまでにその選手が乗った逃げとその成功頻度、その他の過去の記録といったデータも呼び出せるのです」。こうした情報は、車に乗っている監督にも伝えられ、監督は経験則に基づいて指示を出すことができたのである。

　ガーミンからチーム・スカイに移籍して以来、ケッチェルはプラティパスを使っていないそうだが、コースごとの課題を分析し、事前にトレーニングを行ったり対応策

> 信頼すべきはデータ……情報をどのようにまとめるか、そこに未来へ通じる鍵があります。
>
> ロビー・ケッチェル
> チーム・スカイ

を検討したりすることは、今やどのチームにとってもより重要な目標となりつつある。だからこそ、レースへの準備という意味では、本番にできるだけ似たコースでトレーニングすることが理想なのだ。コースの特性や環境に対応できるよう生理的な能力を鍛えておけば、然るべき速度において、然るべき時間、然るべきエネルギー系を機能させることができるようになるからである。心理面でも自信が増し、次のコーナーや頂上の先はどうなっているのかと心配せずに済むようになるだろう。

　もちろんワールドツアーの舞台で活躍しているデータのスペシャリストは、ケッチェルだけではない。BMCレーシングのスポーツサイエンティスト、デイヴィッド・ベイリーは言う。「レースについて知っておく必要があることをすべて選手に知らせるアプリを使用しています。だから、たとえばパリ～ニースでは、選手たちはスケジュールやコースプロフィール、天気予報、ゴール前5kmの様子など、レースの役に立つ様々な情報を知っていました。タイムトライアルでは、情報はさらに詳細になります」。

　スポーツサイエンティストのデイヴィッド・マーティン率いるオーストラリア国立スポーツ研究所のスタッフは、オリカ・グリーンエッジ、さらにはサイモン・ゲランスやマイケル・マシューズといった強豪選手と協力し、2012年ロンドンオリンピックに向けて準備を進めた経験を持つ。この入念な競争力強化計画は、当時「プロジェクト・デジャヴ」と呼ばれていた。「我々は計画中の段階からロンドンのコースを視察し、記録装置を満載したバイクを走らせました。カメラ、GPS装置、加速度計、パワーメーターを積んだバイクです。また、選手を背後から撮影することもしました。十分な情報を収集した後、オーストラリアに帰国した我々は、固定式バイクにロンドンのコースそっくりの負荷パターンをプログラムし、それを選手たちに与えてコースになじんでもらったのです」。

　この計画が明らかになると、イギリス人初のツール・ド・フランス優勝者になったばかりだったブラッドリー・ウィギンスは発奮。祖国にタイムトライアルの金メダルを持ち帰った。オーストラリア勢は、マイケル・ロジャースの6位が最高位だった。

　マーティンは語る。「選択肢は数多くあります。しかし我々が用いるのは、次回もきっとテクノロジーでしょう。たとえば、酷暑のレースに備える必要があるなら、気温を様々に変えられる密閉空間にエルゴメーター（屋内用バイク）を設置するという手があります。暑くなることが確実なら、室内の温度を30℃に上げ、様々な補給戦略を試してもらうのも良いでしょう。自動車のF1ならこれくらいは当たり前です。自転車競技でも今後はこうしたテクノロジーの活用法が増えていくでしょう」。

常識を疑え

　再検証を重ねながら、物事を一歩ずつ着実に前進させていく。自転車競技に対するこのアプローチは、カリフォルニア州モーガン・ヒルにあるスペシャライズド本社の風洞実験室でも見られるものだ。ここではエネルギー消費を抑えてレースを有利に戦う伝統的な手法――ドラフティング――を最先端の知見によってさらに洗練させる研究が続けられている。

　ユーは語る。「2014年、マーク・カヴェンディッシュは母ゆかりのハロゲート（イギリスのヨークシャーにある町で、カヴェンディッシュの母親の出身地）で開催されたステージで落車し、不運にもその日限りでツールを去ることになりました。レースの準備段階から新たな試みを取り入れていただけに、この結末はとても残念なものでした。実はこの年のツアー・オブ・カリフォルニアの直前、カヴ（カヴェンディッシュ）とマーク・レンショーを含むリードアウト・

トレイン（ゴール前の牽引役）の選手たちは、この風洞実験室を訪れていたのです。

「この風洞実験室には何人もの選手が入れます。我々は彼らにローラー台に乗ってもらい、風速を65km/hに設定した上で、トレインの配置や選手間の距離を様々に変え、空気の流れにどのような影響が現れるかを検証しました。これが実戦でどう機能するかは、レンショーの話を聞けば理解できるでしょう。カヴのリードアウトを何度も務めてきたレンショーは、リアホイールにカヴが軽く接触するのを感じることがあるといいます。それくらい彼とカヴは近づくのです。彼にとっての関心事が、『効率と速度を犠牲にすることなくカヴとの距離を1、2cmまで詰められるか？』だったのも当然でしょう」。

守秘義務があるので詳しい結果は教えてもらえなかったが、カヴがレンショーにぎりぎりまで近づいていることは、目で見ても明らかだ。しかし問題にされたのは、レンショーに当たった空気がどう流れるかだけではない——キッテルが追い上げてきた場合のことも、スペシャライズドは考えていたのである。「キッテルのような大柄な選手がカヴの背後についた場合の効率も計測しました。そのためにキッテルと同じような体格をした地元の選手に手伝ってもらい、カヴとテイル・トゥ・ノーズになった場合の影響を調べたのですが、その結果、なん

▽最速スプリンターの証しであるマイヨ・ヴェールをまとい、2012年ツール・ド・フランスのシャンゼリゼでペテル・サガンやエドヴァルド・ボアソン・ゲーヘンとゴールスプリントを争うマーク・カヴェンディッシュ

ドラフティング：パーセンテージのゲーム

○他の選手を風除けにして走る"ドラフティング"は、エネルギーを節約し、結果としてより速く、より長く走るのに有効だ。アイントホーフェン大学のベルト・ブロッケン教授の研究チームが明らかにしたように、先頭を牽く選手も背後の選手のおかげでエネルギーを2〜3％節約できる。だが、この程度の恩恵は、後ろを走る選手たちが得られるメリットに比べれば無に等しい。ましてや空気抵抗は速度に応じて大きくなるのだから、先頭の選手が速く走れば走るほど、背後の選手は多くのエネルギーを節約できることになる。

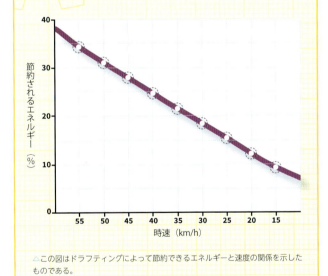

△この図はドラフティングによって節約できるエネルギーと速度の関係を示したものである。

いる。「我々の目にとまったのは、自動車のラリーで2台の車が非常に接近した状態で走ると、前方の車も燃費が向上するという内容の記事でした。同じことは自転車競技でも起こりうると思います」。

ブロッケン教授率いる研究チームは、選手の一団を使って風洞実験を行い、選手同士が1cmの距離まで近づいた場合、前に位置している選手にとっては2〜3％のエネルギーの節約になるとの結論を得た。ここまで接近するとタンデム（2人乗り）自転車に乗っているようなものであるが、まったく非現実的というわけではないと教授は言う。「これはどちらかというとトラック競技で見られる距離です。ロードレースの場合、選手は少し斜めにずれて互いを風除けに使うことが多いので、1つの長いトレインがわずか1cmの間隔でつながることは、まずありません。ですが、より現実的な15cmほどの間隔であっても、1.5％のエネルギーの節約が見られます」。

もちろん、背後にいる選手がドラフティングから得られるメリットはよく知られているし、節約できるエネルギーは前方の選手よりはるかに大きくなる。1979年、レース中の集団における風の抵抗と出力について研究した科学者たちは、距離0mまで近づけば、47％のエネルギーを節約できるとの計測結果を得た。これは非現実的な数字だが、2m離れても27％とその効果は非常に大きく、たとえ3m離れてもまだまったくの無意味ではないのである。

先頭を牽く選手の背後につくことは、エネルギー効率の面で明らかなメリットがあるわけだが、どのチームもリードアウトとの距離を若干でも詰めるよう指示している。それによってリードアウトがより大きな力（それはほんの1ワットか2ワットかもしれないが）を少しでも長く搾り出し続けられるようにすることが、勝利と敗北の境目となることもありうるからだ。また、タイムトライアルにおいて、9人のうち最も長く先

とキッテルが生み出すドラフティング効果はカヴにも及ぶことが判明したのです」。

簡単に言うと、物体（高速回転するカヴのリアホイール）を空気が通過する際に生じる渦の中にキッテルが入ることで、乱流が抑制されるのだ。オランダのアイントホーフェン技術大学の物理学教授、ベルト・ブロッケンも、2012年に次のように述べて

頭を牽ける選手は誰かを計算するためにも、スポーツサイエンティストにとってエネルギー支出をモニタリングすることは有益だ。「極限域の進歩」とは、こうした世界なのである。

極限域の努力

　1960年代に活躍したフェリーチェ・ジモンディやバリー・ホバンといった選手にとって、バイクフィッティングはかなり大雑把なものだった。誰かに支えてもらったバイクの上で、選手が"自然な"ポジションに調整した後、スポーツ監督やジェネラルマネージャー——コーチなどは当時まだいなかった——がサドル高をチェックし、少し上げたり下げたりして"ちょうどいい場所"を見つける。そしてその後、ペダルを何回転かさせ、クランクを水平にした状態で膝の真下にペダル軸が来れば理想的というわけだ。その後はステムを調整し、選手の体格に合わせて長さを変える。最後に体の各部（たとえば膝と臀部）の角度を書き留め、使用機材を記録したら終了だ。

　その後1980年代になると、バイクフィッティングの世界にもテクノロジーの波が押し寄せ始める。この流れに影響を与えたのが、様々な測定器具を開発し、最善のポジションを導き出すために必要と考えられる股下や大腿部の長さを採寸できるようにした、フィットキットというアメリカの企業である。

　1990年代後半から2000年代前半にかけては、コンピューターとテクノロジーがさらに進化。3次元分析、リアルタイム・フィードバック、そして圧力マッピングによってバイクフィッティングはその様相を一変させる。その先頭を行くのが、独自の技術や機材によって1、2ワットを搾り出し、ファビアン・カンチェラーラのような世界レベルの選手の空気抵抗を1％削減させる、ロンドンのサイクルフィットのような企業だ。膝から紐を垂らしてポジションを調整していた時代は遠く過ぎ去ったのである。しかし、ポジションがどうであろうと、速く走るために欠かせないものがある。それは最善のエネルギー補給だ。

▷ 2015年のツール第9ステージ。28kmのチーム・タイムトライアルを走るフランスのコフィディス

FUELLING UP TO THE TOUR
ツールのための燃料補給

「コート・ダジュールでトレーニングキャンプをしたんだ。私を見て彼は言ったよ、『体重を落とす必要があるな』とね。当時の私は12.5ストーン（ストーンは重さの単位で1ストーンは約6.35kg。したがって12.5ストーンは79.5kg弱）あったので、確かに少し大柄すぎたかもしれない。彼はさらに、『これから2カ月は食事制限をしないと』と言った。こうして私はグリバルディ式ダイエットを体験することになったんだ」。

アイルランドのレジェンドであるショーン・ケリーは、著名なジャン・ド・グリバルディ監督の下でフランドリアの選手として過ごしたプロ1年目の1977年シーズンを、こう回想している。「私たちはいつも腹ペコだった。私なんてそれまで食べていた量の半分しか食べさせてもらえなかったんだ。最初に出てくるのは、ほんのちょっぴりのスープと3インチ（約7.5cm）のフランスパンの塊。メインはチキンと葉物野菜にマッシュポテトだ。グリバルディはパンの柔らかい部分まで取り除いてしまった。消化に時間がかかると言ってね。なのに、朝、食堂へ行くと、テーブルクロスにはグリバルディが食べたクロワッサンの油染みがついていたりするんだ。でも、彼のやり方は確かに効果的で、純然たるスプリンターからツールでの総合優勝も狙えるワンデー・スペシャリストへ転身するのに役立ったよ」。

70kgをわずかに上回る程度まで絞り込んだケリーは、やがて勝利を量産し始める。その中には1978年のツールにおけるステージ優勝（キャリアを通じて彼は5度ステージ優勝したが、これはその最初の1勝であった）も含まれていた。中でもパリ～ニースにおける総合7連覇とパリ～ルーベ優勝2回という記録は特筆に値するであろう。

1970年から80年代前半まで、選手たちは

◁ショーン・ケリーの食事への（あるいは食事が足りないことへの）思いは、『飢え(Hunger)』という自伝を書かせるほど強いものだった

ケリーの言葉を借りるなら「揚げ物、肉汁のソース、それにアイスクリームを少々のビールで流し込む」というような食生活を送っている場合が少なくなかった。しかしグリバルディの下ではそうはいかなくなる。彼は時代を先取りした人物で、すぐにチームの選手たちは彼を（少なくともそのケチくさいやり方を）恨むようになった。グリバルディは選手が口にするものに神経を尖らせてはいたが、彼が頼りにしていたのは科学ではなく、自身の感覚であった。一方、今日のプロチームは、栄養士や医師、プロの料理人と契約し、世界各地の大学にも情報収集の網を広げ、選手の競争力を高めようとしている。選手の食生活に関して言えば、どのチームも以前より重視するようになってきているものがある。それは……脂質だ。

脂肪の土台

「スカイの選手たちを見ればわかりますが、2月にはすでに驚くほど締まった体つきをしています。これは彼らが冬の間にケトン（高脂質）食を摂り、体が脂肪を燃焼するように促しているからです。ケトン食を摂ることで、多くの選手は体重がかなり落ちます。炭水化物一辺倒だった私の現役時代と比べると、まさに隔世の感がありますよ」。こう明かすのは、元プロ選手で現在はキャノンデール・ガーミンのマネージャーとして信望を集めているジョナサン・ヴォーターズだ。

ツールを走るとなれば最も重要なのは今でも炭水化物だが、近年、プロ選手の食事構成には大きな変化が起きている。かつては悪者扱いされていた脂質が、今ではワールドツアー・チームの食料庫で大きな存在感を放っているのだ。

BMCレーシングの栄養士であるジュディス・ハウダムは言う。「選手によっては最大で35％を脂質が占め、この割合はオフシーズンに最も高くなります。もちろん重視するのは多価不飽和脂肪酸と一価不飽和脂肪酸で、飽和脂肪の摂取は低く抑えています。赤身肉と魚だけでなく、良質な脂質を含んでいる植物性の食材も取り入れています。具体的には、オリーブ油、亜麻仁油、ナッツ類、アボカド等ですね」。

さらにハウダムは、次のように付け加えた「良質な脂質は欠かせません。しかしそれが特に重要になるのは、レースシーズン前です」。この時期は練習の強度が主要栄養素の構成に大きく影響する。研究によれば、最大有酸素能力の50％でトレーニングした場合、使用されるカロリーの45〜55％は脂質に由来するという。この値は、最大有酸素能力の75％では10〜30％に下がり、全力

▽トレーニングキャンプを含め、オフシーズンの食事の主役は良質な脂質だ

でラルプ・デュエズを駆け上った場合にはゼロになる。つまり大雑把に言えば、選手の食事は走行強度の違いを反映したものであるべきなのだ。オフシーズンの強度は概して低めで推移するので、選手が作り出すエネルギーに脂質が占める割合は炭水化物より多くなる。逆にレースシーズン中は炭水化物のほうが重要になるわけだ。

そのため、ティンコフの調理師であるハナ・グラントがシーズン前に作る料理は、脂質が豊富で、何よりも味が抜群だ。「サーモン料理の中で選手たちに特に人気なのは、ショウガとハチミツとオレンジで味付けしたソテーですね。消炎作用があるショウガを摂ることができるのもこの料理の良いところです。スシはもちろん定番ですし、グラブラックス——フェンネル、ディル、胡椒で調理した北欧風のサーモンマリネ——もお気に入りリストの上位に入っていますね（レースに必要な栄養については第9章で詳しく解説する）」。

味の話はともかく、脂質はカロリーが高く、十分な酸素と結びつくことができれば、莫大なエネルギーを作り出すことが可能だ。BMCレーシングやガーミン・シャープなど、多くのプロチームに協力した経験を持つ生理学者のアレン・リムは、ツールを走る選手の平均体重は154ポンド（70kg）だと明かしてくれた。脂質のカロリー量は1ポンド（約450g）あたり3,500kcalなので、選手の体重が150ポンド、体脂肪率が8%の場合、蓄えている脂質は12ポンド、カロリーに換算すると42,000kcalということになる。ガリガリに痩せた選手でさえ、脂質を燃焼させることで身体能力や健康に悪影響を生じさせることなくステージの大半を走れる理由が、ここにある。

栄養士と調理師は、オメガ3脂肪酸が食事に占める重要性も心得ている。オメガ3脂肪酸が心臓を保護し、血圧を制御し、体重の増加を防ぐことは、多くの研究によって実証されている。さらにオメガ3脂肪酸には、血液の粘度を下げて流動性を高める洗浄剤としての作用もあり、血液と筋肉の機能にも良い影響を及ぼすことが知られている。

グラントは言う。「これによって脳や筋肉に運ばれる酸素が増え、選手はより速く走れるようになるわけです。冷間圧搾された亜麻仁油はオメガ3脂肪酸が豊富なので、朝、選手が飲むスムージーに加えています。また、チアシード、サーモン、ナッツ、サバなど、多くの料理にオメガ3脂肪酸を豊富に含む食材を使うよう心がけています」。

オメガ3脂肪酸には脂質を"共食いする"性質もある。セントルイスにあるワシントン大学薬学部の研究によれば、オメガ3脂肪酸は肝臓に働きかけて脂質を燃焼させる経路を活性化させ、既存の脂質の分解を促進するという。だが、何千マイルも走ることで蓄積する炎症に対する消炎作用と免疫系の強化こそ、オメガ3脂肪酸の最も重要な特性と言えるだろう。

イギリス自転車連盟による魚油の多用は半ば伝説となっている。後にチーム・スカイに移籍したナイジェル・ミッチェルの指導の下、選手たちは毎日2グラムの魚油を摂取させられたのだ。魚油には、運動で負荷がかかった際に生じる筋肉の損傷を減らす働きがあり、タンパク質の合成を向上させる脂肪酸（エイコサペンタエン酸）が含まれている。ミッチェルは、イギリス国民保健サービス（NHS）に勤務していたとき、癌患者の筋緊張の維持に役立てるために魚油を用いていた経験があり、これを自転車競技に応用したのである。チーム・スカイが良質な脂質を重視していることは、チーム専用に作られる独自ブランドのエクストラバージン・オリーブ油があることからもうかがえるだろう。

テストステロンも脂質が持つ見逃せないメリットのひとつだ。ドーピングに手を染めた選手たちのせいで不当に貶められているが、自然に生産されたこの男性ホルモン

は、筋肉の増強など、様々な能力を向上させてくれる優れものである。テストステロンの減少はオーバートレーニングの明らかな兆候であり、良質な脂質を多く含む食事はテストステロンの構造を安定させ、その値を増大させ、選手を完全に健康な状態に戻してくれる。コレステロールは体内でステロイドホルモンに変化するが、テストステロンはそのひとつである。

炭水化物と異なり、脂質を多く含む食事は食欲を満足させることが証明されている。だからこそ多くのチームがオフシーズンには高脂質の食事を選手に提供しているのだ。

満足感が高いほど、理想的な体重をキープするのも容易になる。実際、レースの予定がなく、前年の精神的疲労から回復している途中の選手たちは、シーズンオフの前半に体重を増やしてしまいがちだ。ロット・ソウダルのグレッグ・ヘンダーソンは言う。「僕は幸運だよ。なにしろ、せいぜい2、3キロしか増えないんだから。中にはすぐに8、9キロ増えてしまう選手もいるんだ」。体重が成績に大きく影響する競技において、ハンデを背負った状態でシーズンインを迎えるのが得策でないことは、言うまでもあるまい。

エネルギー生産

○低強度から中強度の運動では、脂肪が筋肉にとって主要なエネルギー源となる。一方、中高強度から高強度の運動では、グリコーゲンの形で蓄えられている炭水化物が主なエネルギー源として用いられる（植物中ではデンプンとして蓄えられている）。

人体におけるグリコーゲンの主要な貯蔵場所は筋肉と肝臓だけであり、よく鍛えられた自転車選手でもその量は500gほどにすぎない。炭水化物1gの熱量は4kcalなので、グリコーゲン500gは2,000kcalほどに相当するが、実はこれこそがフルマラソンでアマチュアランナーが直面する"35kmの壁"の正体なのだ。彼らはグリコーゲンを使用する運動強度で走り続けるため、3時間で完全に枯渇させてしまうのである。一方、脂肪は蓄えられている量が多い。したがって、比較的高い強度の運動において、脂肪への依存度を高め、炭水化物への依存度を下げることができれば、理論上、自転車選手は疲労を遅らせ、より速く走ることができることになるわけだ。

高脂質の食事と通常の食事が燃料代謝とタイムトライアルのパフォーマンスにどのような影響を与えるか、南アフリカの研究チームが実験したことがある（いずれの場合もカーボローディング前に実施）。実験は2回に分け、各14日間で実施された。その内容は、被験者となった5人の自転車選手に、一方の実験期間中には脂質65%の食事を、もう一方の実験期間中には通常の脂質30%の食事を10日間与えた後、炭水化物が70%を占める食事を3日間与えるというものである。

最後に被験者全員が、最大酸素摂取量の70%で2時間半走行した後に20kmのタイムトライアルを行うという試験に臨んだのだが、高脂質の食事を続けた後は運動中の脂肪の総酸化量が増え、炭水化物の総酸化量は減るという結果が得られた。そしてそれ以上に重要なのが、TTのタイムに向上が見られたことである。高脂質の食事を続けた後は、20kmのTTのタイムが平均で4.5%向上したのだ。ちなみに、タンパク質も燃焼させてエネルギーに変換することが可能だが（炭水化物と同じく、タンパク質1gは4kcalに相当する）、筋肉を損傷させるため、これは好ましいやり方ではない。

最大脂肪燃焼域
（ファットマックス）

　良質な脂質——人工の脂質には、動脈を詰まらせる、コレステロール値を上昇させるなど、数え切れないほど多くの問題がある——の摂取量を増やし、明確な目標を定めたトレーニングをそこに組み合わせれば、最大脂肪燃焼域を向上させられるという研究結果もある。最大脂肪燃焼域とは、脂肪を最大限に燃焼させてエネルギーに変えることができる領域のことだ。提唱者は著名な運動生理学者であるバーミンガム大学のアスカー・ジューケンドラップ博士である（博士は一連のガス分析測定を行うことで、運動強度が上昇した際の炭水化物と脂肪から得られるエネルギーの割合を算出した）。フィットネスレベルにもよるが、最大脂肪燃焼域試験には20〜45分ほどを要し、低いパワーからスタートした後、3分ごとに強度を高めていきながら、二酸化炭素レベルと酸素レベルを計測するという手法が用いられる。

　研究の結果からジューケンドラップは、"最高の"最大脂肪燃焼域はVO_2 maxの60〜63%付近、最大心拍数で言えば75%付近だと述べている（フィットネスレベルが低い場合は、VO_2 maxの50%まで低下する）。だが、こうした数字はどんな重要性を持っているのだろう？

　「炭水化物はガソリン、脂肪はディーゼル燃料です」こう例えるのはモビスターのスポーツサイエンティスト、ミケル・サバラだ。「最大脂肪燃焼域が高いほど、レースの重要局面に備えてグリコーゲンを温存できることが証明されています。多くの選手がしばしばグリコーゲンが枯渇した状態で練習するのもそのためです」。

　エネルギー生産が運動強度によって変動する仕組みについては、隣のページのコラム「エネルギー生産」に詳しいが、炭水化物を低く抑えるこのやり方がプロの世界に広まりつつあるのは間違いない。研究によれば、これによって選手の体は脂肪をどんどん燃焼させるようになり、結果として全力でのスプリントやヒルクライムにグリコーゲンを備えておけるようになるという。

　これはいったいどういうことなのか、チーム・スカイの栄養士でもあるジョン・ムーア大学（イギリス）のジェームズ・モートン博士に、生理学の面から説明してもらおう。「グリコーゲンが枯渇した状態や水だけでトレーニングした場合、肉体の主な順応として、筋肉中のミトコンドリアが増加します。つまり、あらゆる酵素と好気的代謝部位がより活性化するのです」。

　これがミトコンドリア生合成と呼ばれる現象だ。こうした変化により、肉体は特定の運動強度において脂肪をより効率的に燃料として使えるようになる。その結果、生成される乳酸（そして疲労物質である水素イオン）が減少し、グリコーゲンが温存されるわけである。

　ここで鍵となるのは運動強度だ。最大脂肪燃焼域（ファットマックス）を上回る領域では、エネルギーに占める炭水化物の割合がどんどん増えていく。低〜中強度の運動と炭水化物が少ない食事を組み合わせるのは、まさにこのために他ならない。

　理屈の上ではこのようになる。しかし選手は、グリコーゲンが枯渇した状態でのトレーニングをどのように捉えているのだろう？「レース終盤で力を発揮できる体作りに役立っている」と語るのは、ジャイアント・アルペシンでリードアウトの中核を担うコーエン・デ・コルトである。「そうしたトレーニングをするのは主に、レースに備えて体を作っていくオフシーズン中だけどね」。

　"絶食状態"でのトレーニングには、多くのやり方がある。かつて最も一般的だったのは、絶食状態で起床した後、水とエスプレッソをぐいっと飲んでからトレーニングに出かけるというものだった。しかしジャイ

アントではこのようなやり方をとっていない。再びデ・コルトに聞いてみよう。「朝は高脂質の食べ物しか食べないかな。アボカドとかナッツだね。食べたらすぐ、比較的軽い、3時間程度の実走に出かけるんだ。走り終わった後にはエネルギーを補給するけど、炭水化物は摂取しない。タンパク質と脂質だけさ。その後はまたトレーニングに出かける。今度は2時間半くらいだ。強度はやはり低く、途中で中強度のインターバルを何度か挟むくらい。これが終わると、ようやく炭水化物でエネルギーを補給するんだ」。

すべては高強度での走行時に、体が炭水化物ではなく脂質を代謝するようにするためだ。32歳のデ・コルトは、そのときの心身の状態はともかく、効果については高く評価している。「気力が湧かないし、スローモーションでトレーニングしているような感じさえする。実際、このときのスピードは遅いんだ。でも、いよいよレースとなると、結局はより速く走れるんだよ」。

「絶食トレーニング」の新理論

無気力感や脱力感といった症状については、オーストラリア・カソリック大学で運動および栄養研究グループを統括しているジョン・ハウリー教授が最近、「グリコーゲンのレベルが極めて低い状態での睡眠〔スリープ・ロー〕」という新たな発想に焦点を当てた共同研究論文を執筆している。"トレーニングは低血糖値で、レースは高血糖値で"という方法論を2005年に最初に考案したコペンハーゲン大学の生理学者たちの研究を土台としているこの研究の中でハウリーは、選手が、グリコーゲンが枯渇した状態で1日おきにトレーニングを行うことは不可能ではないと論じている。そのためには、選手は通常の朝食（オートミール）を摂って午前のトレーニングに必要なエネルギーを補給するが、その後は、昼食を抜いて筋肉からグリコーゲンが枯渇した状態のまま午後のトレーニングに臨むようにする必要がある。だが問題がないわけではない。このトレーニングは選手を心身ともに落ち込ませるのだ。

ハウリーは言う。「気分が暗くなったり、手足に力が入らない感覚は、誰だって嫌です。プロの自転車選手なら、なおさらでしょう。実際、グリコーゲンが少ない状態でのトレーニングでは、パワーが7～8％低下することが明らかになっています。これは1位と451位を隔てるほどの差ですよ。そこで、選手に炭水化物をまったく与えず、脂肪代謝を促進し、体感的な辛さを軽減する効果を持つカフェインのみを与えてみたところ、パワーの低下は3.5％に改善されました」。

とはいえ、心身の落ち込みが完全に払拭されるわけではない。「だから私たちは、工夫が必要だと考えました。私たちが望んだのは、トレーニングの強度に妥協することなく、必要に応じて"グリコーゲンが減った状態"でトレーニングさせることです。そこで私たちは、何人かの選手に夜遅く研究室に来てもらい、高強度のトレーニングを受けてから絶食状態のまま就寝してもらいました。つまり、グリコーゲンの備蓄が少ない状態でトレーニングし、補給しないまま睡眠をとる、究極のピリオダイゼーション（期分け）です。絶食状態のまま起床し、朝食を摂らなければ、脂質代謝に関するあらゆることが昂進されます。この状態で低強度の運動をするわけですが、この強度は意図的なものであり、やる気が出ないからといった理由によるものではありません。夜に高強度でトレーニングし、グリコーゲンが減った状態で眠る。いわば良いとこ取りです。そしてそれ以上に重要なのは、しっかり眠れなかった被験者はひとりもいなかったという事実です」。

この分野は現在発展中であり、その生理

▷ツール・ド・フランス第2ステージを前に朝食を摂るチーム・スカイのマーク・カヴェンディッシュ

FUELLING UP TO THE TOUR

学的な知識基盤は、ハウリーのような先駆者によって拡大されつつある。しかし、研究室での実験結果はあくまでも実験結果にすぎない。エネルギーを枯渇させかねないやり方を、レースの結果によって将来が決まるプロ選手たちに試すのは、また別の話だ。

ティンコフの主任スポーツサイエンティストであったダニエル・ヒーレーは語る。「特定のやり方で行われる低グリコーゲン・トレーニングに効果があることについては、反論の余地がありません。うまく利用すれば、何も失わずにコンディションを高めることができます。問題は、チームに何人か、過去の経験からこの方法に悪印象を抱いている選手がいることです。いまだ実験段階のやり方をあえて世界最高レベルのチームに対して用いる。そんなギャンブルのような真似をしようとは思いませんね。私たちはすでに効果が証明されている方法でチームを強化していくつもりです」。

とはいえ、体に蓄えられている脂肪の活用に関する研究と現実への応用が注目を集めつつある分野であり、今後数シーズンの間に大きな発展を遂げることは間違いない。その先頭に立つのがチーム・スカイだとしても、驚くには値しないだろう。「レースのタフで重要な局面に備えてグリコーゲンを温存しておくため、スカイではケトン飲料を使っていると噂になっていることは知っているよ」とは、2010年から2011年までスカイに所属し、チームにとって初レースとなった2010年のキャンサー・カウンシル・ヘルプライン・クラシックで優勝したグレゴリー・ヘンダーソンの言葉である。

ケトン飲料の導入についてチーム・スカイは何のコメントも出していないが、ケトン系飲料の研究で現在主導的立場にあるオックスフォード大学のデイヴィッド・ホールズワースは、イギリスの雑誌『サイクリング・ウィークリー』の取材に対し、「極めて重要な大会のためにケトンを用い、勝利を挙げているプロチームと世界的に有名な自転車選手がいる」と述べている。

ケトン飲料は1リットルあたり2,000ポンドもすると言われているので、よほど財政的に恵まれているチームでなければ導入はできないだろう。ケトン飲料の役目は、備蓄されているグリコーゲンを温存することであり、疲労困憊するまで走り続けられる時間が若干延びることが研究によって示されている。つまり、これを飲めばより速く、より長く走れるのだ。ケトン飲料と脂肪の活用によるパフォーマンスの向上については、キャノンデール・ガーミンのチームマネージャーであるジョナサン・ヴォーターズも注目してきたに違いないが、注意すべき点もあると彼は言う。

「度を越せば、筋組織を燃焼させてしまうことになりかねないので、不用意な使用は避ける必要があります。正しい知識を身につけ、体に蓄えられている炭水化物を通常量に戻してからレースに臨めば、体は脂肪をより有効に活用できるはずです。私が選手だった10年前とは隔世の感がありますよ。当時は一年中いつだって炭水化物、炭水化物でしたからね。とはいえ、レースを高強度で走るなら、今でもやはり炭水化物は不可欠です」。

栄養のピリオダイゼーション

そこで登場するのが、トレーニングに応じて摂取する栄養を変化させていく、"栄養のピリオダイゼーション"という考え方だ。具体的には、オフシーズンには脂質の比率を高め、その後レースシーズンが近づくにつれ、高強度運動に必要なエネルギーを補給するために炭水化物に比重を移していくのである。

炭水化物の摂取量を増やすにあたっては、通常の食事（パスタや米の増量もここに含まれる）、果物を含む間食やスポーツフードが主な供給源となる。選手は一日に二度の

トレーニングを行うことが珍しくないが、適切な間食は選手のグリコーゲンレベルを高い状態に保ち、トレーニングの効率を最大限に向上させる。実際、3週間のステージレースを戦い抜くためのトレーニングの強度と時間を維持することは、ツールを走る選手にとって非常に重要なことである。

「レースや高強度でのトレーニングに大切なことはわかっているけど、僕はあまり炭水化物が好きじゃないんだ」。チーム・スカイのニコラス・ロッシュはこう言うが、炭水化物が彼に最も適していることはすでに明らかとなっている。「以前、高脂質食を試したことがあるんだけど、残念ながら僕には合っていなかったよ。だから今は、レー

> 以前、高脂質食を試したことがあるんだけど、残念ながら僕には合っていなかったよ。だから今は、レースのときの食事はパスタに戻しているんだ。

ニコラス・ロッシュ
（チーム・スカイ）

スのときの食事はパスタに戻しているんだ。結局のところ、代謝能力は人それぞれだよ。代謝能力が高い選手は低い選手と比べて、高脂質な、つまり油の多い物を食べられるのかもしれないけどね」。

栄養のピリオダイゼーションは、トレーニング中の特定の生理学的要求にとって有益なだけでなく、目標とする大会に向けて選手の体重を増減させる上でも役に立つ。ヴォーターズによれば、ダン・マーティンのような選手は、特別な理由がなければ一年中おおむね同じ体重だそうだが、ドイツのヤン・ウルリッヒはオフシーズンに体重が大幅に増えることで有名だった。かつてウルリッヒは、太ったことへの批判に対して悪びれることなく、「プロトンには痩せた選手が大勢いるが、その中にツール優勝者はほとんどいないじゃないか」と言い返した。だが、ウルリッヒのこの指摘には明らかな誤りがある。ニバリのどこに無駄な贅肉があるというのだ？

パフォーマンス・バイオケミストの肩書きを持つチーム・ディメンションデータのロブ・チャイルドは、栄養のピリオダイゼーションを支持しているひとりだ。過去にはトル・フースホフトにこの方法を用いて大きな成功を収めており、アフリカ籍の今のチームにもその成果は引き継がれている。「目標とするレースとレース時の体重管理にピリオダイゼーションを活用しています。例としてスティーブ・カミングスを見てみましょう。2015年の年明けの時点で、彼の栄養戦略はうまくいっていました。パワーウェイトレシオの比率は高く、トレーニングからの回復も良好でした。ですが、我々はクラシックよりツール・ド・フランスに向くように、彼の体重をもっと減らしたいと考えました。そこでリエージュの後、私たちは彼の体脂肪率を減らす取り組みを始め、ユトレヒトでのプロローグまでに70〜71kgまで絞り込みました。筋肉量が少し落ちてしまったかもしれませんが、トルの場合と同じく、これは山岳で助けとなるはずです」。

クラシックとツール・ド・フランスでは、体重を変化させるのはどうしてなのだろう？ タフで石畳もあるクラシックでは、短いが急な坂や荒れた石畳の道を制するために体重は重めが良く、そのほうが感染症のリスクも下がるのだとチャイルドは言う。「理由はいろいろありますが、とにかく夏は感染症に罹る危険性が下がるので、スティーブの体脂肪率は8.5%から6%まで下げるべきだと考えました。ただし、この考え方がすべての選手に当てはまるわけではありません。フランス人を見てごらんなさい。彼らは選手がいついかなるときもギリギリまで痩せていることを好みます。私には病気

FUELLING UP TO THE TOUR

になるリスクを高めているだけに見えるのですがね」。

高脂質の食事は、冬に選手の体重を減らすのに役立つが、トレーニングの強度がより高くなるレースシーズン中は、タンパク質が同様の役目を担う。タンパク質は体を修復し、オーバートレーニングのリスクを低減させるだけでなく、食欲を満たす効果も備えている。チーム・スカイは走行時間が長い場合の補給に高タンパク質のエナジーバーを使うことが多いが、グリコーゲンが枯渇した状態でのトレーニングと同じく、これもワールドツアー・チームの間で注目度が高まりつつある分野のひとつだ。

栄養と運動の専門家であるハウリーは言う。「以前は、タンパク質（プロテイン）に用があるのは多く筋肉を付けたい人と思われていました。仲の良い同僚のひとりがボディービルディングをしていたのですが、彼からはいつもツナの匂いがしていましたよ。朝から晩までタンパク質を摂取していたせいですね。タンパク質は筋肉の修復に有効なので、彼の行動は間違っていません

し、これは持久系競技の選手にとっても非常に大切なことです」。

2014年、ジャーナル『応用生理学、栄養、代謝（Applied Physiology, nutrition and metabolism）』に掲載された『筋肥大の向こうへ: 持久系競技者にとって食物タンパク質が重要である理由（Beyond muscle hypertrophy: why dietary protein is important for endurance athletes）』という論文の中で、ハウリーと研究チームは、持久系競技の能力向上にタンパク質が果たす役割に目を向け、肉体は有酸素運動の後に、いわゆるミトコンドリア・タンパク質の生成を促すストレス信号をアミノ酸に発すると述べている（ウェイトトレーニングの後では、筋繊維を発達させる収縮タンパク質の生成をアミノ酸に促す信号が発せられる）。

ミトコンドリアは筋肉にとって発電所であり、炭水化物と脂質を燃やしてエネルギーを得る生物学的キッチンだ。これはタンパク質の含量が増えると炭水化物と脂質の利用効率が向上することを意味する。言い換えると、タンパク質が多いとミトコンド

高タンパク質食

○BMCレーシングの栄養士であるジュディス・ハウダムは、トレーニングとして3、4時間走る日には、タンパク質を重視した食事を提供している。ここで紹介するのは、ローハン・デニスやグレッグ・ヴァン・アーヴェルマートのような選手のためのメニューだ。

●**朝食（走行開始2、3時間前）**：ナッツとドライフルーツを混ぜたオートミール、バターとジャムを塗った全粒粉のパン、低脂肪ヨーグルト少量、フルーツ、ミルクコーヒー

●**走行中**：パワーバー1本、アプリコットまたは乾燥イチジク5つ、バナナ1本、スポーツドリンク1ボトル、水2ボトル

●**走行後**：牛乳500mlを含むミルクフルーツ・スムージー、バナナ1本とハチミツ小さじ2杯。あるいは、牛乳またはヨーグルトとハチミツ小さじ1杯をかけたシリアル1皿。あるいは、牛乳で溶いたプロテイン（ホエイ）30gとハチミツまたはジャムのサンドイッチ

●**昼食**：トリ胸肉のロースト、全粒粉のパスタ、ミックスサラダまたはフルーツサラダ

●**間食**：シリアルの小皿、フルーツ、グラノーラバー

●**夕食**：野菜スープ、ポテトと野菜を添えたフィレステーキ、ケーキ1切れ

リアの働きが改善され、"ボイラー"の効率が向上するのだ。持久系競技の選手にとって、これは非常に重要なことである。

ハウリーは語る。「研究結果を踏まえ、持久系競技の選手には、走った直後に20gのタンパク質を摂取することを推奨しています。また、これはどちらかというとプロ選手向けのアドバイスですが、一日全体としては、体重1kgにつき1gのタンパク質を一定の間隔で摂取していくように心がけるべきです」。

ヒーレーも言う。「選手には体重1kgあたり2g以上のタンパク質を必ず摂らせます。持久系競技の選手はボディービルダー以上にタンパク質を必要とすると論じる人さえいるほどです」。さらにハウリーは、午前のトレーニングの成果を最大にするため、前倒しでの摂取、つまり昼食前に1回か2回摂取することを推奨している。

フィリップ・ジルベールをはじめとするBMCレーシングの選手たちがどのような種類のタンパク質を摂取しているか、チームの栄養士であるジュディス・ハウダムに聞いてみよう。「タンパク質を体に素早く取り込みたい場合は、吸収性に優れ、長いトレーニング走行の後の回復に有効なホエイ（乳清）を飲んでもらいます。カゼイン（乾酪素）はホエイより吸収が穏やかなので、昼間だけでなく夜間の服用にも向いています」。

抗酸化食材の重要性

もちろん三大栄養素である脂質、炭水化物、タンパク質だけがすべてではない。そのことは、ツール出場選手は一般人より平均で6.3歳長寿であるという、パリ循環器センターの研究結果にもはっきりと表れている。並はずれて強靭な心臓と肺によるところも大きいに違いないが、病気や感染症に強い食生活も見逃すことはできないだろう。では、秘密はどの食材にあるのだろうか？

「そこで登場するのが抗酸化食材です」とヒーレーは言う。チームのトレーニングキャンプに同行してみるとわかるが、ビュッフェ形式の食事は本当に色とりどりだ。赤、オレンジ、黄色、緑……見ているだけでも楽しめる。フルーツと野菜が豊富な食事は優れた抗酸化作用を発揮し、選手が次のトレーニングに備えてより効率的に体を回復させることを可能にするのだ。

ヒーレーは食品表を使って選手にORAC（活性酸素吸収能力）値の大切さを説明することを重視している。ORACとは要するに各食材の抗酸化作用のことで、数値が高いほど優れた抗酸化作用を発揮する。抗酸化作用に優れた食材の代表例としては、プラム（ORAC値7,581）、ペカンナッツ（17,947）、ブロッコリー（2,386）、クランベリー（9,584）、赤ワイン（5,043）──ジョナサン・ヴォーターズの大好物だ──などが挙げられる。

「ORAC値が高い食べ物をできるだけ頻繁に日々の食事に含めるだけで、過酷なトレーニングやレースの後でもすぐに活力を取り戻せます。簡単なことです」。

チャイルドも、感染症に罹る危険性が最も大きくなる冬季には、抗酸化食材の重要性がとりわけ増すと語る。「日光によるビタミンDの生成が減るなど、冬は様々な理由で健康を損ねやすくなります。また、気温が低く、雨や雪が多い時期は、道路も汚れています。たとえば冬のイギリスで農地の横を走れば、牛糞まじりの水しぶきを浴びることになりかねません。つまり、ボトルに口をつけるたびに、少なからぬ細菌を体内に取り込むということになるのです」。

暖かい季節には、フルーツや野菜の摂取量が自然と増えるので問題はないのだが、オフシーズンにはチームがあの手この手で選手たちに抗酸化食材を摂らせなければならない。たとえばチーム・スカイの栄養士だった頃、ナイジェル・ミッチェルは選手たちに毎日1リットルのジュースを必ず飲

ませていた。ニンジン、ショウガ、セロリをベースにして、そこにパイナップル果汁を加えて飲みやすい濃度に調整した、すべての食事とセットになったジュースだ。

　ミッチェルはビーツの根からもジュースを作った。このいわゆるビーツジュースとその身体能力向上効果については、近年大きな注目が集まっている。消化吸収されるとビーツの根に含まれている硝酸塩が体内の生化学的経路に流れ込んで一酸化窒素に変化するというのが大まかな仕組みであり、これによって低強度運動での消費酸素量が減り、高強度運動では疲労困憊するまでの時間が延びることが研究によって明らかになっている。

　中でもアンディ・ジョーンズ教授は、ビーツの根に関する研究の第一人者だ。ジョーンズとエクセター大学の研究チームは、2013年には10人の健康な男性に"ビートイット"の商品名で販売されているビーツの根の濃縮ジュースを1杯、2杯、または4杯飲ませ、それから2時間半、中～高強度で自転車で走らせるという実験を実施し、ビーツジュースを2杯または4杯飲んだ場合には、中強度でのVO_2レベルが低下する、つまり運動が楽に感じられるという結果を得ている。ちなみに、より効果が大きかったのは2杯の場合で、運動持続時間の伸びが4杯の場合は12%だったのに対し、2杯の場合は14%であった。

　「手放せなくなっている選手もいますよ。彼らはサラダに必ずビーツの根を入れるんです」。こう語るのは、チーム・ディメンションデータのスポーツサイエンティスト、ジョナサン・ベイカー博士だ。「朝、ビーツの根とセロリ、ニンジン、ライムなんかが入った野菜のスムージーを飲む選手もいますね。効果が切れないよう、毎日です。もはや生活の一部と言って良いでしょう。ビートイットを飲む選手もいますよ」。

　ビートイットなどの商品は、基本的にはビーツの根から得たジュースを濃縮して作られていて、今では1リットル瓶で購入することも可能だ。「最初はかなり不味く感じられますが、3、4日のうちに酸素効率の変化に気づきます」。こう言いながらも、ベイカー自身はビーツジュースの効用にいまだ半信半疑だ。「研究室で試験を行い、作業量と酸素消費の推移に注目して、過去の結果と比較しましたが、違いはせいぜい0.5%でした。そもそもこれはビーツジュースに由来するものなのか？ それさえも不明です。悪影響があるわけではないので、愛飲者が多くても構いはしないのですが」。

　「私たちもビーツの根を試してみましたが、結果は疑問符のつくものでした」。ジャイアント・アルペシンのスポーツサイエンティスト、トゥーン・ヴァン・エルプも同意見だ。「パフォーマンスに大きな向上は見られませんでしたし、口に合わず、飲むのを嫌がる選手も多かったですね」。

　このようにプロチームの中でも賛否が分かれているわけだが、2012年にウィルカーソンが行った研究もこうした評価を裏付けている。トップ選手の場合は、代謝と酸素運搬の効率がすでに高いレベルに達していることもあって、パフォーマンスへの影響は比較的小さいという結果が得られているのだ。「ビーツの根はわりと新しい流行だけど、僕は乗ろうとは思わない」とは、エティックス・クイックステップのスプリンター、マルセル・キッテルの弁である。

グルテンフリー食品

　栄養に関して、自転車選手の間で"人気"の話題がもうひとつある。グルテンフリー食品へのこだわりだ。パスタとパンで育ったプロ選手の中には、当初この言葉に眉をひそめる者もいたようだが、ガーミン・トランジションズがトレーニングや2010年のツール・ド・フランス期間中にこの食事法を実践したことはよく知られている。

　この判断の背景には、運動生理学者だっ

△オレンジジュースをコップに注ぐイタリアのヴィンチェンツォ・ニバリ。総合優勝を達成した2014年のツール・ド・フランスにて

たアレン・リム博士とヴォーターズの、グルテン（小麦等の胚乳から生成されるタンパク質の一種）を摂取しないようにすれば選手の体はより効率的に炭水化物を処理できるようになり、腸の不調や気分の落ち込みにも悩まされなくなる、との考えがあった。もちろん炭水化物は他の食品できちんと摂取しての話である。

　チームのエースで、率先して小麦ゼロの食事を試してみたクリスチャン・バンデベルデは当時、「いい意味で驚いたよ。あらゆる面で消化が良くなったんだ。消化こそ摂取したエネルギーを活用する上で最も重要なことだからね」と語っている。チームメイトのトム・ダニエルソンも、2008年のツアー・オブ・ミズーリでこの食事法を実践して同様の効果を体験しており、消化、睡眠、回復の改善を最大のメリットとして挙

FUELLING UP TO THE TOUR

げている。

　いったいどういうことなのだろう？　実は人体は、小麦を消化する能力があまり高くないのだ。牛と違い、人間の唾液や胃液には、グルテンを栄養として利用するために分解・吸収する酵素が含まれていないためである。10年ほど前、グルテン不耐症と診断されるまで、ロット・ソウダルのグレッグ・ヘンダーソンを悩ませていたのも、まさにこの問題であった。

　ヘンダーソンは語る。「胃の調子がおかしくなってトウモロコシ畑や道端で止まったことが何度もあったんだ。でも、パスタをポテトに替えるなどしたおかげで、今はこの体質とうまく付き合えているよ。とはいえ、食事には今も注意が必要だね。たとえば、妻と食事を楽しんだ翌日、ひどく気分が悪かったとしよう。ベッドに横になったまま思い返しても、食べたのは少々の肉とポテトだけのはずだ。なのにどうしてこんなに不調なんだろう？　そしてハタと思いあたるんだ。肉に小麦粉でとろみを付けたソースがかかっていたと」。

　ヘンダーソンは、オート麦が入っていない食品をレースの補給食にしていることも明かしている（オート麦そのものはグルテンを含んでいないが、小麦も扱っている施設で加工されることが多いため、混入する可能性が皆無ではない）。彼はニュージーランドの出身だが、「アメリカにはオート麦が入っていない食品が豊富にある」とのことだ。食品に対する彼の注意が報われていることは、ブエルタ・ア・エスパーニャやパリ〜ニースで彼がいくつものステージ優勝を成し遂げていることからも明らかだろう。

　ヘンダーソンは、トレーニングからの回復を促進するため、就寝前に「ザナス」というBCAA（分枝鎖アミノ酸）サプリメントを摂取していることも公表している。過去には中鎖脂肪酸トリグリセリドも試したことがあるそうだ。ヘンダーソンいわく、「僕にはあまり効果がなかったけど、興味深い科学的な裏付けがあるんだ」とのことである。

　アスカー・ジューケンドラップ博士率いるチームは、ブドウ糖と果糖の組み合わせでトレーニングすると60g以上の炭水化物を吸収できるようになることを発見する以前に、中鎖脂肪酸トリグリセリド（MCT）がエネルギー源になりうるかどうかも調べている。MCTは比較的小さい脂肪なので、短時間で分解・吸収することが可能とされている。

　最初の一連の研究でジューケンドラップは、炭水化物を含むドリンクにMCTを加えてみた。その結果、確かにMCTは短時間で完全に酸化することが確かめられた。しかし、この実験で摂取したMCTはごく少量（3時間でわずか30g）だったので、代謝や身体能力に変化は見られなかった。「なら、もっとMCTを摂ればいいのでは」と考えるかもしれない。しかしそれには問題がある。摂取しすぎると胃腸の調子がおかしくなってしまうのだ。多くのMCTを摂取できた被験者もいたが、スプリントの能力はむしろ低下したという。つまりMCTにこだわり続けていたら、ヘンダーソンは職を失っていたかもしれないわけだ。

　ガーミンはグルテンフリー食品の導入の

> ベジタリアンはうちのチームにもいます……食事のバランスを保ち、必須栄養素をすべて摂取してもらうには、ひと工夫が必要になります。
>
> **ジュディス・ハウダム**
> （BMCレーシング）

他にも、栄養に関連する話題で注目を集めたことがある。所属選手であるアメリカのデイヴィッド・ザブリスキーが、ツール・ド・フランスを走った初の完全菜食主義者（ヴィーガン）となったのだ。彼は、肉はおろか、チーズ等の乳製品もいっさい摂らなかった（ただし、鉄分を補給するため、少量のサーモンを週に2度口にしていたので、"完全な"菜食主義者とは言えないかもしれない）。スタートは順調で、ザブリスキーはガーミンのチームTT勝利とトル・フースホフトのマイヨ・ジョーヌ獲得に貢献した。フースホフトは第9ステージまでイエロージャージをキープし続けたが、このステージでザブリスキーは落車。手首を傷めてレースを去ることになってしまう。しかし、肉を食べなくても最高レベルのパフォーマンスを発揮できることを、彼は証明してみせたのだ。

　BMCレーシングの食事を管理するハウダムは、「ベジタリアンはうちのチームにもいます」と言うが、やはりいろいろと大変なようだ。「植物性タンパク質の多くは、すべてのアミノ酸を含んではいないので、食事のバランスを保ち、必須栄養素をすべて摂取してもらうには、ひと工夫が必要になります。レースや高強度でのトレーニング期間は特に大変です」。

　「もちろん鉄分の摂取も難題です。赤身肉は良い補給源ですが、肉がダメとなると、他の食品、たとえばケールや玄米を鉄分の補給として食事に取り入れることが必要になります。タンパク質の補給食品は、どういう種類のベジタリアンかによって違います。乳製品や卵がOKなら、乳製品や卵、魚、大豆、大豆を使った食品（豆腐）、その他の豆、ナッツなどを食べてもらうことになります」。

　とはいえ、ベジタリアンであることには良い面もある。クレンブテロールを摂取してしまう心配がないことだ。UCIがアルベルト・コンタドールの2010年ツール・ド・フランスのタイトルを剥奪したのも、彼がこのドーピング規制対象薬物を摂取したためである。コンタドール自身は、汚染された肉を誤って食べたことが原因であると主張し、スポーツ仲裁裁判所も彼の陽性反応は「輸血や汚染された肉の摂取ではなく汚染された食品添加物を摂取したためである可能性が高い」との判断を示して訴えを部分的に認めたが、それでも彼には2年間の出場停止処分が科され、ツール・ド・フランスのタイトル剥奪が覆ることもなかった（クレンブテロールは牛の出産時に子宮弛緩剤として用いられることが多く、結果として食肉に含まれてしまう場合がある）。

　エティックス・クイックステップの栄養士であるペーター・ヘスペルは言う。「トレーニングキャンプやレースで選手が食べる料理に使う肉は、素性をきちんと調べておかないと大変なことになりかねません。もちろん私たちはプロですから、以前にも増して注意するようにしています。家畜へのホルモン剤投与に関する規制があまり厳しくない国もあるので、なおさらです。現在のドーピング検査技術はごく微量のホルモンも検出可能なので、体にまったく影響が出ないレベルであっても、ドーピング試験で陽性反応が出ることがありますからね」。

　栄養士や調理師がトレーニングキャンプで献立表を作成し、自宅にいるときもそれに従うよう選手を指導しているため、現代のプロ選手の食事は以前に比べてはるかに厳しく管理されている。トレック・セガフレードの主任調理師であるキム・ロクヤールは、それでもすべてを監督することは不可能だと言いつつ、「しかし彼らもプロです」と続ける。「暴飲暴食して太ろうとは思わないでしょう。速く走れなくなるだけだとわかっていますからね」。

　自転車競技と食事は切っても切れない関係にあるが、体重が軽ければ軽いほど速く走れることは、もはや常識と言って良い。たとえばベルナール・イノーは身長1m74cm

ビタミン補給

○人体が十分に能力を発揮するには、ビタミンが不可欠だ。ツール・ド・フランスほど心身に大きな負担をかけるスポーツイベントは、おそらく他にあるまい。21ステージにわたり、選手たちは最大の能力を発揮するのに必要なカロリーを摂取し続けねばならないが、円滑な代謝と感染症予防のためには、十分なビタミンを補給することも必要となる。ここではパリを目指す選手たちにとって重要な4種類のビタミンを紹介しよう。

●**ビタミンC**：風邪や上気道感染症（肉体的な追い込みによって罹りやすくなる）に効果があると考えられているが、1日90mg程度を摂った場合とそれ以上に摂った場合で風邪の回復速度に違いがあるかについて、明確な研究結果は示されていない。ただし、多く摂取すれば毛細血管や血管が丈夫になって血流が向上するので、高強度運動には有益だ。「鉄の吸収も良くなります。鉄は酸素と血液の結びつきを強め、運動中の筋肉への酸素の運搬を助けるので、自転車競技にとっては間違いなく役に立ちます」。こう語るのは、栄養士のルーシーアン・プリドーである。順応過程を阻害する可能性が研究によって指摘されているため、トレーニング直後にビタミンCを摂取するべきではないとする意見もあるが、ツールでこれが大きな問題になることはないだろう。1日の推奨摂取量は、赤パプリカ半分または大玉のオレンジ1個を食べれば十分にまかなえる。

●**ビタミンD**：十分なビタミンD（95〜124mmol/l）には炎症を抑える作用があることが証明されている。つまり、走行後に筋肉の張りや痛みを感じる時間が短くなるということだ。ビタミンDは、卵の黄身、天然の鮭や鱒のような脂の多い魚、成分調整乳、シリアル等に多く含まれているが、それらによって摂取できるのは必要量の10%程度にすぎず、面白いことに残りは太陽の光を浴びることで体内で合成しなくてはならない（夏のフランスでは何の問題もないことだ）。「だから多くの人が、日照時間が減ってビタミンDが欠乏する冬は風邪やインフルエンザの患者が増えるのだ、と考えているのです」とは、血液プロファイリング企業であるインデュランスの代表を務めるウィル・マンガー博士の言葉である。

●**ビタミンB1（チアミン）**：最大脂肪燃焼域（53ページを参照）を超える運動強度では、グルコースからエネルギーが作られる。その際に極めて重要な役割を果たすビタミンB1は、ビタミンB6やB12と並んで最も大切なビタミンと言えるかもしれない。ビタミンB1には神経系を強化する働きもあるので、ペダリング効率の向上が期待できる。健康を維持するための推奨摂取量は1日1.4mg。具体的な食品に換算すると、これは無塩ピーナッツ1カップ、レンズ豆3カップ、アスパラガス4人前に相当する。ただし、ビタミンB1は調理の熱によって多くが失われるので、サプリメントが必要になる場合もあるかもしれない。

●**ビタミンE**：抗酸化作用を持ち、代謝の副産物であるフリーラジカルを取り除いてくれるビタミンEは、免疫系の強化に重要な役割を果たす。ただしビタミンCと同じく、過剰摂取は運動中の筋肉の細胞順応を妨げることが明らかになっている。1日の推奨摂取量は4mgだが、これはアーモンド150g程度あるいはホウレンソウ1人前で十分に摂ることができる量である。ビタミンEは脂肪中に蓄えられ、尿と一緒に排出されてしまうことがないので、通常であればサプリメントでの補充は必要ない。

で体重は62kgちょうどだったし、ナイロ・キンタナはイノーより身長が7cm低く、体重も58kgしかない。現在は目標に応じて（冬は減量と耐性の向上、レースではグリコーゲンの補給など）、運動強度や時期に合ったものを食べているため、選手の食事内容はバラエティ豊かなものとなっている。イノーの言葉を借りるなら、以前は「パスタとシリアルがすべて」だった。それが今では、脂質も（例外もあるが）ちゃんと食事に含まれているのだ。もちろんレースに向けての準備期間とレース中は炭水化物が主役になることは以前と変わらない。これについては第9章で詳しく説明するとしよう。

▽摂取を義務付けられているオリーブオイルを囲むチーム・スカイの面々

4

TRAINING FOR THE TOUR
ツールのための
トレーニング

　ツール・ド・フランスには、世界各国から22チームが出場する。そのうち17チームは、ワールドツアー・チームと呼ばれる、自転車競技界で最も高いカテゴリーに所属している。ワールドツアー・チームとして登録されれば、この世界一有名なレースへの参加が自動的に保証されるというわけだ。残り5チームは、主催者であるASOがワイルドカードで選出する。対象となるのは、ワールドチームの下に位置するプロコンチネンタル・チームだ。ジロ・デ・イタリアやブエルタ・ア・エスパーニャと同様、ツールでも、ワイルドカードの大半はレース開催国から選ばれるのが通例となっている。2015年には、フランスから3チーム（コフィディス、ブルターニュ・セシェアンヴィロヌモン、トマ・ヴォクレールを擁するユーロップカー）、ドイツから1チーム（ボーラ・アルゴン18）、アフリカから1チーム（MTN・クベカ）が推薦された。

　UCIのルールでは、各チームの選手は9人と定められている。その選手たちを、マネージャー、監督、トレーナー、医師、セラピスト、ソワニエ（世話係）、メカニックなどがサポートする。さらに近年では、主任スポーツサイエンティスト、あるいは単にスポーツサイエンティストと呼ばれる人々の役割も重要になってきた。レースを戦うにあたって、スポーツサイエンティスト、トレーナー、選手の連携は不可欠だ。なぜなら、選手はそれぞれ違った脚質を持ち――チーム・スカイのクリス・フルームは総合優勝を狙える選手、アンドレ・グライペル（ロット・ソウダル）はスピードが持ち味で、ラファル・マイカ（ティンコフ）は山岳に強い、といったように――、それぞれ違った役割を任されているからだ。

脚質別のトレーニング

　「我々は、選手の脚質に応じたトレーニングを設定します」。ティンコフの元主任スポーツサイエンティスト、ダニエル・ヒーレーは話す。「といっても、パワーメーターを見ながら走り続けるよう指示するだけが我々の仕事ではありません。もちろんそれも大切ですがね。データは重要ですが、選手からのフィードバックも同じく重要です。そして、ここにコーチが介入します。コーチはデータとフィードバックの両方を解釈して、選手に適切なトレーニングを提案します。自転車競技は、データ、フィードバック、そしてトレーニングという3つの要素で成り立っているのです」。

　トレーニング期間中、ヒーレーとチームは前週のセッションを分析し、毎週月曜日の朝、選手にフィードバックを与える。前週の結果を集計したこのフィードバックは、

◁チーム・スカイのメカニック。ツール・ド・フランス2014年大会の休息日にて

翌週の練習内容を決める基準にもなる。だが、と前置きして、オーストラリア国立スポーツ研究所のデイヴィッド・マーティンはこんな話を聞かせてくれた。プロとして15年の経験を持つ選手に対し、次に行うべきトレーニングを指示するのは、想像以上に難しい仕事であるというのだ。

「選手はすでに長年トレーナーと組んで、セッションを計画的に続けてきています」。運動生理学者であるマーティンは言う。「そこへスポーツサイエンティストが現れて、選手の成績が上がるよう、手助けをしたいと申し出るわけです。重要なのは、このメッセージの伝え方です。たとえば、あなたが高性能のソフトウェアからチェスの指し方を教わるとしましょう。［最初の一手として］あなたがいつも動かしてきたのはポーンだった。ところが、スクロールダウンして"ヘルプ"を読むと、盤の中央にナイトを置くのが効果的だと書かれている。今までそんな手は使ったことがないと思いながら、あなたはとりあえずナイトを動かしてみるでしょう」。

「すると相手は、あなたのナイトにプレッシャーを与えようと反撃してきます。これまで一手目にナイトを選んだことなどなかったあなたは、その状況にうまく対応できません。やがてあなたはナイトを失い、分析ソフトを見ながらこう呟くでしょう。『効果的だって？　嘘つけ！　たった今ナイトを取られた俺はどうなる』。ここでの問題は、あなたがソフトの適切な使い方を知らなかったことです。あなたに使い方を教えた専門家は、口では『難しく考える必要はない』と言っていたかもしれない。けれど、マニアックな彼は自分の仕事に夢中になるあまり、実際はあなたに細かい指示を与えすぎていたのでしょう。すべてが終わったとき、あなたはひどく腹立たしい思いに駆られるはずです」。

「でも、あなたにチェスを教えてくれるのが、穏やかで魅力的な、しかも気持ちの通じ合う人物だったらどうでしょう。この人物は、勝つために必要最低限の情報と、いくつかの選択肢をあなたに与えます。主導権はあなたにありますが、同時にあなたはこの人物の指導下に置かれているのです。要するに、パフォーマンスが向上するか否かは、選手、コーチ、スポーツサイエンティストの関係性次第だというわけですね」。

リードアウトの複雑さ

　自転車競技は、究極的にはチームスポーツである。選手の勝敗は、他者に対するコミュニケーションのとり方や、振る舞い方によって大きく左右される。選手はサポートスタッフとも、また他の選手とも良好な関係を築かなければならない。コミュニケーションの経路が確立され、チームスピリットが最高潮に達していたという例では、マーク・カヴェンディッシュが所属していた当時のHTC・ハイロードがわかりやすい。2011年をもってチームは解散したため、カヴェンディッシュはその年の終わりにチーム・スカイへ移籍したが、HTCは4年間で484勝という驚異の勝利数を残した。そのうち30勝は、カヴェンディッシュが挙げたグラン・ツールでの勝利である。HTCは、それまでのスプリントのあり方を大きく変えたチームだった。

「マン島のミサイル」ことカヴェンディッシュは、残された距離をスプリントする時間になると、彼のリードアウト・トレインによって集団の先頭へと送り届けられた。「チームの結束が強ければ強いほど、レースを支配できるんだ」。カヴェンディッシュは2015年のツールに先立って、BBCのインタビューにこう答えている。この年、エティックス・クイックステップの一員としてツールに出場した彼は、リヴァロからフージェール間の第7ステージを制覇した。

　リードアウトの仕組みは複雑である。その好例が見られたのが、かつてのジャイア

▽かつてマルセル・キッテルは、ジャイアント・アルペシンのリードアウトマンのひとりだった

ント・アルペシンだ。このドイツのチームには、マルセル・キッテルとジョン・デゲンコルブという、最強のスプリンター2人が所属していた。しかし、彼らの脚質は互いに大きく異なっていた。

「マルセルは比較的短時間で、非常に高い出力を発揮します。一方ジョンは、瞬発力には欠けるものの、200kmの激しいレース後でも力強くスプリントできる選手です」。ジャイアント・アルペシンのスポーツサイエンティスト、トゥーン・ヴァン・エルプは言う。「100〜150kmのレースで、コースがかなり平坦なら、常に勝つのはマルセルでしょう。ですが、ジョンは長いステージでも出力を一定に保つのが得意です。それぞれが5位以内に入ったときのデータから言えば、レースが長距離で過酷になるほど、ジョンのパフォーマンスが上を行きます」。

ヴァン・エルプとチームは、2人の大きな脚質の違いを踏まえ、2014年のツール・ド・フランスに挑むためのリードアウト・トレインを組んだ。このトレインは、キッテルとデゲンコルブ、それぞれに合わせた2つの形態を持っていた。1つ目の「ピュア・フォーメーション」は、平坦なコースを全力でスプリントするマルセルのためのものだ。2

つ目の「パワー・フォーメーション」はデゲンコルブを中心に据えたもので、終盤がやや上り坂になるステージや、後半の山岳ステージに対応していた。また、9人全員が比較的制御された状態で走るピュア・フォーメーションに対し、理論上6人で構成されるパワー・フォーメーションは、可変的な隊列で走ることが可能だ。

ジャイアントのピュア・フォーメーションでは、各選手に次のような役割が与えられた。マルセル・キッテルはスプリンター、トム・フェーレルスはリードアウト、ジョン・デゲンコルブはアクセラレーターパイロット、コーエン・デ・コルトはスピードパイロット、ロイ・カーヴァスはキャプテン、アルベルト・ティマーとトム・デュムランはポジショナー、ドリス・デヴェナインスとジ・チェンはコントローラーだ。

まるで『サンダー・バード』でも見ているようだが、このピュア・フォーメーションでいえば、キッテルが強さを発揮するには各選手の存在が不可欠だ。では、その役割をコントローラーから紹介していこう。彼らの仕事はレース序盤から始まる。集団の人数が6〜7人程度で、そこに他チームのスプリンターが含まれていなければ、コントローラーは逃げの選手を送り出しながらステージを制御する。チームが事前に計算しておいた理想的なタイム差を保ちつつ、ゆっくりとテンポを上げて逃げに追いつくという作戦だ。

逃げの選手を視界に入れながら、ポジショナーはチームを集団の前方へ運ぶ。そしてペースを上げ、先頭を交代で1〜2km走る。ゴールまで残り1.5kmほどになったら、スピードパイロットの出番だ。彼らは500mを全力疾走し、ペースを上げながら先頭で集団を引っ張るか、あるいはチームを前方へ誘導する。残り1kmから500mになると、アクセラレーターパイロットが進み出る。彼らは十分速いペースを保ちつつも、スプリンターとリードアウトをしっかり後ろにつけた状態で走り切る。

リードアウトがスプリントする距離は、レースの速度や風向きによって、約600mの日もあれば、約150〜250mの日もある。向かい風が吹いていれば、キッテルがフェーレルスを盾にとる時間はやや長くなり、追い風が吹いていれば、もっと早めの時間にアタックをかけるだろう。ここでいよいよショータイムが始まる。その主役は、勝利への本能と冷静さを持ち合わせたスプリンターだ。チームの指揮者、キャプテンもこれを支える。状況を完全に把握しながら、ステージを通してチームをまとめ上げるキャプテンには、豊富な経験が欠かせない。

ピュア・フォーメーションは、ジャイアント・アルペシンの確かな武器となった。2013年のツールでは4ステージを制覇したキッテルだが、この武器を手に入れた2014年にも、4ステージで優勝を果たしている。「トレーニング中は、とにかく何度もフォーメーションの練習をします」とヴァン・エルプは言う。「高出力を保つこと、特に、ステージ終盤の数分間で高ワットを維持することに、選手の多くは強い関心を持っています。レースは何が起こるかわからない場所なので、臨機応変さはもちろん必要です。それでも、我々は常に計画を立てていますし、すべての選手が自分の任務を理解しています」。

スプリントのトレーニングは、チームに新たなスプリンターが加わる12月に始まり、翌年1月に強度を高めてシーズン開幕に備える。コーエン・デ・コルトは、2009年からジャイアントの中心的リードアウト・トレインを務めている選手だ。よって、彼はその特殊性や、役割ごとのトレーニング法を熟知している。「僕に求められているのは、一定時間内──だいたい20〜30秒間の──の平均出力を高く保つこと。それがトレーニングの目的だね」とコルトは言う。「マルセルと僕とでは練習内容も違う。彼は、ほんの短時間で最大のパワーを出さな

きゃいけないからね。僕の場合は、一定時間でのパワーを最大にするというより、高い平均値を維持するためのトレーニングをすることが多いんだ」。

「2015年のツール・ド・フランス前、シエラネバダでトレーニングキャンプをしたときに、マルセル［彼は結局この年のレースには出場しなかったが］、ジョン、僕でゲームをしたんだ。1人がリードアウト役、他の2人がスプリンター役をするっていうね。スピードでは毎回彼らに勝てなかったけど、彼らが途中で止まってしまっても、僕だけはその後も長い時間スプリントを続けることができたよ」。

リードアウト・トレインは周到な計画のもとに編成される。しかし、トレーニングで練習したことを本番で実践できるかどうかは、まったくの未知数だ。ツールの個人タイムトライアルでは、選手は単独で時間との勝負に挑む。山岳ステージでは、約20kmにわたって延びるイズアール峠やモン・ヴァントゥの坂道を、198人で走行する。スプリントステージでは、臨時に設置されたバリケードとスポンサーの看板との間にある狭い通路を、最高時速80kmで駆け抜ける。当然、落車は頻繁に起こるが、レースがスプリントの練習場所として最適だと言われる理由もそこにある。

「リードアウトをトレーニングで練習するのは本当に難しい。ストレスに満ちた実戦の雰囲気までは再現できないからね」とキッテルは言う。「チームは互いにぶつかり合いながらスペースを争う。だから、ツールの前哨戦はとても大切なんだ」。

ツールでマイヨ・ヴェールを狙うチームが、ツアー・オブ・カタール、ツアー・オブ・ドバイ、ツアー・オブ・オマーンといった2月のレースを重視するのも同じ理由だ。「そうしたレースで選手は多くを学びます」とヴァン・エルプは言う。「たとえばドバイでは、我々は求めていたような結果を得られなかったかもしれません。それでも、リードアウトの力学について学んだことは大いにありました」。

ピリオダイゼーション（期分け）・トレーニング

ツール・ド・フランスに向けたチームの準備は、通常、前年の11月から始まる。10月のイル・ロンバルディアでシーズンを終えたチームの多くは、11月に再集合して翌年の陣容を固めた後、トレーニング計画を立てる。

「スプリンターの選手は、12月からスプリントの練習に入ります」。ティンコフのヒーレーは話す。「ただし、この時期のスプリント・トレーニングは、有酸素トレーニングの効果を損なわないよう注意しながら行います。つまり、1回のスプリントの時間を短くして、ローリングスタートで開始するのです。このルールさえ守っていれば、過度に乳酸を溜めることなく、神経系を活性化させられますからね。よって、選手が他のトレーニングを同時に行っていても、悪影響を与えずに済むわけです」。

従来の考えでは、初冬のうちはトレーニングの強度を低く抑え、年明けから高強度の練習に移行するのが理想とされてきた。しかし、その問題点を指摘する研究結果もある。自転車競技のパフォーマンスにおいては神経系の働きが重要だが、このやり方では、中枢神経（脳と脊髄）と末梢神経（脳と脊髄から出て、体の末梢まで分布する神経）の結びつきが弱まってしまうというのだ。あのコンタドールやフルームのペダルストロークも、神経系の働きなくしては生まれない。研究は、特定の運動を長期にわたって繰り返すことが、筋肉反応をつかさどる中枢神経系に影響を与えると示唆している。

著名なアメリカ人コーチのテューダー・ボンパは、ウェイト・トレーニングにおける「受容体」と「作動体」の概念を検証し

◁トレック・セガフレードのライダー・ヘシェダル（以前はキャノンデール・ガーミンに所属）は、ツール・ド・フランスにピークを合わせた練習計画を立てることが多い

た。受容体とは、目や耳のように、刺激を情報として受け取る器官のことである。一方、作動体とは、刺激に応じた反応を起こす筋肉のことである。スプリントの際、できるだけ速く身体を動かしたいなら、中枢神経からの信号をできるだけ速く伝達しなければならない。そのためには、受容体と作動体をうまく興奮させ、速筋繊維を必要な分だけ動作させることが必要だ。そうボンパは結論づけた。つまり、有酸素運動にスプリントを組み合わせるというヒーレーの手法にも、サガンの中枢神経を覚醒させ、信号伝達を高速化させる狙いがあったのだ。10月頃から2月頃までスプリントを中断すれば、選手の中枢神経は、ペダルの速い漕ぎ方などすっかり忘れてしまうだろう。

「トレーニングを始めたばかりの時期は、スプリントの時間を10秒未満にとどめることが非常に大切です」。ヒーレーは付け加える。「その時間内であれば、筋肉のエネルギーはATP-CP系から供給されます。これなら脳を働かせる時間も短くて済みますし、炭水化物をエネルギー源としない分、乳酸や疲労を溜めることなく序盤のトレーニングをこなせるのです。私は選手に5秒間スプリントするよう指示して、10秒間の回復時間を設けます。それを3〜4セット行って、回復時間を調整しています。スプリンターの選手にしてみれば、もっと走りたいというのが本音でしょうね。それが彼らの仕事ですから」。

こうしたオフシーズン初めの時期、ティンコフのスプリンターたちは、ローリングスタート（ゆっくり走り出してから徐々に加速していくスタート法）でスプリントを始めることも心がける。これは、筋肉を痛めたり、余計な怪我をしたりするのを防ぐためのルールだ。トレーニングが進むにつれ、彼らは走行距離を少しずつ延ばしていく。

スプリンター以外の選手、マイケル・ロジャースにも話を聞こう。主要なレースにおける彼の役割は、アルベルト・コンタドールを守り、アシストすることだ。「僕の場合、他の選手とかなり違うのは、閾値に近いレベル（第1章を参照）で坂を上るのが仕事という点だね。全力でスプリントするというよりは、閾値前後の強度をひたすら長く保つのが目標なんだ。アクセラレーターとして最大出力を必要とするサガンみたいな選手や、よりパンチャー向きの選手に比べると、山岳トレーニングにもはるかに多くの時間を割いているよ」。

ヒーレーがサガンのような選手に課したオフシーズンのスプリント練習を見れば、この数年でプロ選手のトレーニングがいかに進歩してきたかがわかる。かつての自転車選手は、シーズンの大半をレースに費やした後、短い休暇をとり、11月には現場へ復帰していた。そしてこの時期から、今でいう「伝統的なピリオダイゼーションモデル」でのトレーニングに取り組む。これは、冬場に中強度・長時間のトレーニングで持久力を養い、レースシーズンが近づくにつれ、高強度の練習に移行するという方法だ。シーズンが開幕すると、選手たちはマイナーなレースに出場してスピードを磨き、3月から4月頃に行われるフランドル・クラシックやアルデンヌ・クラシックでいったんフィットネスのピークを迎える。その後はトレーニングの強度をやや落とし、ツールが行われる7月初旬に向けて、再びフィットネスがピークに達するよう練習に励む。練習量を増やしてから強度を高めるというのが、伝統的なピリオダイゼーションの考え方だ。

ところが、チーム・スカイとティム・ケリソンは、これを覆す理論を唱えた。イギリスへ渡る前、オーストラリアで水泳のコーチをしていたケリソンにとって、リバース・ピリオダイゼーションの概念は何も目新しいものではなかった。そこでケリソンは、この概念を自転車競技のトレーニングに用いることにした。リバース・ピリオダイゼーションでは、冬場の練習量を増やさ

ない代わりに、初めから出力とスピードの向上を目指したトレーニングを行う。そしてレースシーズンが近づくとともに、セッションの継続時間を延ばしていく。

リバース・ピリオダイゼーションはピリオダイゼーションの一種だが、そのベースとなっているのは、一流のサイクリストに共通する高い有酸素能力だ。さらにこのモデルは、選手がトレーニングによって自らのフィットネスを高めていけるよう、レースの日数を必要最低限に抑えてある。実戦をフィットネスに利用してきた従来のモデルとは、まったく対照的だ。チーム・スカイが、高テンポのまま長時間走行できる理由のひとつも、ここにあると考えて良いだろう。

「リバース・ピリオダイゼーションには斬新さを感じます」。BMCレーシングのスポーツサイエンティスト、デイヴィッド・ベイリーは言う。「ティムが言いたかったのは、これまでとまったく同じことをする必要はないのだと、そういうことだと思います。伝統が物事を動かしている場合は少なくないですし、自転車競技界では特にそうです。とはいえ、リバース・ピリオダイゼーションは、文字通りの意味ではおそらく間違っているでしょう。選手には、何年分という適応の蓄積があるわけですからね。私の研究と経験から言えば、一流選手が3、4年しっかりとトレーニングを積んだ後は、冬ごとに持久力を鍛え直す必要はありません。それだけの積み重ねがあれば、選手の身体には、トレーニングの刺激にいっそう効率よく反応する土台ができているはずです」。

リバース・ピリオダイゼーションは、伝統的なモデルに比べ、選手に要求する負担が大きくなる。ただし、レースの数を減らし、より高度な疲労マネージメント（詳しくは第10章を参照）を行うことで、増えた分の強度は相殺される。これに関して、ヒーレーとティンコフはどう考えているのだろうか。「私は伝統的なピリオダイゼーションに、いくらか調整を加えたモデルを信頼しています。その調整の内容を話すつもりはありませんが、リバース・ピリオダイゼーションからアイデアの一部を借りていることは確かです」。

よく知られている通り、プロチームは、そのトレーニングサイクルやメニューをなかなか明かそうとはしない。しかし、ブロック・ピリオダイゼーションが将来の（現在とは言わないまでも）主流になるであろうことは、一連の証拠から示唆されている。「伝統的なピリオダイゼーションの大きな欠点は、シーズン中に複数のパフォーマンスピークを作り出せない点にあります」。イニゴ・ムジカはそう説明する。ムジカは世界的なスポーツサイエンティストであり、解散したエウスカルテル・エウスカディのコーチも務めていた。「複数のレースが近い日程で行われる場合、選手はレースごとにピークを作るのではなく、フィットネスのピーク期間を延ばさなくてはなりません。そこで有効なのがブロック・ピリオダイゼーションです。このモデルを使えば、選手のフィットネスピークを延ばせる可能性があります」。

ブロック・ピリオダイゼーションは複雑なモデルだが、その原則はこうだ。選手は「ブロック」と呼ばれる短いサイクルで、特定のフィットネス目標や技術目標の達成を目指す。ブロックごとに向上させたフィットネスは、時折行う「メンテナンス・セッション」で維持する。ブロック・ピリオダイゼーションを開発したスポーツサイエンティストのウラジミール・イスリンによれば、このモデルによる有酸素性持久力トレーニング、筋力トレーニング、そして技術トレーニング――ペダルテクニックに磨きをかけるなど――の効果は、25～35日間も持続するという。さらに、無酸素性持久力トレーニングの効果は15～23日間、最大出力などは5日間も続くそうだ。

ブロック・トレーニングでは、たとえば

スピードを向上させたい場合、目標のレース間近にスピードセッションを行うことで、伝統的なモデルのピリオダイゼーションより大きな肉体的・生物学的変化を得られる。これは、一流のアスリートにとって大きなメリットだ。

この複雑なモデルの効果は、2012年、リレハンメル大学のベント・ロンネスタッドの研究によって明らかになった。ロンネスタッドは、本格的な訓練を受けたサイクリストのグループ2つに対し、高強度のトレーニングセッション8本を4週間で行うよう指

ピリオダイゼーションの完成

○ 最高のパフォーマンスを実現するトレーニング計画の立て方には、いくつかの異なる方法がある。ここで紹介するのは、「ピリオダイゼーション」と呼ばれるものだ。

上のグラフは、伝統的なピリオダイゼーションのモデルを示している。このモデルでは、選手は冬に一般的な準備を行い、春になると専門的な練習（スピードトレーニングなど）に移行する。主要なレース、たとえばツール・ド・フランスが始まる頃にパフォーマンスはピークを迎え、その後は回復期に入る。

下のグラフは、ブロック・ピリオダイゼーションのモデルを示している。このモデルでは、トレーニング期間を細かいブロックに分け、それぞれのブロックで専門的な要素（出力やスピードなど）の向上に取り組む。シーズン中に複数のピークを作ることができるので、プロチームの間では、こちらのモデルがますます普及しつつある。

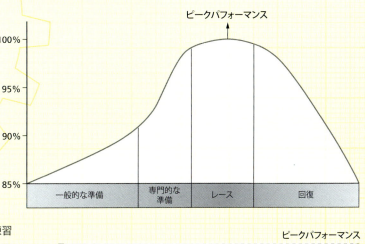

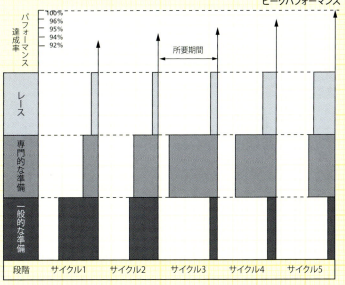

示した。2つのグループは、それぞれ違った方法でトレーニングに着手した。ブロック・ピリオダイゼーションのグループは、1週目に高強度のセッションを5本行い、2〜4週目には高強度のセッションを1本ずつ行った。これに対して伝統的なピリオダイゼーションのグループは、高強度セッションを毎週2本ずつ行った。すると4週間後、前者のグループは後者のグループに比べて、最大酸素摂取量で4.6%、ピーク出力で2.1%、乳酸値2mmol/L時の出力で10%の向上が見られた。つまり、高強度のトレーニングを短期間にいくつも行うと、伝統的なモデルを凌ぐほどのフィットネス向上につながることがわかったのだ。

ベイリーはBMCレーシングにブロック・ピリオダイゼーションを導入したが、選手ごと、トレーナーごとにその活用法は異なると強調する。これに関しては、トレック・セガフレードのジョシュ・ララサーバルも同意見のようだ。「ピリオダイゼーションについて手短に、しかし単純化しすぎないように説明するのは容易ではありません」。そう彼は言う。「我々はブロック・ピリオダイゼーションの原則に従いつつ、オフシーズンの初めからインターバルトレーニングを行います。高強度のトレーニングを序盤から取り入れているのは"リバース"・ピリオダイゼーションだけ、そう考えている人たちもいるようですがね。しかし我々もまた、トレーニングサイクルの早い段階から高強度のセッションに取り組みます。ただし、その後は伝統的なモデルと同じく、持久力を着実に伸ばすような練習が必要です」。

「結局、どのモデルを選ぶにしても大切なのは、期分けトレーニングをしている中でも病気や怪我をしたときにすぐ調整できる能力なのです。プロのレベルではそれが成功の鍵を握ります」。ヒーレーは言う。「私はいつもシンプルにこう考えています。選手はまずアスリートとしての身体を作り、次に筋力を、その次に出力を、最後にスピードを上げるべきだと。いくらか手を加えてはいるものの、我々が行っているのは一種のピリオダイゼーションに違いありません。選手の能力を高めていくトレーニング計画は重要で、それ自体が機密性の高い知的財産だと言えます」。

トレーニングは緻密に計画されているとはいえ、すべての選手が1年の大半をチームに拘束されて過ごすわけではない。たいていのチームは、1〜2週間のトレーニングキャンプを年に3〜5回行う。チームと選手はレース期間も一緒に過ごすため、選手が家を空ける日数は年間で150日ほどになる。彼らは自宅にいる間も、決められたトレーニングを続けるよう求められる。だが、稼ぎや知名度によっては、滅多にキャンプに姿を見せず、体重が増えても注意されない選手もいる。

スクワットの効果

選手の肉体を進化させるのは、自転車上の練習だけではない。自転車を使用しない練習にも、やはり大きな効果がある。「冬場はジムに入り浸っているよ」。これまでマイヨ・ヴェールを何度も獲得してきたペテル・サガンは言う。「中心にやっているのは脚のトレーニングだね。スクワットがすごく大事なんだ」。キッテルもサガンと同様、ジムに通うひとりだ。「冬の間は、ジムでずっと動いているよ。スクワットを——負荷は120kgぐらいで——繰り返して、それから体幹トレーニングもする」。キッテルは続ける。「冬は出力を高めることを目標に、重いウェイトを少ない回数持ち上げる。夏にはウェイト・トレーニングの頻度そのものは減らして、軽いウェイトを多い回数持ち上げる。これでスプリントに持続性が加わるんだ」。

「ウェイト・トレーニングにおいては、そのプログラムが選手個々のニーズに合っているかどうかも確認します」。エティック

ス・クイックステップのコーチ、ペーター・ヘスペルは言う。「必要なウェイト・トレーニングは、クライマー用、カヴェンディッシュ用、トム・ボーネン用でそれぞれ違います。選手はみな独自のレジスタンストレーニングに取り組まなければならないのです。我がチームの場合、タイムトライアルや山岳には強くても、瞬間的な筋力のみでステージを制覇した選手はまだいませんからね」。

ワールドツアー・チームがジムでの練習をこれほど重視するようになった背景には、ペア・アーガードとイェスパー・アナスンが2010年に発表した学術論文がある。2人は、トップレベルの持久力を持つアスリートを対象に、筋力トレーニングが持久力にもたらす影響を検証した。そして長年にわたる研究の末、次のように結論づけた。本格的な訓練を受けたサイクリストが筋力トレーニングを行うと、筋力はもちろん、持久力、出力の向上にもつながる可能性がある。さらに、その可能性は、特に高抵抗で長時間のトレーニングを行った場合に高くなるというのだ。

「我がチームでは、選手みながオフシーズンにウェイト・トレーニングを行います。スプリンターも、クライマーも、ルーラーも、全員です」。ヒーレーは言う。「ウェイト・トレーニングを続けると、遅筋繊維が肥大して、より乳酸を消費しやすくなります。すると、選手の乳酸性閾値は、単純に運動だけを行った場合と比べて最大6%向上するのです。そうしたトレーニングは1年を通して効果的だという確たる証拠もありますが、残念ながら現在はオフシーズンに限定されています。レースシーズンにも行うとすれば、専用のジム機材を積んだバスが余計に必要ですからね」。

> 選手はまずアスリートとしての身体を作り、次に筋力を、その次に出力を、最後にスピードを上げるべきだ。
>
> ダニエル・ヒーレー
> （ティンコフ）

従来の常識では、ウェイト・トレーニングによって発達した筋肉は傷つきやすく、次に行うセッションの効果を低下させると考えられていた。そのため、選手はレースシーズンになると、ジム通いを控えるのが一般的だった。しかし、ヒーレーがウェイト・トレーニングを中断する理由として、時期の問題ではなく設備の問題を挙げている点は興味深い。また、キッテルとサガンの2人がスクワットの重要性を説いている点も、注目に値する。

「力強いペダルストロークを実現するには、大腿四頭筋を鍛えることが不可欠です」。ララサーバルは言う。「しかし、その際は周囲の筋肉も同時に鍛えなければなりません。そこで非常に便利なのがスクワットです。肩にバーを担いでいるときには、最初にまっすぐに立ってバランスをとらなければ、動くことはできません。つまり、立ち上がって静止している状態でも、全身の筋肉を使うのです。自転車競技では、どんな動きにおいても姿勢を保つことが欠かせません。他の練習は実際に出力を発揮することを主眼としたものですが、スクワットは実際の競技をシミュレートしたものと言っても良いでしょう」。

とはいえ実際は、カンチェラーラも他の選手も、額に静脈を浮き上がらせながら200kgのウェイトを持ち上げたりはしない。トラック競技の選手は、地面にめり込むほど重いウェイトで激しいトレーニングを行うことも多いが、ツールの選手に必要なトレーニングはそれとはまったく異なる。向かい風の中でのスプリント、あるいはラルプ・デュエズのような山岳を上るための強い筋力は確かに必要だが、6時間続く持久系のステージでは、他にも求められる能力があることを忘れてはならない。

「だからこそ、ウェイトの重さではなく、スクワットの速度が重要なのです」。ララサーバルは言う。「スクワットの速度は、『ティー・フォース』という機材を使って測定し

ます。ちょうど自転車に取り付けるパワーメーターのようなものです。知識があればわかることですが、スクワットの回数には、実際ほとんど意味はありません。大切なのはペースを保つことです」。

「我々が使用している重さの負荷なら、毎秒0.9〜1.2mの速度でフルスクワットをするのが理想的です」。ララサーバルは付け加える。「選手の動作速度がそれより速い場合は、負荷を増やします。それでも、通常は50kgまでですね。もっと肝心なのは、回数を多くても5〜6回にとどめることです。筋肉を肥大させるのではなく、神経筋を"強化"することが我々の目的ですから。とはいえ、選手たちは自分を追い込むのに慣れているので、このやり方が浸透するまでには時間がかかりました」。

リカルド・コルッチは、ガリビエ峠のような二頭筋を持つ男だ。国際的な水泳選手、優れた体操選手、武道家として活躍した彼は、現在パーソナルトレーナーとして働いている。イタリア人のコルッチは、「身体をより効率よく動かし、エネルギーの無駄を減らす」方法をティンコフの選手たちに教えている。そのためにコルッチが導入した体幹トレーニングは、オフシーズン限定のウェイト・トレーニングと違い、ワールドツアー・チームの選手たちが通年取り組むメニューである。

「私が使う道具はとてもシンプルです。スティック、エクササイズバンド、床。たったそれだけです」とコルッチは言う。「道具がシンプルであればあるほど、人間は精度の高い動作を要求されます。ですが、道具が複雑になってくると、人間は自分で身体を動かさなくなるのです。道具がシンプルだと、選手がレース中ホテルに泊まっている間もトレーニングを行えるのが利点ですね」。

ティンコフのトレーニングキャンプでは、選手は1日に2回、体幹トレーニングを行う。カーボンバイクにまたがって3,000km以上を走るサイクリストにとって、腹部や腰の筋肉は極めて重要だ。そこで、プランクエクササイズのようなトレーニングで、この部位を強化していくのである。スタッフの目が届かない時期にも、選手は毎日この運動を続けるよう求められる。しかし、なかなかそうはいかないのが現実だ。「ここ数年、体幹トレーニングは必要最低限しかやっていないんだ」。ティンコフのマイケル・ロジャースは言う。「1日は24時間しかないからね。他のトレーニングをしたり、家族と過ごしたりしていると、体幹トレーニングにあまり多くの時間を割くことはできない。それでも、1回15分のセッションを週に3〜4回はやっているよ」。

ロジャースは、ウェイト・トレーニングをしない数少ない選手のひとりだ。「少なくともここ10年はやっていないね」と本人も付け加える。シーズンが終わると、ロジャースは自転車を車庫にしまい、ランニングに出かける。「3日に1度、最長で1時間ランニングをするんだ。気に入ってるよ」。彼は言う。「長年走り続けていたら、ピーク出力が2〜3%上がったことがわかったんだ。自転車に乗っていると、筋肉は収縮して固まってしまう。ランニングはそれを伸ばして、弾力性を取り戻してくれるんだ」。

実際に走るとすれば、関節に負担のかかるアスファルトの上よりも、未舗装の道を選んだほうが賢明だろう。いずれにせよロジャースは、自転車での本格的なトレーニング前にランニングを行う選手の多さに着目している。「僕みたいに、脚の細い選手は楽しんでいるみたいだね。がっしりした体格の選手は苦労しているようだけど」。

ロジャースが述べている通り、ランニングは脚の筋肉を伸ばすだけでなく、出力の向上にも効果があると考えられる。体重負荷のかかるランニングでは、自転車で走るときよりもテストステロンの分泌量が多くなる。これは、ランニングの強い衝撃によってできた筋繊維の小さな傷を、テストステロンが修復しようとするためだ。そうな

トレーニング計画

○デイヴィッド・ベイリーは、BMCレーシングのスポーツサイエンティスト、パフォーマンスコーチとして、ティージェイ・ヴァン・ガーデレンやリッチー・ポートを指導している。ベイリーは、総合優勝を狙う選手たちの、季節に合わせたトレーニング計画を公開してくれた。

「この表では、それぞれの期間に行われるであろうトレーニングセッションを、わかりやすく組み合わせてあります」。ベイリーはそう説明する。「通常、総合優勝狙いの選手は、約3〜4週間のメゾサイクルで1つのセッションを集中的に行います。たとえば、タイムトライアルの練習だけ、有酸素性能力トレーニングだけと決めることで、その効果を最大限に引き出せるのです。ミクロサイクル(特定の能力向上を目指す短期間のトレーニング計画)を設定するなら、1週間では少し長いでしょう。一流選手のミクロサイクルはせいぜい3〜4日間ですね」。

"インシーズン"・トレーニングは、文字通りレースの合間に月曜から日曜まで行います。この期間の強化メニューは、次に控えているレースの特徴や、選手のパフォーマンス目標によって、少しずつ内容に違いが出てきます」。

曜日	オフシーズン(冬季)・トレーニング	インシーズン・トレーニング
月曜日	4時間練習。低ケイデンスでのインターバル走(上り坂をシッティングのままケイデンス60rpm、FTP比50〜60%で4〜6分走行×4〜8分レスト×2回)などを行う。	低強度で2時間のレース前練習を行う。
火曜日	4時間練習。インターバル形式のタイムトライアル(長い走行と短い走行を組み合わせ、FTPに近い強度で計45〜60分以上)などを行う。	ジムで筋力トレーニングとコンディショニングを1時間行う。自転車には乗らない。
水曜日	5時間練習。インターバル形式の有酸素性能力トレーニング(FTP比110〜125%で4〜6分走行×4〜6分レスト×2回)や、クライミング(強度を変えながら20〜30分)などを行う。	3時間練習。インターバル形式のタイムトライアル(長い走行と短い走行を組み合わせ、FTPに近い強度で計30〜45分以上)などを行う。
木曜日	低強度で3時間練習。加えて、ジムで筋力トレーニングとコンディショニングを行う。	5時間の持久力トレーニング。クライミング(中強度で1〜1.5時間)などを行う。
金曜日	6時間の持久力トレーニング。クライミング(強度を変えながら30〜40分×3〜4回)などを行う。	低強度で3時間練習。最後の30〜60分はモーターペーシングを行う。
土曜日	7時間練習。クライミング(中強度で1〜1.5時間、練習終盤に強度を変えながら20〜30分)などを行う。	中強度で10分×3回の走行を含む、2時間のレース前練習を行う。
日曜日	ジムで筋力トレーニングとコンディショニングを1時間行う。自転車には乗らない。	6時間の実戦練習を行う。

れば必然的に筋力や出力は高まるが、強い衝撃を与えるからには、当然怪我のリスクも増える。よってコーチは選手に対し、ランニングは控えるようアドバイスするのが一般的だ。

ピークに合わせたテーパリング

　強度を変えながら何千キロも走行し、ウェイトを持ち上げ、腰をストレッチし、ランニングに励んだら、あとは万全の状態でツール・ド・フランスを迎えるだけ――そう考えるのは間違いだ。よく知られている通り、この世界最高峰のレースは、いくつものクラシックレースを終えた後に開催される。つまり、選手の多くはクラシックでフィットネスピークを迎えてから、改めてツールに挑まざるを得ないのだ。2015年のコンタドールなどは、ジロ・デ・イタリアを制覇した後にツールに出場したが、成績は振るわなかった。毎年約80〜100日間をレースで戦う選手たちにとって、目標の大会にきっちりとピークを合わせることは、難しい課題となりつつある。そこで一部のコーチや選手は、本番に向けて練習の量や強度を落としていく「テーパリング」を導入している。

　トレーニングをすると、選手は「フィットネスの向上」という将来的な利益と引き換えに、セッションによる疲労を負うことになる。そのためツールが近づいてくると、彼らは疲労だけを取り除き、調子の良さとフィットネスピークを維持したいと望むようになる。テーパリングは、正しい手順で行えば、開始前と比べて2〜3%のパフォーマンス向上が期待できる。その理由は、体内で無数の生理的な変化が起こるためだ。複数の研究によれば、テーパリングの効果は、血液パラメーター中のヘモグロビン値（赤血球の酸素運搬能力）、ヘマトクリット値（血液中の赤血球が占める割合）、赤血球容積（赤血球1個の大きさ）において確認できたそうである。ムジカは、1回のテーパリングで、これら3つの数値がすべて上昇することを発見した。

　それだけではない。テーパリングは筋肉の収縮性を強化し、白血球数――つまり免疫力――を増加させることも、さらなる研究で明らかになった。また、テーパリングはテストステロンの分泌量を増やし、コルチゾールのレベルを下げるためにも利用される。

　自転車競技でテーパリングをする場合は、約8〜14日間、セッションの継続時間や頻度を調整して練習量を41〜60%ほど落とすのが適切とされている。しかし、テーパリング中もフィットネスを維持するか、あるいは増やしたい場合は、練習の強度を下げないことが不可欠である。テーパリングの効果は実証済みだが、現時点ではまだ、ワンデー・イベント向けの研究に限ってのことだ。

　「選手をリフレッシュさせる方法は、3週間続くレースの前と、ワンデー・レースの前とではまったく違います。ほとんどのチームでも、それぞれ考え方は違うでしょうが」とデイヴィッド・マーティンは話す。「まず絡んでくるのが、高地に対する適応の問題です。ツールに備えたキャンプをいつ行ったか、選手がクリテリウム・デュ・ドーフィネやツール・ド・スイスなどの前哨戦に出場したかどうかで、本番までの過ごし方は変わってきます」。

　「たとえば、こんな風に過ごす選手もいます。ツールをはじめとするビッグレースの2週間前は、たまに本格的なセッションを挟むだけで、全体はごく軽い練習にとどめる。といっても、それは遊びに出かけるためではなく、十分な休養をとるためです。彼は次の1週間、険しい山岳で何度もトレーニン

> 初めから調子が良すぎると、心拍数が跳ね上がり、エネルギーレベルは途端に落ちてしまう。
>
> マイケル・ロジャース
> （ティンコフ）

グを行います。すると、今すぐスタートできるとは言えないまでも、それなりの準備は整ったという心構えができるでしょう。こういった過ごし方なら、2週間で選手の身体は強くなり、目標のレースにピークを合わせることができます」。

マイケル・ロジャースは、当て推量を減らす道具としてのトレーニングピークスが、いかに重要なものであるかを再び語ってくれた。「すごく衝撃的だったよ。データをたくさん持っている選手は、特に驚いたと思う」。そう言うロジャースだが、完璧な調子で3週間のレースに臨むことは、彼にとって必ずしも最優先事項ではないと明かす。「練習量が多すぎるよりは、やや不足した状態でレースに臨んだほうが、僕には合っている気がするんだ。初めから調子が良すぎると、数日で心拍数が跳ね上がってしまう。そうなると途端にエネルギーレベルは落ちていくから、諸刃の剣といったところなんだよね」。

目標のレースにピークを合わせるのは難しい。しかも全21ステージで争われるツールでは、選手によって、ピークをつけたいタイミングも様々なのだとロジャースは述べる。2015年の大会でいえば、ファビアン・カンチェラーラのような選手は、序盤を最高の状態で駆け抜けたかったはずだ。一方、コンタドールやフルームのような選手は、山が見えてくる9〜10ステージ後に調子が上がってくることを期待していただろう。

「興味深いのは、彼らがレース当日までかなりハードな練習を続けている点です」。キャノンデール・ガーミンのマネージャー、ジョナサン・ヴォーターズは言う。「プロの自転車選手は、トレーニングを積めば積むほど、ホメオスタシス（身体の状態を一定に保つ機能）を保つためにトレーニングを続けなければなりません。ですから、アマチュアの選手ほどはテーパリングを重視しないのです」。

テーパリングやピリオダイゼーションには、数多くの理論が存在する。人間の身体能力を向上させるという複雑な研究が進めば、高強度の練習を減らし、低強度の練習を増やすべきだという結論に達するかもしれない。あるいは、その逆になる可能性もある。再びヴォーターズに話を聞こう。「これまで何人もの選手を観察してきてわかったことがあります。ツールの3週間を有利に戦える選手というのは、たとえ心拍数が低くなり、血液上で疲れのサインが見えたとしても、出力がまったく落ちないのです」。「もちろん、たまに練習量を減らすのはそれなりに効果的なのでしょう。しかし、実際に総合優勝を狙うレベルの選手たちは、最後まで練習を続け、出力を長く維持することで好成績を収めています」。ヴォーターズは続ける。「2015年のジロで、ライダー（・ヘシェダル）が総合5位に入ったときのことです。レースの前週、彼の出力は目に見えて上がっていました。そこで我々はイタリアに向かう前に、実際のレースを数多くライダーに走らせたのです。彼はレースが進むにつれ本領を発揮するタイプの選手ですからね。結局、この作戦は大いに功を奏しました」。

「自転車競技界には、様々な才能を持った選手がいます」とヴォーターズは付け加える。「よく注目されるのは有酸素能力ですが、より指標として役立つのは、高負荷のトレーニングに対する適応能力です。これはまさに才能と呼ぶべきものです。中には、有酸素能力がかなり低くても、適応能力には非常に優れた選手もいます。ライダーの有酸素能力も決して高いほうではありませんが、高負荷のトレーニングに対する彼の適応力には目を見張ります。ダーウィンの適者生存の法則ですね。うまく適応できる者だけが、はるか上まで行けるということです」。もちろん、そうした「才能」は人間の力だけで開花するわけではない。ゴールにたどり着く速さを競う世界では、機材が果たす役割が、ますます重要になっているのだ。

BIKE & WHEEL INNOVATION
バイクと
ホイールの革新

　1989年のツール・ド・フランス第21ステージは、その劇的な結末ゆえに、やがて伝説の一戦として語られるようになっていく。3,260kmを走った後に迎えたこの最終ステージ、スタートの時点では、ローラン・フィニョンがグレッグ・レモンを50秒のタイム差でリード。フランスの英雄であるフィニョンが自身3度目のタイトルを獲得するためのハードルは、もはやベルサイユからパリまでの24.5kmのタイムトライアルのみとなっていた。フィニョンの圧倒的優位を信じて疑わないフランス各紙は、彼が第一面を飾る号外を準備していたほどだ。

　やがてレモンがチームバスから姿を現し、自分のバイクにまたがった。その格好は、まるで遠い星からやって来た宇宙人のように見えた。頭は滑らかな形状のヘルメットですっぽりと覆われ、ハンドルからはトライアスロンで用いる2本の長いバーが前方に向かってにょっきりと突き出ている。一方のフィニョンは、当時のレーサーのほとんどがそうだったように、ヘルメットはかぶらず、ブロンドの長髪をパリの風になびかせていた。ハンドルも普通のドロップタイプで、レモンの未来的な"コックピット"と比べると旧態依然としたものであった。

　このステージでのレモンの平均速度は54.55km/h。ツールのタイムトライアルにおける最速記録である。フィニョンの顔はペダルを漕げば漕ぐほどこわばっていき、すべての力を振り絞ってシャンゼリゼにたどり着きはしたものの、そのタイムは十分ではなかった。彼の記録はレモンより58秒遅く、わずか8秒差でこのアメリカ人に総合首位の座を明け渡すことになったのだ。ツール史上、これほどの僅差で勝負が決した事例は他にない。そして多くの人々にとってこの日は、自転車競技におけるエアロダイナミクスの重要性を痛感した日となったのである（実際、フィニョンが邪魔な髪をばっさり切っていたなら、勝ったのは彼だったに違いないと考えている人は少なくな

◁グレッグ・レモンは最先端のエアロダイナミクスで1989年のツール・ド・フランスを制したことで伝説となった

い）。

　バイクの進歩には目を見張るものがある。フィニョンとレモンが駆ったバイクですら、ツール黎明期のバイクとはまったくの別物だ。当時の自転車は、フレームは重い鋼の丸パイプ、ホイールは木、備えているギアは2つだけで、その上変速のためにはリアホイールをひっくり返さなければならず、総重量は時として16kgに達した。

　ひるがえって現代のツール・ド・フランスを走るバイクの重さは、6.8kgしかない。多くの航空会社が定めている機内持ち込み手荷物の重量制限とほぼ同じだ。これらのバイクはエアロダイナミクスの面でも驚くべき数値を達成している。2015年のツール開幕直前、スペシャライズドはマーク・カヴェンディッシュの新型エアロロード、Sワークス・ヴェンジ・ヴァイアスを公開し、技術に強い関心を寄せる人々の好奇心を大いに刺激したが、カリフォルニアのスペシャライズド本社から漏れ伝わる情報によれば、このバイクは40kmのタイムトライアルで標準的なロードバイクより2分も速く、旧型ヴェンジとの比較でも1分速いとされていた。確かにこのバイクはいかにも空気抵抗が少なそうな外見をしている。ケーブル類はエアロダイナミクス形状のステムの内部を通り、リアブレーキもシートチューブと一体化されて空気抵抗の削減に貢献。細身だが力強いヘッドチューブが実現する前面投影面積は、驚くべき小ささだ。

　その後、フランスのメーカー、ルックも795を発表。フランス籍のチーム、ブルターニュ・セシェ・アンヴィロヌモンによって2015年のツールに投入された。スローピングしたトップチューブがそのまま滑らかにステムへつながっていくこのバイクの造形は、ラルプ・デュエズの頂上を目指すキンタナを彷彿とさせる軽やかなものだ。ちなみにこのステムは、選手が求めるエアロダイナミクスに応じて、角度を17°から-13°の間で変更することが可能となっている。

「ブレーキについては一体型（インテグレーション）と非一体型を選べますし、ルーティングやシートポストも一体化されています。一体化はルックが今、最もこだわっている要素です」。こう語るのは、ルックのジェネラルマネージャーであるジャンクロード・クレティアンだ。フレームやフォークの背後にパーツを隠し、空気抵抗を減らすことで高速化を実現するのは、多くのバイクメーカーに共通する最近のトレンドである。

　トラック競技からロードに転身し、今はリドレーのバイクに乗っているロット・ソウダルのグレッグ・ヘンダーソンは言う。「形がトラックバイクみたいになってきているね。それにスピードも」。

形状革命

　形状を最適化し、邪魔な物を隠すこと。ロードバイクが空気に抗ってより速く走るための要素は、この2点に集約される。その理由は、物理学を学べば理解できるだろう。オランダのアイントホーフェン技術大学の物理学教授、ベルト・ブロッケンは語る。「選手はいくつもの抗力にさらされます。つまり、タイヤの転がり抵抗、チェーンやベアリングの摩擦抵抗、そして空気抵抗です」。これらが選手に与える影響については、第2章「バイクフィッティング」で触れている。ここでは空気抵抗についてもう少し詳しく見ていこう。ツールを戦う選手にとって空気抵抗は大きな"壁"だ。速度が極端に低下する急勾配を除き、この抗力から逃れられる場所はない。実際、レースの速度域では、選手とバイクに作用する空気抵抗が、抗力全体の96%を占めると言われている。スポーツサイエンスによってこの抵抗を削減できるなら、それに越したことはないのだ。

　もう一度復習しておこう。空気抵抗は0.5 × 空気密度 × 移動速度（無風）の2乗 × 選手とバイクの抵抗係数 × 選手とバイク

気になる重さは？

○ 下の年表を見ていただければ、素材の進化によってこの半世紀でどれだけバイクが軽量化されてきたか、一目瞭然だろう。各年の隣に記されているのはその年の優勝者、その横がバイク、そして右端が重量（kg）である。

1962	ジャック・**アンクティル**、エイレット	10.4
1965	フェリーチェ・**ジモンディ**、マーニ	11
1972	エディー・**メルクス**、コルナゴ	9.6
1987	ステファン・**ロッシュ**、バッタリン	9.6
1994	ミゲル・**インデュライン**、ピナレロ（ただし製作はダリオ・ペゴレッティ）	9.0
1998	マルコ・**パンターニ**、ビアンキ	8.1
2003	ランス・**アームストロング**、トレック5900 SL	7.2*
2006	オスカル・**ペレイロ**、ピナレロ・ドグマFPX	6.8
2009	アルベルト・**コンタドール**、トレック・マドン6	6.8
2015	クリス・**フルーム**、ピナレロ・ドグマF8	6.8

＊ ドーピングにより記録抹消。
　ただし、これ以前にUCIが最低重量制限を導入。

▷ジャック・アンクティルはスティール製バイクでツールを5度制した

の前面投影面積によって求められる（これらの力がどのように影響し合うかについては、第2章を参照）。

　レースに関して言えば、チームが空気密度をどうこうする余地はほとんどなく、せいぜい高地トレーニング（第7章を参照）で重要な要素になるくらいだ。しかし、気温と空気密度は密接に関係しているため、アワーレコードなどでは大きな問題になる。2012年のツール・ド・フランス優勝者であるブラッドリー・ウィギンスは、2015年6月にアワーレコードを樹立したが、その準備中に彼は取材陣に対して次のように語っている。「アワーレコードは気温と気圧で決まるといっても過言じゃない。僕は気象予報士でも何でもないが、気圧がとても低いとき——つまり1,000グラム/m³を下回っているとき——移動距離は大きく向上し、同じ力で最大1kmも遠くへ行けるんだ」。そして暖かい空気は冷たい空気より密度が薄いのだ。こうして気圧の神を味方につけたウィギンスは、54.526km/hを達成。アレック

ス・ダウセットの52.937km/hという記録を更新したのである。

このアワーレコードへの挑戦でウィギンスのチームは、舞台となったリー・バレー・ヴェロパーク内の気温を28℃に保った。フランスの路上で選手に気象を左右する力はないが、バイクメーカーと選手の努力次第では、抵抗係数や前面部分のエアロダイナミクスに影響する様々な要素を改善することは可能である。

イギリス自転車連盟と仕事をする機会が多い、CFD（数値流体力学）のスペシャリストであるトータルシムのロブ・ルイスに聞いてみよう。「選手にとって抗力は大きく2つに分けることができます。ひとつは空気が物体の表面を流れるときに生じる摩擦抵抗、もうひとつは圧力抵抗です。一言では説明しきれませんが、レンガと大きさは同じでも滑らかな形をした物体のほうが抗力が小さいのは、この2つの作用によります」。

滑らかでない、いびつな形をした物体は、空気の流れを乱し、物体の表面から剝離させる。すると物体の後方に低圧の領域が発生する。これが圧力抵抗である。つまり、前面に高圧域、後方に低圧域が生じることで、選手は文字どおり後方に引っ張られるのだ。

現在のフレーム革命は、各部材の形状変化が牽引している。ティアドロップ（涙滴）形状やその派生形が多用される所以である。ルイスは言う。「丸パイプと流線型をしたチューブの違いは、1950年代にはすでにわかっていました。［マサチューセッツ工科大学機械工学科の］アッシャー・シャピロ教授が、球体の周囲を通過する気流は、テーパー形状の滑らかな翼断面（エアフォイル）の表面を流れる場合より大きな乱流を発生させることを証明していたのです」。

2015年のツールでは、ほぼすべてのバイクがティアドロップ形状になっていた。第14ステージで勝ったスティーブ・カミングスやエドヴァルド・ボアソン・ハーゲンをはじめとするMTN・クベカの選手たちが駆ったサーベロS5はその代表例であるし、アンドレ・グライペルもシャープなフォルムのリドレー・ノアSLでステージ4勝を記録した。クリス・フルームのピナレロ・ドグマF8は、ティアドロップを"平たくした"形と言えなくもないだろう。では、キッテルがプロトンから飛び出すときのように、鋭く空気を切り裂くこのティアドロップ形状とは、いったいいかなるものなのだろう？

「突き詰めれば問題は抵抗係数に行き着きます」。最初のジャイアント・トリニティーやスコットのプラズマ、フォイルといったバイクの設計に関わったサイモン・スマートは言う。空力抵抗係数は、空気や水といった流体が周囲を通る際の抗力、つまり抵抗を表す値で、大きさには関係しない。「円柱の空力抵抗係数は1程度です。しかし、ティアドロップ型の翼形では、同じ直径でもこの値が0.05程度に収まる場合があります。円柱のわずか20分の1の抵抗です」。

「いわゆる渦発生体では、気流が滑らかな状態を保てず、剝離が生じます。円柱やケーブルではこれが顕著です。空気の流れは前面の周辺で最大幅に広がった後、剝離して選手の後方に大きな負圧を生じさせます。これが渦発生体の空気力学的な仕組みです」。このスマートの言葉を図解したのが、88ページのコラム、「ティアドロップ形状」だ。

円柱の抗力がティアドロップ形状の20倍に達するということは、太さ10mmの円柱の発生する抗力は、幅200mmの翼断面の発生する抗力と同じであることを意味する。「物体の周囲を空気が滑らかに流れるよう、その物体の断面形状をテーパー（先すぼまり）にすることには、大きなメリットがあります。我々がエアロダイナミクスで重視しているのは、まさにこのポイントです」。

円柱ではその曲面が圧力差による小さな渦を生じさせ、それが抗力の増大につながる。これに対し、ティアドロップ形状では

△エアロダイナミクスを向上させるため、トレックはマドン9にカムテイル・バーチャル・フォイル（KVF）形状を取り入れた

層流境界層が円柱より長く物体表面にとどまるわけだが、ここでひとつの疑問が生じる。こうした翼断面形状では正面から見た幅と横から見た幅の比率が大きくなるほどエアロダイナミクスが向上するのであれば、ロータスが製作し、1992年のオリンピックでクリス・ボードマンに金メダルをもたらした、まるで帆のような大型フェアリングを備えたスーパーバイクを、どうしてバイクメーカーは作ろうとしないのだろうか？

UCIによる規制

「重要なのは、高いアスペクト比が逆効果になり始める点が存在するということです」。スマートは語る。「アスペクト比がだいたい7：1くらいになると（つまり横から見た幅が正面から見た幅の7倍になると）、低速での空気の流れ方により、効率は鈍化し始めます」。

だが、最大の理由は、UCI（自転車競技の国際的統括団体）と彼らが定めた膨大なレギュレーション（車両規定）にある。機材についてUCIのルールは次のように謳っている。「規則の施行により、レース中の公正さと安全性は向上する」「機材が成績に与える影響を制限する」「レースの勝利は最良の自転車ではなく最良の選手に与えられる」「自転車の文化とイメージを保全する」……。

自動車のF1ではドライバーよりマシンの性能に人々の関心が移って久しいが、こうした規制の目的は自転車競技のF1化を防ぐことにある。翼断面形状について言えば、UCIは「フレーム、フォーク、ハンドル、エクステンション、ステム、シートポストについて」、この比率を3:1以内に収めるよう規定している。

多くのバイクメーカーは、この3：1ルールが革新の妨げとなっていると主張してい

る。だが、バイクの設計者は知恵者揃いだ。彼らはUCIのルールに抵触することなくエアロダイナミクスを向上させる方法をこれまでにいくつも試し、成功させてきた。

「現在開発中のエアロロードには、もともとは自動車のために開発されたカムテイル技術を採用しています」。こう語るのは、トレックのエンジニア、ダグ・キューザックである。彼が設計した2015年型マドン9には、実際にこの形状が取り入れられていた。

トレックがこの空気力学現象を初めて取り入れたバイクは、2010年のスピード・コンセプト・シリーズであった。アメリカを代表するこのメーカーによれば、主要な部材を5：1の翼断面形状として設計し、そこから後端だけをすっぱりと切り落とすと、実際の比率は3：1でありながら空気の流れは5：1と同じ状態を保つのだという。

「後端が切り落とされたエアロダイナミクス形状の上を流れた空気は、切り落とされた"尻尾（テイル）"の部分が、いくつもの渦で満たされ、実質的に後端があるかのよ

ティアドロップ形状

○トレックのマドン9などに採用されているカムテイル技術は、空気の剥離を減らして乱流の発生を抑制することに効果があるとされている。下はそれを図にしたものだ。UCIは、各部材の比率は3：1以下でなければならないと定めている。つまり、横から見た幅が正面から見た幅の3倍以上あってはならないということだ。しかし、流線形状として最も効率がよく、重量も重くなりすぎない比率は、6〜7：1程度だとされている。そこでトレックはこの3：1ルールを回避するため、まず5：1で部材を設計した後、後端を切り落として比率を3：1に収めるという手法を考案した。図を見れば、斜め前方10°から風が吹きつけている際に、この形状がどれだけエアロダイナミクスを向上させるか、ご理解いただけるだろう。トレックによれば、後端をこのような形状にすると、25ワットの節約になるとのことである。

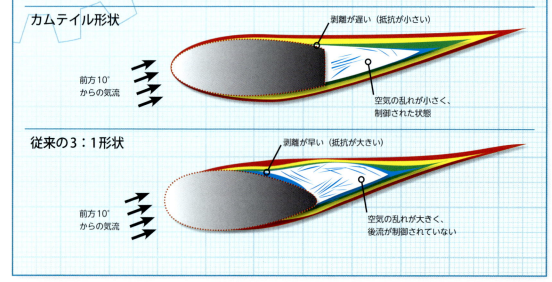

6.8kg規制

○どのスポーツにも、多くの人の心に刻まれている数字がある。イングランドのサッカーでは1966（イングランドでワールドカップが初開催され、イングランドが優勝した年）、アメリカンフットボールでは49（サンフランシスコ・フォーティーナイナーズ）、ゴルフでは1（パー3のホールでボールを一発で沈めることは全ゴルファーの夢だ）がそれにあたる。自転車競技の場合は6.8だ。少なくとも2000年以降はそうだろう。

というのも、この年、「自転車競技はバイクではなく選手の技能を競う競技である」という崇高な理念を掲げたルガノ憲章が、UCI（自転車競技の統括団体）によって正式に発効に至り、いくつもの規制が導入されたからだ。3：1ルール（左ページ下のコラム「ティアドロップ形状」を参照）も、エアロダイナミクスの影響を制限するため、このときに導入された。クリス・ボードマンやグレアム・オブリーの記録は、形状によって高速化を達成した、人間よりも機材に焦点を置いたものと見なされたのだ。

UCIはもうひとつ、バイクの重量は6.8kg以上でなくてはならない、という規定も導入した。なぜ6.8kgなのかという根拠は明確ではない。これより軽いと破損の危険性が高く、安全を確保できないから、というもっともらしい理由付けが一応はされているが、バイクの素材は日々進化しており、UCIの代表であるブライアン・クックソン自身、「なぜこの規則が導入されたかは理解していますが、技術は進歩していると思います」と、そのことを認める発言を最近している。当然ながら業界はこの規制値の引き下げに熱心だ。軽さは常に大きなセールスポイントになるからである。もちろん安全性を確保するための制限は必要だが、遠からずUCIはこの規制を緩和せざるを得なくなるだろう。もっとも、UCIは圧力にやすやすと屈する組織ではないので、実際の規制緩和がいつになるかは、現時点では定かではない。

うに機能します。この現象により、後端を切り落とした形状の抗力は、切り落としていない形状とほぼ同じになります。さらに自転車の速度域では、この現実には存在しない尾部が風向きに応じて形状を変化させ、気流の効率をいっそう高めるという、じつに面白い副次的メリットもあるのです」。

ティアドロップ形状にまだどれほど開発の余地があるかは、バイクメーカーの今後の動向を見守らなければならないが、状況は遠からず変化するかもしれない。2015年9月、世界スポーツ用品工業連盟（WFSGI）の自転車委員会がUCIと協力し、この3：1規定と6.8kgの最低重量制限（上のコラムを参照）の改定を検討し始めたのだ。それにしても、エンジニアが2人いればバイクのエアロダイナミクスに変革を起こせた1990年代と比較すると、時代は遠くなりにけり、である。

サーベロ——エアロダイナミクスの革命児

今から20年以上も前のことだ、アッシャー・シャピロ教授の気流観測データがアイントホーフェン大学に伝わり、ひとりの工学科の学生がバイクの動力学についての研究を開始した。彼の名はジェラード・ヴルーメンという。カナダのマギル大学に移ってからも研究を続けた彼は、やはりエンジニアで熱心なサイクリストだったフィル・ホワイトと出会う。そして1995年、2人は

サーベロ・サイクルズを創設。誰も見たことがない常識破りの――そして何よりもエアロダイナミクスに優れた――バイクの創造に取り組み始めた。

サーベロの最も初期の作品には、1995年、世界選手権で金メダルを2度獲得したジャンニ・ブーニョのために2人が設計・製作したタイムトライアルバイクも含まれている。この有名な緑色のマシンにはシートステーやダウンチューブに相当する部分がなく、複雑な形状をした非常に長くて平べったいシートチューブがそれらすべてを兼ね、前輪を保持するトップチューブがそこにつながっていた。この先進的なデザインにブーニョは喜んだと言われている。しかし彼のスポンサーはこのバイクに難色を示した。奇抜すぎて、保守的な客層にアピールしないと判断したのだ。結局、このバイクが日の目を見ることはなく、販売もされなかったが、2人はこの時期の経験からエアロダイナミクスについて非常に多くのことを学んだという。

2011年にサーベロの持ち株を売却し、マウンテンバイクの世界へ新たな一歩を踏み出したヴルーメンは語る。「私たちが設計したサーベロの第1号車には、NASAの前身であるNACAが開発した翼断面形状を採用しました。異なる速度での気流のパターンとその特性について、徹底した研究を行いましたよ。NACAの文献を読み、それを落とし込んだフレームを何種類も製作して当時の競合車種と比較試験をしましたが、どれも速かったですね。まあ、他はどれも丸チューブのフレームでしたから、驚くにはあたりません。私たちはずっと先を行っていたんです」。

サーベロは頻繁に風洞実験室を使用することでも他のメーカーに先駆けていた。「会社の創設当初は、プラスチックで作った（エアロ形状の）カバーを貼り付けることができる、細いスティールフレームを使っていました。非常に細いスティールフレームが骨格として存在するおかげで、得られたデータに応じてカバーの位置を変えることができました。マネキンをまたがらせることはもちろん、人間がまたがることだって可能でした」。

かつて、風洞実験室は航空産業や自動車産業に独占されており、自転車産業は空いている時間を利用するしかなかった。それは今でも基本的には変わっていない。そのためにスペシャライズドは、2013年に他のメーカーに先駆けて自前の風洞実験設備を作り、フランドルでも地元政府が500,000ユーロを投じ、リドレーやレーザーといった複数の企業が利用できる施設の建設を進めている。

「風洞実験室の価値は計り知れません」。サーベロで働いていた経験を持ち、今はキャノンデールに属するエンジニアのデイモン・リナードは言う。「バイクだけを変え、マネキンは同じものを使えます。ウェアもそうです。フレーム、フォーク、ホイールなど、調べたい要素だけを変更できるのです」。

要するに、風洞実験室はエンジニアが大きな進歩を得るのに必要なデータをもたらしてくれるのだ。イギリスの国防企業であるBAEシステムズのエンジニアであるマーク・スポアは、プレストンにある風洞実験室に長年勤務し、主に航空機やミサイルの試験を担当してきたが、UKスポーツと提携することになった2010年、ロンドンオリンピックに備えて何人ものトラック競技選手を試験した経験を持っている。「自分の機材を持ってきてもらい、彼らの目前の床に、抗力に関する情報を投影しました。そしてポジションを変更し、抗力にどのような変化が現れるかを確認してもらったのです。選手のポジション、装具、ウェア……影響を及ぼさない物はひとつとしてありませんでした。結果は極秘なので、これ以上のことを申し上げるわけにはいきませんが」。

次の大きな飛躍は、数値流体力学（CFD）

を中心として巻き起こった。CFDとは、コンピューターを用いて流体（気体を含む）とその力を解析するシミュレーションツールである。数値的手法とアルゴリズムを用いることで、コンピューターは物体の表面と周辺の気流を正確に割り出すことができる。つまり、フレームの形状と抗力の関係やそれが選手やホイールに与える影響を知りたければ、CFDに詳しいデータを入力し、後は結果が出るのを待つだけで良いのだ。この方法は、風洞実験室を使うより安上がりなだけでなく、精度も極めて高く、現実との誤差は1.5％より少ない。

ヴルーメンは言う。「風洞実験室を使うのが一番ですが、いかんせんコストがかかりすぎます。以前は1時間あたりおよそ1,000ドルもかかったものです。しかしCFDの登場により、かかる費用はずっと安くなりました。ただし、自転車競技に応用するためにCFDに習熟するのは、航空機や自動車に応用するよりずっと大変です。自動車は車体に小さなホイールが4つついているだけです。これがバイクとなると、ほぼあらゆるものが動きます。言うなれば、自動車への応用は子供の遊び、自転車への応用は大人の仕事です」。

メーカーが風洞実験室の使用を止めたわけではない。しかし、自前の風洞を持つスペシャライズドのような例外を除けば、風洞は設計そのものではなく検証に使われることが増えてきている。そしてこれは、エアロダイナミクスが自転車競技の他の要素にも広がり始めている理由でもある。必要な研究開発費が減ったおかげで、風洞実験室を使ったのではとてもではないが割に合わないシューズカバーのような小物にも、

▽出荷用ダンボールに囲まれてバイクを掲げるサーベロ・サイクルズの共同創設者フィル・ホワイト。ニューヨークの工場にて

ツールのエアロ度は？

○ ドイツのバイク雑誌『ツール』は、他のどの雑誌よりも徹底したバイクテストを行っていることで定評がある。すべてのバイクを風洞実験室に持ち込み、完成車装着ホイールとジップ404ファイアクレストでの比較試験を行っているのも、その一環だ。

表に示されているのは、2015年のツールで用いられた5種類のエアロードで距離およそ100km、獲得標高2,000mのコースを走った場合のタイムと出力（ワット）の算出結果だ。いずれも完成車装着ホイールの場合とジップ404に履き替えた場合の2種類がある。このシミュレーションでは、エアロダイナミクスと重量が考慮されている他、ペダルを漕ぐ力は常時200ワット、選手の体重は75kgでポジションはブラケットを握った位置で固定、バイクとホイールの軽量化は行わず、ドラフティングも使わないものと仮定している。

最も速かったのはサーベロS5とキャニオン・エアロードCF SLX 9.0 LTDで、後者のタイムはホイールに関係なく4時間15分29秒であった。

必要時間で比較するエアロダイナミクスのアドバンテージ

モデル	走行時間	
サーベロ S5 デュラエース	4:15:28 (205W) 完成車装着ホイール	4:15:35 (210W) ジップ404ファイアクレスト
キャニオン・エアロード	4:15:29 (210W)	4:15:29 (230W)
ジャイアント・プロペル・アドバンスドSL	4:15:51 (212W)	4:15:51 (212W)
スペシャライズドSワークス・ヴェンジ・デュラエース	4:16:03 (216W)	4:15:49 (213W)
メリダ・リアクト・チーム	4:16:52 (206W)	4:16:11 (212W)

エアロダイナミクスの研究を広げることができるようになったのだ（詳しくはコンポーネント〈構成部品〉やウェア類に焦点を当てた次章で解説する）。

カーボンの進化

メーカーによる革新はとどまるところを知らない。各部材の空力はますます向上し、これまではフレームの外に飛び出していたケーブルやブレーキも、内蔵式が増えてきている。進化を続けているのはフレームの素材も同様で、市場の話題はより軽量でより強靭なカーボンファイバーが占めている。実際、この素材があるからこそ、エアロードは飛躍的進化を遂げることができたと言えるだろう。ティアドロップ形状を実現するためにカーボンの使用量を増やすと、重量も増えてしまう。そのため、通常のステージよりもドラフティングやプロトンの助けを得られず、エアロダイナミクスの重要性が増すタイムトライアルでしかメリットはないと従来考えられていた。それが現在では、素材技術の進化によってより軽量

で強固なカーボンが市場に溢れるようになり、かつてはTTバイクだけのものであった優れたエアロダイナミクスをロードバイクでも実現できるようになったのである。カーボンファイバーとその使用例については、「カーボンファイバー2016」（94ページ）に詳しい。

血気盛んなモリス・ガランが重いスティール（鋼鉄）製の自転車を駆り、合計6ステージ、2,428kmで争われたツール・ド・フランス第1回大会を94時間あまりのタイムで制したのは、今から100年以上も昔の1903年のことである。当時の車両は重量が16kg以上あった。現代の洗練されたバイクと比べれば、2倍以上の重さだ。それからも長い間、スティールはツールを制し続けたが、用いられるパイプはより軽量で、より強靭なものへと変化していった。特に有名なのがレイノルズやコロンバスといったメーカーのパイプで、5度ツールを制したスペインのミゲル・インデュラインが4回目の総合優勝を果たした1994年頃には、バイクの重量は8〜10kg程度になっていた。しかし、ピナレロのエンブレムをつけたバイクを駆るインデュラインの勝利を最後に、スティールバイクはツールでの総合優勝から遠ざかっていく。

フレーム全体がカーボンで作られたバイクが初めてツールを制したのは、1999年のことである。バイクはトレック5500、選手

▽ヴァルレアス〜ラルプ・デュエズのツール・ド・フランス第16ステージでリュック・ルブランの追走を受けるスペインのミゲル・インデュラインとチーム・バネスト

カーボンファイバー2016

○ フランスのバイクメーカーであるルックはツールの常連だ。最近では2015年度大会で、フランス籍のチーム、ブルターニュ・セシェ・アンヴィロヌモンにバイクを供給している。ここではルックのジェネラルマネージャーであり、普段はチュニジアの工場で指揮を執っているジャンクロード・クレティアンに、ルックのバイクに用いられているカーボンの違いについて説明してもらおう。

「ルックではエポキシ樹脂を染み込ませたカーボンファイバーを使用しています。エポキシ樹脂の役目は、生産工程においてカーボンファイバーの強度と一体性を高めることです。焼成は1,000～1,050℃で行われ、90％の炭素と10％の酸素で構成された繊維ができあがります。これをルックではハイ・レジスタンス（HR：高抵抗）と呼んでおり、剛性感は若干劣るのですが、その分だけわずかな"しなり"があったほうが良い場所に適しています」。

「炉の温度を1,500℃まで上げると、繊維は99％が炭素となり、酸素が占める割合はわずか1％となります。これがハイ・モジュラス（HM：高引張り強度）で、非常に剛性が高く、パワーを効率よく伝達できますが、脆く、側面から衝撃を受けると容易に破断してしまいます」。

「比較で言えば、HRが破断せずに耐えられる圧力は24トンであるのに対し、インターミディエイト・モジュラス（IM：中引張り強度）は30トン、HMは40トンまで耐えられます。しかし、HRとIMが2.5％までなら破断せずに延びることができるのに対し、HMは1.5％しか延びることができません。だからルックのハイエンドバイクである795では、この3種類の繊維を場所によって使い分けています」。

「どこにどの繊維を用いるかは、研究開発部門が決定します。樹脂の組成を決めるのも研究開発部門です。樹脂は最大で40％を占めます。高強度の繊維は樹脂が染み込みづらいので、多くの樹脂が必要になります」。

はランス・アームストロングであった（これを皮切りに彼は7連覇を達成するが、現在では記録から抹消されている）。当時、ツールを最初から最後まで走り切った初のカーボンバイクとしてトレックは賞賛された。しかし、カーボンバイクがツールに姿を見せるようになったのは、別にこれが最初というわけではない。

現在はフランスのカーボンバイクメーカーであるタイムで働くジャンマルク・グニョーは、次のように語ってくれた。「私が初めてカーボンフレームを作ったのは、1982年のことです。当時はここのすぐ南西に位置しているメルシエで働いていました。そこでは金属フレームを作っていて、レイモン・プリドールやヨープ・ズートメルクが2位に入るなど、ツールの総合優勝へあと一歩のところまで迫ったこともあります。そんなとき、同僚のひとりから、彼が作っていた試作品のことで良いアイデアはないかと尋ねられ、力を貸してやったのです。私の最初のカーボンバイクは、治具を使い、ラグでパイプをつないだものでした」。

その出来栄えに自分自身が驚かされたグニョーは、独立し、技術に磨きをかけ続けた。ちょうどその頃、フランスの航空機材メーカーであったTVTは、自転車競技の世界で存在感を示す方策を模索していた。TVTの申し入れを受け入れたグニョーは、彼らに協力し、初のカーボンフレームとそれに組み合わせるカーボンフォークを完成させる。そしてその後、パリで開催された展示会で友人のアラン・デクロワから、彼がメカニックを務めるベルナール・イノー

へのバイク供給を打診されることになったのだ。

「もちろん"ウイ"と答えましたよ。イノーは85年から86年の冬にかけてそのバイクに乗りました。彼はバイクを気に入ってくれ、86年の2月にはツール・ド・メディテラニアンの第1ステージで実際に使ってくれたんです。使うとは知らなかったので驚きましたね。なにしろ彼は、気軽に何かを尋ねられるタイプの人物ではありませんから！レース後、厳しい意見をもらいましたが、フレームには自信がありましたし、実際、問題があったのはフォークでした」。

その夜のうちに、カーボンフォークは従来のスティール製フォークに付け替えられた。レースの勝利は、ラ・ヴィ・クレールのチームメイト、ジャンフランソワ・ベルナールのものとなったが、"ブルターニュの穴熊"ことイノーはこの改良結果に大いに満足し、その年のツール・ド・フランスではチームの全員がこのバイクを使うべきだと確信するに至る。

「あれはややこしい状況でしたね。ラ・ヴィ・クレールのスポンサーはルックでした。チームもルックも、オーナーはベルナール・タピだったのです。イノーは当時からすでにレジェンドで、その言葉は絶対でした。ですからツールに関しては、TVTのフレームをルックやレイノルズ製に見せかけて使うことになったのです」。1986年のラルプ・デュエズのステージについては、レモンとイノーという2人の大選手が肩を組んでゴールする"感動的な"写真を今でも見ることができるが、彼らの心中はどうあれ、乗っているのは実はグニョーお手製のバイクだったのである。

「1988年のツールでは、ペドロ・デルガドにもバイクを供給しました。ピナレロやコロンバス［スティールパイプのメーカー］と揉めましたが、彼はマイヨ・ジョーヌに袖を通し、このバイクならレースに勝てると公言してくれました。ステージが進むごとにフレームに貼られたコロンバスのステッカーが増えていくのは、彼としてはウンザリする気分だったでしょう。結局、デルガドは総合優勝しました。あれは痛快でしたよ。シーズン開幕当初、TVTのバイクは青だけでしたが、デルガドが赤いTVT［名目上はピナレロ］で勝ってくれたおかげで、ツールが終わる頃には誰もがそうとは知らずに赤いTVTを欲しがるようになっていたのですから！」。

チームスポンサーが供給するのとは違うバイクやコンポーネントをロゴだけ変えて使用するのは、何も新しいことではない。しかし、ドーピング違反者の記録が取り消された結果、誰がいつどのような成績を残したかがわかりづらくなるのと同様に、フレームデザインの進化を検証する上で、こうした"ブランド隠し"は大きな障害となる。確かなのは、ワールドツアーに参加しているすべてのチームが、現在ではカーボンバイクを使用しているという事実だ。業界通は、この状況は今後も続くと見ている。

かつてサーベロに在籍していたジェラード・ヴルーメンは言う。「カーボンの地位が今後揺らぐとは思えません。カーボンはこれからも進歩し続けるでしょう。ただ、ナノテクノロジーやグラフェンなど、高性能素材がいろいろと登場してくるかもしれません。何が自転車競技に大きな影響を及ぼすようになるか、今後に注目です」。

バイク業界の注目は、UCIの6.8kgという最低重量制限のおかげで、当面はエアロダイナミクスに向けられ続けるだろうが、UCIが規定を引き下げれば、重量という昔ながらの関心事が再び脚光を浴びる可能性もなくはない。その結果、軽量化のためにエアロダイナミクスが犠牲にされる（翼断面形状はオーソドックスなフレーム形状より重くなりやすい）かどうかは、今後の成り行きを見守る必要があるだろう。

現在、ツールに出場する選手は、タイムトライアルではTTバイク、ロードステー

ジではロードバイクかエアロードというように、コースの性格に応じてバイクを使い分けている（右のコラム「ベストチョイスはどれ？」を参照）。ニバリやコンタドールが駆るスペシャライズド・ターマックのようなオーソドックスで軽いロードバイクは山岳を得意とするが、最終的に選ぶのは選手だ。そしてプロ選手というのは、細かいことにこだわる人種なのである。

「選べるバイクは3種類」。ロット・ソウダルのグレッグ・ヘンダーソンは語る。「エアロードのリドレー・ノアSLは典型的なスプリントバイクだ。大パワーを受け止めるため、ボトムブラケット周辺が強化されているから、少し重く、その分がっちりしている。ヘリウムSLは、6.8kgはもちろん、やろうと思えばそれ以下にだってできる、超軽量フレームだ。もうひとつは、フェニックスSL。これはホイールベース［前後のホイール軸の距離。長いほど安定しているが、短いほうが操縦性は良い］が少し長く、クラシックレースで使われることが多いね」。

「僕の愛機はノアだ。僕はシートの高さにうるさくてね。ポジションにすごいこだわりがあるんだよ。高さが1mm違うだけでも感じ取ることができるくらいさ。ポジションという意味では、ノアSLがしっくりくるね。ただし、大きなレースに出場するときは、ボルトをチタンに替えたりして、少しでも6.8kgの最低重量に近づけるため、あの手この手でダイエットさせるんだ」。

ヘンダーソンは自分を"微調整人間"と表現する。これはもともとは、チーム・スカイの理学療法士フィル・バートが、ほんの少しの変化が大きなアドバンテージを生むと感じている選手を表現するために発明した言葉だ。「僕にとっては本当にそうなんだ。特にホイールの選択についてはね。チーム・スカイやHTC時代にはいつも周りに言ってたものさ。回転重量は単なる積載重量の2倍に相当するってね」。別の言い方をすると、フレームのような動かない物体の重量と比較して、回転重量は2倍の下向きの力を発生させるということだ。

ディープリム革命

かつてはホイールの選択で迷うことなどありえなかった。選択肢は、チューブラーかクリンチャーか（チューブラーはタイヤをリムに接着するので、空気圧を高め、よりスピードを出すことができる。クリンチャーはチューブを入れて使うタイプのタイヤで、空気圧を極端

ベストチョイスはどれ？

○スペシャライズドのクリス・ユーはエアロダイナミクスのスペシャリストだ。当然、空気抵抗を最小限に抑える手法についても造詣が深い。ロードバイクのターマック、エアロードのヴェンジ、TTバイクのシヴ…これらの使い分けは、どのような試験を経て決定されたのか、ユーに説明してもらおう。

「比較は一度限りではありません。まずは、オーソドックスなフレーム形状を持ち、ハイトの低いホイールを履き、ラウンド形状のハンドルを装着した"典型的な"ロードバイク ——スペシャライズドのラインナップでいえばターマックSL4（モデルチェンジ前の話。最新型のターマックは、エアロードの要素を少なからず備えている）——を、エアロダイナミクスに優れたフレームとフォークを備え、コックピット周りやブレーキが完全に一体化され、ディープリムのホイールを履いたヴェンジ・ヴァイアスのような最新のエアロマシンと、選手なしの状態で比較しました。この試験では、ヴェンジ・ヴァイアスがオーソドックスなロードバイクより40kmを120秒ほど速く走れることがわかりました」。

「ヴェンジ・ヴァイアスとシヴも比較しました。シヴはTTバイクなので、履かせたホイールはヴェンジ・ヴァイアスと同じディープリムです。試験は風洞実験室で、選手なしの状態で行いました。この試験では、両車のエアロダイナミクスが非常に近いことが明らかになりました。大きな違いが生じるのは、選手がまたがったときです。シヴにはエアロバーが装着されているので、選手はより空気抵抗の少ないポジションで走ることができますから」。

結論を言えば、軽量なターマックは、勾配の変化が激しいコースが得意だ。ヴェンジは上りもこなせるが、平坦なステージで真骨頂を発揮する。純然たるタイムトライアルでは、シヴの出番となる。

ターマック
（ロードバイク）

ヴェンジ
（エアロロード）

シヴ
（TTバイク）

に高めることはできないが、パンク修理が容易である等のメリットを持つ）と、スポークの数だけだったからだ。そんなところに現れたのが、リムの再発明を促したアメリカのスティーブ・ヘッドである。残念なことにヘッドは2014年末に他界してしまったが、生前彼は私にこう語ってくれた。「妻のアニーを含め、トライアスロンをしている友人の多くが、アイアンマン・ハワイに出場していたんです。ところがコナの強風を理由にディスクホイールが禁止されましてね。そこで改めてディープリムの第1号となるヘッドCXを設計したんですよ」。

ヘッドが考案したディープリムは、まさに画期的発明だった。空気抵抗を減らし、より高速での走行を可能とするディープリムは、プロの間にも広まり、プロトンは瞬く間にディープリム一色となった。ちなみにディスクホイールは、アイアンマン・ハワイと同じく、集団スタートのレースでは使用を禁じられている。UCIの規則書には、「集団スタートのレースにおいては……車輪は最小12本のスポークを持つこと」とある。また、集団スタートのレースで使用できるホイールのリム高は、最大65mmと定められている。

プロトンで走る選手が受ける風の向きや強さは不安定で、その変化を予測することは難しい。他にもハンドルをフラつかせる要因は数多くある。操縦性を低下させ、横風を受けるとまっすぐに走れなくなるディスクホイールの使用を認めれば、最大200名に達する大集団の中で落車が発生することは確実だろう。ただし、タイムトライアルは例外で（1，2分おきに選手がひとりずつ出走するので、他の選手を巻き込む可能性が低い）、むしろディスクホイールやバトンホイール（3本しかスポークがないフロント用ホイール）を使うのが一般的である。

モビスターのTTスペシャリストであるアレックス・ダウセットは言う。「僕はタイムトライアルではリアにいつもディスクホ

イールを履かせるんだ。フロントはコースの特性と天気次第だね。特に風が問題で、40mmのディープリムにするか80mmにするかが違ってくるんだ。リアと違って、フロントはハンドリングに関わってくるからね」。

ダウセットは、トレック・リブストロングに所属していた2010年、ツアー・オブ・ヒラでフロントに60mmのディープリム、リアにディスクホイールを履いてタイムトライアルに出走したときのことを今でもよく覚えているという。彼にとって最大の敵だったトム・ダニエルソンとリーヴァイ・ライプハイマーはともに前後80mmのディープリム・ホイールだった。結果はというと、3人の中に正解の組み合わせを選んだ者はひとりもいなかった。「スタートからゴールまで強烈な横風が吹き続けていて、バイクがまったく言うことを聞いてくれなかったんだ。結局僕ら3人は、当時チームメイトだったジェシー・サージェントに負けてしまったよ。彼はリアこそディスクホイールだったけど、フロントにはクライム用のホイールを履いていてね。そのホイールはリムがペッタンコだったけれど、自分のバイクと格闘しなくて済んだおかげで、彼は他の全員をやっつけることができたというわけさ」。

エアロダイナミクスとハンドリングの両立は、エンヴィを一躍ホイール界のトップブランドへ押し上げる原動力となった。チーム・ディメンションデータが使用するこのホイールに羨望のまなざしを向ける者は多い。ヘンダーソンは言う。「ここ数年はカンパニョーロのボーラを使っているけど、あれはいいホイールだよ。だけど、今ではもっと技術的にすごいホイールがある。ジップやエンヴィのホイールがそうだ」。自社製品を使ってもらうため、ホイールメーカーはチームに金を払っている。選手は提供されたホイールを使わざるを得ないのだ。

カンパニョーロと自転車の関わりは、

△他の選手と激しく競い合うエリトリア出身のダニエル・テクレハイマノ(MTN・クベカ)。2015年ツール・ド・フランス第7ステージ(リヴァロ〜フージェール)にて

1933年までさかのぼれる。それと比べれば、2007年に従兄弟同士であるブレット・サッタースウェイトとタイラー・サッタースウェイトによってアメリカのユタ州で創設されたエンヴィは、比較的若い会社と言えるだろう。2011年、エンヴィはエアロダイナミクスのスペシャリストであるサイモン・スマートを迎え、ロードバイク用製品の販売に乗り出した。エンヴィが掲げる最大の特徴は安定性(スタビリティー)である。

スマートの説明に耳を傾けてみよう。「市場にはジップやヘッドなどの素晴らしいホイールが存在していましたが、個人的にはハンドリング面に改善の余地があると思っていました。多くのホイールメーカーは、風洞実験の成果を大々的に宣伝していましたが、現実の路上にそのまま当てはまるわけではありません。なぜかって？ それは彼らがホイール単独で試験していたからです。それではバイクに装着した途端、そのホイールが示す挙動はまったく違うものになってしまいます」。

「ホイールの安定性を保つには、リムからの気流の剥離を減らすか遅らせることが重要です。これによって挙動を予想しやすくなります。操縦の要であるフロントホイー

ルでは、特に顕著な違いが現れます。我々は横風で生じる操舵トルク［いつハンドルが左右に動き出すか］に着目しました。操舵トルクを減らすか、それが無理な場合にはホイールの動きを予測可能なものにすること。この2つが私たちの理念です」。

実際にスマートとエンヴィが選んだのは後者だ。そのために彼らは、リムの形状を工夫するだけでなく、リアホイールのハイトをさらに上げ、空気抵抗を減らすことで安定性の問題を軽減するという策をとった。また、幅24mm、高さ95mmのリアと比較してフロントの幅を広げ、ハイトを低くした（たとえば、それぞれ26mmと85mm）。なお、これはタイムトライアル用リムの話である。

他のメーカーも、以前より安定性に注目しているようだ。ボリューム感のある形状が特徴的なジップ808ファイアクレストは、横風の中でももっとハイトの低いリムと同じフィーリングで走ることができる。だが、こうした進化にもかかわらず、2014年にはディープリム・ホイールを履いた選手の事故が多発したため、操縦性と安定性の問題が再び取り沙汰されることとなる。この年のツール・ド・フランスは、雨が多いことで知られるヨークシャーでは濡れずに済んだのに、フランスでは毎日のように土砂降りに祟られるという皮肉な空模様だった。最初の休息日を越えると天候はようやく回復したが、そこにクリス・フルームの姿はなかった。"戦場"と形容された第5ステー

▽アラスからアミアンへ至る距離189.5kmの第102回ツール・ド・フランス第5ステージの途中、集団落車に巻き込まれて地面に座り込むステーフェン・クライスヴァイク（左）

ジ（イープル〜アランベール・ポルト・デュ・エノー）で、24時間の間に3度の落車を喫した彼は、タイトル防衛の望みを捨て、チーム・スカイのジャガーに乗って舞台から姿を消したのだ。

リタイアしたのはフルームだけではない。アージェードゥーゼルのセバスティアン・ミナールもロータリーの近くでスリップダウン、ジャイアント・シマノのマルセル・キッテルもカーブで同じように落車し、クリートを破損させてしまう。残り70km地点では、大きなロータリーを避けるためにプロトンが左右に分かれたところ、道の両側で落車が発生。モビスターのアレハンドロ・バルベルデとBMCレーシングのティージェイ・ヴァン・ガーデレンが犠牲となった。

雨、横風、そして前半戦ステージ特有の神経質な展開。これらが相まって2014年のツールは熾烈な生き残り合戦の様相を呈した。選手が次々と荒れた天候と石畳との犠牲になっていく中、落車の原因はディープリムとプロトンの中を吹く突発的で予想できない風にあると指摘する批評家もいた。だが、レイノルズ・ホイールでテクノロジーディレクター兼イノベーションディレクターを務めるポール・ルーは、こうした懸念を一蹴し、正反対の見解を唱えている。「強風でハンドルが取られることを防ぐため、UCIは集団スタートのレースで使えるリムのハイトを最大65mmと定めています。レギュレーションの意図は理解できますが、結果として革新が阻害されています。どういうことか説明しましょう。レイノルズにはDET（分散効果除去）という技術があり、これによってディープリム・ホイールが風から受ける影響は従来と異なるものになっています。たとえば、レイノルズのハイト72mmのエアロホイール（72エアロ）に生じる操舵トルクは、ハイト46mmのアソルト/46に生じる力と同等です。したがって、強風の中で72エアロを使うリスクは、46mmのホイールを使う場合と同じようなもので

あると言えます。だとしたら、どうしてこのホイールを集団スタートのレースで使ってはならないのでしょう」。

ツール参加選手が実際に72mmのリムを選ぶか、それはわからない。カーボンファイバーの技術が進歩し、横風に対する安定性が向上した現在でも、比較的ハイトの低い（たとえば46mmの）ホイールのほうが、当然ながらディープリムより軽いからだ。プロトン最強の選手にとっても、軽さは何物にも変えがたい魅力を持っているのである。

グレッグ・ヘンダーソンは言う。「起伏が激しく、カーブも多いコースなら、僕はできるだけ軽いほうがいいな。重いディープリム・ホイールより素早く加速できるからね。僕にとっては重量がホイール選択の重要な要素のひとつなんだ」。

加速の諸要素

物理学に則って言えば、回転重量のペナルティ（つまり重いホイール）は加速にのみ影響する。そのために多くの選手は、平坦ステージでは当たり前のようにディープリムを使用する。しかしヘンダーソンのようなスプリンターにとっては、一瞬の遅れが歓喜と失意の分かれ目となるので、些細な重さの違いもおろそかにはできない。

「体重の何パーセントに相当するかという見方をしているんだ。アンドレ・グライペルやマルセル・キッテルのような、体重が85〜90kgくらいある大柄なスプリンターは、僕のような69〜70kgしかない選手と比べて、パワーにずっと余裕がある。自分自身にフレームとホイールの重量を足した値をキッテルと比較した場合、ホイールが占める割合は大きくなり、それを加速させるのはより大変になるんだ。50kgくらいしかないクライマーも同じだよ。彼らもホイールの選択については神経質にならざるを得ないんだ。時には軽ければ軽いほど良いこ

BIKE & WHEEL INNOVATION

△賢明にもハイトの低い軽量ホイールで坂を上るクリス・フルーム、ティージェイ・ヴァン・ガーデレン、ナイロ・キンタナの3人

ともあるのさ」。

2014年のツールでニバリは、前後合わせてわずか1,190gしかないリム高32mmのコリマ・ヴィヴァSをしばしば使用した。激坂やスプリントでは、ハイトの低いリムのほうが有効な場合もあるのだ。「ホイールを選び、明日はこれを履くからとメカニックに伝えるのが、どの選手にとっても日課になっているんだ」。こう語るのは、トレック・セガフレードが誇る超一流クライマー、バウク・モレマである。「平坦ステージではいつもボントレガー製のリムが50mmあるホイールを使うんだけど、山岳では30mmにするね。すべては重量と空力のバランスなんだけど、結局のところ上りでは軽いほうが僕に合っているんだよ」。

つまるところは慣性の問題なのだ。慣性の法則によれば、回転の中心から離れた場所に位置している質量は、回転の中心に近い質量より動かすのが難しい。これをバイクに当てはめると、言うまでもなくホイールのハブが回転の中心で、リムが中心から離れた場所に位置する質量ということになる。ニュートンの第2法則は、「すべての力の合計は慣性に角加速度をかけた値に等しい」と定めている。つまり、慣性が大きい場合、それを動かすために必要な力もまた大きくなるのだ。

アベリストウィス大学でスポーツや運動について研究しているマルコ・アルケシュテインの説明を聞いてみよう。「フィギュアスケーターが、両腕を広げ、その場でスピンしている様子を思い浮かべてください。体は回転していますが、体の中心は動いていません。ここが回転の中心です。この状態から回転速度を上げるには、手を体に引きつけます。すると回転の中心から離れた場所にある質量が減り、慣性は小さくなります。運動量は一定なので、ニュートンの第2法則に従って角加速度が増し、回転速度が上がるわけです」。

リムが軽いほど素早く加速できるのも理屈は同じだが、「それならどうしてプロは標準的な700cのホイールに替えて650cのような小径ホイール（女性選手にはしばしば使われる）を用いないのか？」という疑問を

持つかもしれない。実際、サーベロが行った試験では、650cのほうが発生する抗力は8〜12%少ないことが証明されている。しかし、ホイールが小さいと転がり抵抗が増えてしまうのだ。別の言い方をすると、650cのホイールが700cのホイールと同じ速度を出すには、より多く回転しなければならないのである。

スケーターの例とリム重量が加速に与える影響を踏まえて考えると、フィリップ・ジルベールのようなパンチャーが短い坂でスプリントするとき、軽量なリムが発揮するアドバンテージが見えてくるだろう。マヴィックのプロダクトマネージャーであるマキシム・ブルナンから、このことをよく示す実験結果を見せてもらったことがある。その実験は、2組のホイールを用意し、一方はリムに、もう一方はハブに50gの重りを装着して最大500ワットで10%の勾配を上り、どちらが先に20km/hに達するかを計測する、というものだった。

「リムに重りを取り付けたホイールが20km/hに達するのにかかった時間は、平地で20km/hまで加速するのにかかった時間の5倍でした。対してハブに重りを取り付けたホイールでは、平地の4倍で済みました。上りにおける慣性の影響力の大きさがわかるでしょう」。

他にもブルナンのチームは、出力500ワットで36km/hに達するのに要する時間は、平地であればリムとハブのどちらに重りを取り付けても大差ないというデータを得た。しかしその一方で、リムに重りを取り付けたホイールのほうが加速により大きな運動

バイクの積載

○ツール・ド・フランスに出場するチームは、それぞれが2台のチームカー（伴走車）を走らせている。通常、この車にはスポーツディレクター（監督）が乗り込み、運転しつつレース中の選手たちに指示を出している。後席のメカニックから受け取ったボトルや補給食をアシストの選手に渡すのも監督の役目だ。

それぞれの車には、9人の選手たちのスペアバイクが1台ずつ積まれている。トレック・セガフレードのメカニック、マウロ・アボバーティに聞いてみよう。「1台の車には最大で9台のバイクを積めます。ただしスペースの制約があるので、ホイールを装着した状態で積載されているのは、そのうち4台だけです。この4台は重要な選手のバイクで、すぐに降ろせるよう、ルーフの外側に積んであります。重要な選手というのは、総合優勝争いをしている選手やそのステージで重要な働きを期待されている選手（たとえばスプリンター）などですね。他の5台も所定の位置に積んではありますが、ホイールはトランクの中です。

重要選手──たとえば総合狙いの選手──にトラブルが発生したにもかかわらず、チームカーがすぐに駆けつけられない場合、チームメイト（アシスト）が自分のバイクを差し出すのは珍しいことではない。この場合、チームカーはバイクを失った選手にスペアバイクを届け、破損したバイクを回収した後、先を行く総合狙いの選手を追いかけることになる。チームカーが追いついてきたら、総合狙いの選手は改めて本来のスペアバイクに乗り換える（アシストのバイクは、各部の寸法が合っていないかもしれないから）。こうして一段落付いた後、メカニックは総合狙いの選手が最初に乗っていたバイクの修理に取りかかる。そのステージでまたそのバイクが必要にならないとも限らないからだ。ご理解いただけるだろうか？

エネルギーを必要とする分だけ「速度を維持するのが容易であった」という。ハイトの高い（重い）リムの運動量の維持と増加に関する理論を裏付ける結果と言えるだろう。

タイヤの太さ

セルビス・デ・クルス抜きにして、ツールとホイールの選択については語れない。セルビス・デ・クルス（レーシングサービス）とは、40年以上も昔からマヴィックがワンデーのクラシックやステージレースで行っている中立（ニュートラル）の機材サポートのことである。1972年、クリテリウム・デュ・ドーフィネの伴走中にチームマネージャーの車が故障した。当時マヴィックの取締役だったブルーノ・ゴルマンは、困っているマネージャーに自分の車を提供し、そのときにこのサービスを思いついた。それから1年後、マヴィックのニュートラルサービスがパリ～ニースに初めて公式に登場。以来、逃げ集団やプロトンの選手たちをサポートし続けている。

マヴィックのグローバルPRマネージャーであるミシェル・レテネは語る。「2014年は様々な形態の89のイベントをサポートしました。プロ、アマチュア、ロングライド、マウンテンバイクの大会もありましたね。もちろんツールは非常に重要ですが、いちばん大変なのはパリ～ルーベで、17人のスタッフで事にあたります。車は4台、オートバイが4台、トレーラーが1台、用意するホイールは120セットです。人数と車両の台数で言えばツールのほうが大規模ですが、苦労は同等ですよ」。

これらのホイールに装着されているタイヤの多くは、幅25mm程度のものだ。これも最近の進歩のひとつである。以前は細ければ細いほど良いと考えられており、基本は23mm幅、時には19mmのタイヤさえ使われていた。路面と接する面積が小さいほど転がり抵抗が少なくて済むし、細いほうが軽い、という発想である。だが、タイヤによる高速化の方法論がここ数年で一変し、太いレース用タイヤを作るメーカーは増える一方だ。

「同じ空気圧なら、25mmのタイヤのほうが22mmのタイヤより7%速く走れます」。こう語るのは、コンチネンタル・タイヤのプロダクトマネージャーであるクリスティアン・ヴルムバエックだ。「始まりは2013年でした。最初はBMCのようなチームが25mmに切り替えました。それ以前は19mmとか22mmといった細さでした。今ではほぼすべてのチームが25mmのタイヤを使っています。最大の理由はエアロダイナミクスの向上です」。

どういうことかというと、25mm幅のチューブラータイヤは、細いタイヤよりもホイールにぴったりとフィットするのだ。この結果、ホイールとタイヤの境目の気流が整えられるのである（タイヤが細すぎると大きな乱流が生じる）。転がり抵抗も問題にはならないらしい。鍵はタイヤの変形の仕方で、同じ空気圧なら太いタイヤも細いタイヤも接地面積は違わず、太いタイヤでは横方向に潰れ、細いタイヤでは縦方向に潰れるだけだという。路面と選手を隔てる緩衝材としての空気の量が増えるので、乗り心地も太いタイヤのほうが良好だ。

石畳のステージでは、タイヤはさらに太くなる。2014年と2015年、いずれのツールでも各チームは27mmや28mmのタイヤを履かせ、空気圧を下げることで激しい振動に対処した。

ヴルムバエックは語る。「もちろんタイヤは非常に重要ですし、操縦性や、バイクの動きにも大きく影響します。トレッド部分の構造はもちろん、その下にパンク防止ベルトを入れるかも含めて、タイヤ全体の構造が大切です。コンチネンタルの場合、パンク防止ベルトにはベクトランを使っています。これは非常に頑丈な素材ですが、あ

れもこれもと欲張りすぎると、鈍重なフィーリングになってしまうので注意が必要ですね。インナーチューブも同様です。ブチルゴムかラテックスかで、乗り味は若干違うものになります」。

　タイヤの設計と製造方法は、フレームやホイールと同じく、今も進化を続けている。科学は、これまで金科玉条とされてきたものを次々とひっくり返しているが、タイヤの太さもそのひとつだ。しかし、この進化は今後どこへ向かうのだろう？　この世を去る前、スティーブ・ヘッドはこう語ってくれた。「その質問への答えは、誰に尋ねるかによるでしょうね。フレームの設計者はフレーム、ホイールの設計者はホイール、タイヤの設計者はタイヤと言うでしょう。私はそのすべてがさらに進化すると思いますよ。フレームとホイールとタイヤの相互作用は、エアロダイナミクスを向上させる上で大きな役割を果たしました。この相互作用に投資することで、空力効率をさらに30％向上させられると私は考えています。分析結果を見れば一目瞭然ですが、フロントホイールとフォークの組み合わせが発生させる抗力は、ホイール単体での抗力とほぼ同じであるにもかかわらず、フォークとフレームとホイールの相互作用を向上させる取り組みは、これまでほとんどされていません。今後フレームメーカーとホイールメーカーの協力が重要性を増していくことは確実でしょう。将来的には、一体化（インテグレーション）による性能向上がいっそう盛んになるはずです」。

　自転車業界もヘッドと同じ考えを抱き始めている。レイノルズのポール・ルーは言う。「フレームメーカーとは常に話し合うようにしていますが、これは一体化の推進やエアロダイナミクスの向上にとって良いことづくめです。私はこの業界に25年いますが、ホイールメーカーとフレームメーカーの意見交換がこれほど盛んだったことはありません」。

　もちろん乗り越えなければならない障害もある。特に大きいのは、機材によって選手の重要性が低下することを是としないUCIからの圧力だ。ヘッドとルーが語ったように、フレームメーカーとホイールメーカーは今後、これまで以上に緊密に協力し合わねばならないだろう。もしかすると、トレックやスペシャライズドのような強い財政基盤を持ち、自社でホイールも開発しているメーカー――前者はボントレガー、後者はロヴァル――が、専業のライバルたちに対し、戦闘力の面でアドバンテージを築くことになるのかもしれない。だが、どのような未来が待っているにせよ、バイクが今よりずっとずっと速くなることは確実だ。そして次章で論じるように、今後はウェアやヘルメット、コンポーネントも、空気抵抗のさらなる削減に貢献するに違いない。

▽ブザンソンでバイクの準備をするチーム・スカイのヴァシル・キリエンカ、ベルンハルト・アイゼル、ダヴィ・ロペス・ガルシア

SUPPLEMENTING SPEED
塵も積もれば山となる

ウェア、ヘルメット、サドル

「もしプロの自転車選手になっていなかったら、ポルノ俳優にでもなっていただろうね」。イタリアのマリオ・チポリーニの言葉だ。1989年から2005年までの16年間に（2008年に短期間だけロック・レーシングで現役復帰したが）、ツール・ド・フランスの12ステージを含む191レースで勝利したイタリア屈指のスプリンターであるチポは、格別自分を卑下していたわけではない。こんなことを言ったのは、それなりの根拠があってのことだ。"スーパー・マリオ"と呼ばれた彼は、現役時代、様々な議論を巻き起こしたことでも知られている。着る物もじつに奇抜で、特別にあつらえたスキンスーツには、シマウマや虎、はては筋肉標本などという柄がついていた。チポリーニの派手な衣装はメディアにとって格好のネタとなり、伝統的なウールのジャージはもはや前時代の遺物となりはてた。

かつて、プロ選手のウェアといえばウールが定番だった。エディー・メルクスが着ていたモルテニのオレンジ色のジャージは、そのシンボルと言えるだろう。ウールは皮膚の表面から水分を運び去る能力がコットンより高く、吸汗性にも優れている。問題は、冷却性に乏しいために熱がこもりやすく、汗でぐしょぐしょになってしまうことだ。これはウェアの形（匂いにも）に影響し、そのシルエットは少々だぶっとしたものだった。それでもウールのウェアはプロの間で長く使われ続けたが、1980年代、自転車業界はようやく、ポリエステル100％ではなく伸縮性に富む素材、具体的に言えばライクラと組み合わせれば良いのだ、と気づく。ポリエステルが汗を生地表面まで運ぶ効率は従来の素材を上回っており、チポリーニの例を見ればわかる通り、プリントの発色や緻密さでもウールより優れていた。

◁ 1972年、有名なモルテニのウールジャージをまとい、ツール・ド・フランス4連覇を喜ぶエディー・メルクス

シークレット・スクウィレル・クラブ

○2004年のアテネオリンピック閉幕後、イギリス自転車連盟の競技力向上委員長だったデイヴ・ブレイルスフォードとクリス・ボードマンは、スターバックスで定例のミーティングを開いた。ブラッドリー・ウィギンス（現在は"サー"の称号を有する）とクリス・ホイが2個のメダルを持ち帰ったものの、イギリスは「予選の王様」という汚名を挽回するには至らず（ボードマンが言うように）、自転車競技については"2等国"のままであった。

「もちろんそんな不名誉なイメージは返上したいと思いましたよ。私たちは議論を重ね、小さな進歩をいくつも重ねればもっと速くなれると確信しました。そうして私は正式に機材主任に任命されました。目指したものは極限域での進歩（マージナル・ゲイン）ですが、それを機材主任という立場で実現しようとしたのです」。ブレイルスフォードとボードマンに加え、最先端の成果を探求するスポーツサイエンティストたちによって構成された精鋭グループ、シークレット・スクウィレル・クラブの誕生である。

「世界中を飛びまわり、メーカーと話をすることに多くの時間を割きました。パフォーマンス第一が私たちのモットーで、十分な資金さえあればきちんと結果を出しました。ありがたいことに国営宝くじから特別な措置を得ることができたんです。そのため、私たちは商業的な要求に応える必要がなくなりました。あくまでもパフォーマンスがすべてでした」。

これを機に、イギリス自転車連盟は風洞実験の回数をどんどん増やしていった。主に用いられたのはサザンプトン大学にある実験室で、2012年のロンドン大会までに実施されたプロジェクトは、主要なものだけでも28を数える。サドルの下に装着してパフォーマンスの測定値を記録するマッチ箱サイズのブラックボックス型装置、"データライダー"もこうした実験の成果だ。

「素晴らしいアイデアは、どれも自転車業界の外からもたらされました。私たちは様々な方面に協力を要請しました。軍、F1、学術団体、航空産業……我々が初めて訪ねたとき、マクラーレンは自転車について何ひとつ知りませんでした。たびたび聞かれたものです。『そうしている理由は？』とね。私たちはしょっちゅう、『さあ、どうしてなんでしょう？』と答えなければなりませんでした。こういうやり取りを通じて私たちは、自分がどれだけ"常識"に縛られていたのか、ハタと気づかされたんです。たとえば選手に、『君は39cm幅のハンドルを使っているか？』と尋ねたとしましょう。答えはイエスかもしれません。では、27cm幅は？　使わない？　なぜ？　どんな論理的根拠で使わないことにしたんだね？　無学と高度な知識の融合こそ、殻を破る最強のタッグなのです」。

ボードマンとブレイルスフォードは、どちらも現在ではシークレット・スクウィレル・クラブに属していない。しかしクラブは彼らの意志を引き継ぎ、今も選手たちのパフォーマンス向上に取り組み続けている。

だが、自転車選手にとって最大のメリットは、タイトな着心地を実現できることであった。その理由は、「エアロダイナミクスを向上させられるから」である。

最初は選手として、後にはイギリス自転車連盟のいわゆるシークレット・スクウィレル・クラブ（上のコラムを参照）の一員として、革新とエアロダイナミクスを追求し続けてきたことで知られるクリス・ボードマンに聞いてみよう。「空気が当たる前面投影面積の80%ほどを選手が占めるわけです。どんな方法であれ、この値を下げることができれば、より速く走ることができます。だからこそウェアはないがしろにでき

ないのです」。

ボードマンは1980年代にイングランドで開催された国内大会のことを今でもよく覚えているという。革新的なアイデアを次々と実践した彼は、この大会でもレオタードのような体に密着したウェアを着て、他の選手たちから呆れられたそうだ。「でも、優勝して見返してやりましたよ。今、タイムトライアルにスキンスーツ以外のウェアで出場したら、それこそ物笑いの種でしょう」。

タイムトライアル・ファッションショー

タイムトライアルは、エアロダイナミクスを大きく飛躍させる歴史的な場となってきた。実際、ツール・ド・フランスで総合優勝を果たす上で、タイムトライアルが大きな役割を果たした選手は少なくない。たとえばブラッドリー・ウィギンスの2012年大会における輝かしい勝利は、タイムトライアルを重視したルート設定によるところが大きい。もちろんウィギンスについて語るなら、その後の2015年6月、アワーレコードで新記録を樹立したことにも言及しておかねばなるまい。

ウィギンスに更新されるまでの間、アワーレコードの記録を持っていたのは、同じイギリスのアレックス・ダウセットであった（所属チームはスペインのモビスター）。アワーレコードへの挑戦にあたってダウセットは、イングランドのブラックリーにあるF1用の風洞実験室で長い時間を過ごし、トラック（競技場）ではモビスターのウェアサプライヤーであるスコットランドのメーカー、エンデュラが作ったスキンスーツをテストした。エンデュラのブランドマネージャーであるイアン・ヤングによれば、「30種類の異なる生地を用いた57種類のエアロ・スピードスーツを試しました。また、極めて空気抵抗の少ないスーツを完成させるため、24時間以上の風洞実験を行いまし

▽ツール・ド・フランス2012年大会で、体に密着するスキンスーツを着用し、自らも空気抵抗を極限まで減らしたフォームで走るブラッドリー・ウィギンス

た」とのことである。

　もちろんダウセットはレースにも出なければならず、風洞実験室でバイクにまたがりっぱなしでいるわけにはいかなかった。そこでエンデュラは、バイクウェア業界ではおなじみの手を使った。ダウセットとよく似た背格好の社員を使って開発試験を進めたのである。また、ダウセットが着用したエアロ・スピードスーツを作るにあたっては、エンヴィのホイールやスコット・プラズマの開発で知られるエアロダイナミクスのスペシャリスト、サイモン・スマートがエンデュラに協力した。

　スマートに聞いてみよう。「一緒にタイムトライアル用のウェアを開発するようになって5年くらいになります。以前はすべてが特注品だったので、パートナーなしで売上を伸ばすのは無理でした。そこで私たちは、真逆の問題を抱えていたエンデュラに連絡をとってみたのです。エンデュラには生産施設がありましたが、エアロダイナミクスのノウハウを持っていませんでしたから」。

　当然ながらエンデュラは、ダウセットのスピードスーツに用いたノウハウについては口が重い——識者によると、主材料はポリエステルらしい——が、ヤングはかろうじて次のように明かしてくれた。「スーツには3種類の繊維を用いています。縫い目は最小限で、ボディーパネルはワンピース。空気抵抗の少ないポジションを取ることが前提のデザインです。ジッパーが背中にあることにお気づきかもしれませんが、これはフィッティングと快適性を向上させ、着脱を容易にするために付けてあります」。

　物理的なメリットだけではなく、高性能なスーツは時として精神的な武器にもなってくれる。ダウセットは語る。「2014年のコモンウェルス・ゲームズで、エンデュラは僕のために3種類のタイムトライアル用スーツを作ってくれたんだ。スーツを受け取りに、スコットランドにあるエンデュラの工場へ車で行ったときのことを覚えているよ。風洞実験室で試験をしてみたら、それまでのスーツより速かったんだけど、エンデュラの担当者が肩にほんの小さなシワができるのを見つけたんだ。僕はそれくらい問題ないと思ったんだけど、彼らは夜を徹して肩のところを15mm縮めた新しいスーツを仕上げてくれたんだよ」。

「レース本番、ウォームアップ用のブースに入ると、スティーブ・カミングスが固定ローラーに乗っていた。僕がスーツを取り出すと、彼は自分のスーツと僕のを交互に見て、ずいぶん変わったスーツで速そうじゃないかと言うから、『ああ、こいつより速いのは手に入らないだろうな』と答えたんだ。次に僕がエンデュラが作ってくれたシューズカバーを取り出すと彼は、『勘弁してくれよ、アレックス』とだけ言った。そのとき僕は、ペダルを漕ぐ前から勝ちは決まったなと思ったものさ」。

　結局、ダウセットはカミングスを1分30秒差で破った。それどころか、グラスゴーの市街を走り抜ける全長40km以上のコースで10秒差をつけ、オーストラリアのローハン・デニスを含むすべての選手を負かしたのだ。「新しいスピードスーツにメダルの金・銀を隔てる差を生み出す力があったおかげで、50分近いレース［正確には47分41秒］をこんな僅差で制することができたよ。何を着るかは本当に大切だね」。

　近年の最高選手ともいえるアルベルト・コンタドールも、同様の感慨を抱いたことだろう。2014年のブエルタ第10ステージでコンタドールは、1位になったオメガファルマ・クイックステップのトニー・マルティンに遅れること39秒の4位でフィニッシュした。この日は、レアル・モナステリオ・デ・サンタ・マリア・デ・ヴェルエラのトリッキーな裏通りを駆け抜け、その後、2級山岳（山岳の等級については第8章を参照）を含む丘陵地帯を上る、全長36.7kmのタイムトライアルであった。トニー・マルティンには及ばないながらもタイムトライアル

ローカットのネックにより胴体との密着性が向上。

背中のフラップは、ゼッケンの上を流れる空気を整える。

ジッパーは露出しておらず、胴体前面の整流に貢献。

脚は皮膚との密着性を高めるために先のすぼまった**単層構造**。丈は長めで、エアロダイナミクス向上に貢献している。

競技中の姿勢に合わせて、スーツの**前身頃**は非常に短い。そのため、オートバイレース等でライダーが着用する革ツナギと同じく、このスーツを着た状態で直立することは難しい。

縫い目の位置にも工夫があり、あえて乱流を生じさせたい箇所や、いずれにせよ乱れた空気が通ることになる背中の目立たない箇所に隠されている。

スキンスーツの秘密

イタリアの自転車アパレルブランドであるカステリ（スポーツフルとは姉妹ブランド）は、キャノンデール・ガーミンをサポートしている。ここではスティーブ・スミスに、TT用スキンスーツに隠された空気抵抗削減のための工夫について聞いてみよう……。

を得意とするコンタドールは、コースを快走。それまで彼より上手とされてきたクリス・フルームなどの強豪選手たちを負かし、この日、総合トップの証しであるマイヨ・ロホを手に入れた。その後も、この真っ赤なジャージを一度も手放すことなく、自身6度目となるグラン・ツール制覇を成し遂げたのである。

世界はこの日、ひょろりとしてよく日焼けしたコンタドールが、世界最高のオールラウンダーであることを再確認したわけだが、ティンコフにウェアを提供しているスポーツフルのブランドマネージャー、スティーブ・スミスの見方は少々異なっている。「あれは、およそ400,000ユーロを投じたプロジェクトの成果なんです。スポーツフルがコンタドールのために専用のスキンスーツを作ったのは……無駄ではありませんでしたね」。

スピードのオーダーメイド

レジェンドにぴったりの衣装をあつらえる作業は、2014年、スポーツフルのエアロダイナミクス・チームが数値流体力学（CFD）ソフトウェアを使ってコンタドールのTTポジションを解析し、コンピューター画面上にバーチャルなコンタドールを作り出すところからスタートした。スミスは語る。「彼の体が空気をかきわけてどのように動いているかを観察しました。アルベルトは肩幅がかなり広く、ウェストは細いのですが、そこにこのデータも組み合わせることで、彼にとって最善の縫い目の位置と素材を割り出すことができたのです」。

データが揃うと、スポーツフルはいよいよコンタドール専用スーツの製作に取りかかった。残念ながら、その工程や使用した素材は、企業秘密として教えてもらえなかった。スポーツフルの知的所有権に関わることなので、これはやむを得ないだろう。だが、この400,000ユーロの投資が、ありきたりのプロジェクトでなかったことは間違いない。基本方針としてスポーツフルはカスタムウェアを作らず、長身で痩せ型が多いプロ選手についても、標準とロングカットのウェアでほぼ全員に対応している。「アルベルトがウェストをあと2cm詰めてくれと言ったら、もちろん要望どおりにしますとも。しかし、まだ実績のない新人が同じことを言ったら、もっと一生懸命ペダルを踏みなさい、と答えるだけでしょうね」。

オーストラリア国立スポーツ研究所（AIS）とオリカ・グリーンエッジに所属しているデイヴィッド・マーティンは、チームが何をしているかについて、もっとオープンだ。「計画名は"エアロツイン"。基本的には、風洞実験室とマネキンを使ったプロジェクトです」。ただしこのマネキン、ありきたりの代物ではない。個々の選手と体形がまったく同じになるようにAISが設計したマネキンで、プロ選手と同じようにペダルを漕ぐこともできる優れものなのだ。「選手一人ひとりの身体各部の寸法をスキャナーでマッピングし、それをコンピューターに入力して、専用の装置でマネキンを作ることが目標です。まだ道半ばですが、サイモン・ゲランスのマネキンやマイケル・マシューズのマネキンは作ろうと思えばすぐにも作れますよ」。

現状では、この選手と同じ動きをするマネキンは1体しかなく、各部の寸法を各選手に合わせ調整して使っている。しかし、さらなる資金投下があれば、少々不気味なプロトンがAISに誕生することだろう。

「このマネキンを使い、様々な種類の素材やスキンスーツを試してみたいですね。この世に一着しかないオーダーメイドの服と同じで、"最高のスキンスーツとは何か？"ではなく、"自分にとって最高のスキンスーツとは何か"が問題になります。そしてなんといっても、選手が遠征中も徹底した研究を行えるようになることが大きな違いですね」。

▷ティンコフ・サクソのユニフォームを着て2015年ツール・ド・フランス第1ステージの個人TTを走るアルベルト・コンタドール

SUPPLEMENTING SPEED

マネキンはどれも可能な限りリアルに作られており、可動部分は人間とまったく同じ動きをさせることができる。また、風は常に真正面から吹くわけではなく、斜めから吹くこともあるので、現実を再現するため、このマネキンを使った研究では、風向きも様々に変化させられるようになっている。
「これにより、空気抵抗が低そうに見えるスキンスーツが、実際にはどのような特性を発揮するかを確認できます。変えられる要素はいくつかあります。ウェアの表面を滑らかに保って空気抵抗を減らすこともできますし、表面を凹凸にしたり、ゴルフボールのようなディンプルを作ったりすることも可能です。ディンプルには、小さな渦を発生させることで気流の剥離を遅らせ、結果として抗力を低減させる働きがあります」。
「スキンスーツは本当に奥が深いですよ」。マーティンの説明はとどまるところを知らない。「空力抵抗係数削減のため、縫い目の位置や滑らかな生地とそうでない生地の配分を、選手個々人の骨格やライディングスタイルに応じて評価することも可能になるでしょう」。
　生地の用い方に関して言えば、唯一絶対の正解というものは存在しない。2015年のツール・ド・フランスでモビスターは、上腕と肩に"リブ"があるスキンスーツを着用した。しかし、その年のブエルタ第1ステージのチームTTでエンデュラは、ストライプパターンに替わり、生地表面が頻繁に変化する小さな矢印を無数に浮き上がらせた新しい表面処理技術を投入している。どちらも目的は同じで、スーツからの空気の剥離を遅らせることで空気抵抗を減らし、速度を上げることだ。
　空気抵抗の削減を目標に掲げている点は、ノーピンズのスピードスーツやポケットも同じである。このイギリスのメーカーが開発したウェアでは、ゼッケンをピンで留めるのではなく（ピンで留めるとゼッケンがパラシュートのように膨らんでしまう）、ウェア本体と一体化（インテグレーション）したシースルーの大型ポケットにセットする

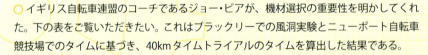 エアロダイナミクスでタイム向上

○ イギリス自転車連盟のコーチであるジョー・ビアが、機材選択の重要性を明かしてくれた。下の表をご覧いただきたい。これはブラックリーでの風洞実験とニューポート自転車競技場でのタイムに基づき、40kmタイムトライアルのタイムを算出した結果である。

従来の機材	最新機材	タイム向上
ラウンドフォーク	エアロフォーク	30秒
汎用スキンスーツ	カスタムメイド	30〜60秒
スポークホイール	ディスク+バトンホイール	60〜90秒
通常のヘルメット	エアロヘルメット	60〜120秒
ドロップハンドル	エアロバー	45〜60秒
シューズカバーなし	シューズカバーあり	30秒

仕組みになっている。ノーピンズは、ゼッケンのバタつきがなくなることで、少なくとも3.5ワットを節約できると主張している。言い換えると、40kmのタイムトライアルを40km/hで走った場合、20秒程度のタイム短縮が見込めるということだ。

ロットNL・ユンボはこのメーカーの製品が気に入り、2015年のツール・ド・フランスで採用したが、その効果はたちまち現れ、初日に行われた距離13.8kmのプロローグでは、2人の選手がトップ10入りを果たし（ヨス・ファン・エムデンが5位、ウィルコ・ケルダーマンが9位）、3人の選手の合計タイムでは最速の46.06分だった。

ロードステージでも

こうしたウェアの細部への気配りは、かつてはタイムトライアルのためだけのものだった。しかし、エアロダイナミクスはTTに限ったものではない。今や有名ウェアブランドはどこも、長距離を走るロードステージでの空気抵抗削減に熱心に取り組んでいる。ジャージをはためかせて走っていた時代は、はるか遠くに過ぎ去ったのだ。
「2010年に、ロード［ステージ］でスキンスーツを着てみたらどうだろうって、チーム・スカイに尋ねたことを覚えているよ」。こう語るのは、現在はロット・ソウダルに属しているグレッグ・ヘンダーソンだ。「するとスカイは、背中にポケットが2つあるスキンスーツを用意してくれたんだ。確かジロではずっとそれを着たんじゃなかったかな。空気抵抗の少ないロード用の装備が流行り出したのはあれからだね」。

ヘンダーソン自身も、6時間に及ぶ長丁場で全身を覆うスキンスーツを着用することは滅多になく——暑すぎたり不快だったりする可能性があるからだ——多くの場合はジャージとレーサーパンツの組み合わせを選択する。イタリアのウェアブランドであるカステリ（キャノンデール・ガーミンとトップ選手のひとりであるアンドリュー・タランスキーにウェアを供給している）の場合、初めて"エアロ"ジャージを登場させたのは2007年のことである。体に密着するウェアであっても、素材技術の進歩によって快適性と空気抵抗への対応を両立できるようになった、というのが当時の説明であった。

「たとえば2009年にサーベロ・テストチームが発足したときに登場させた、3代目のエアロ・レースジャージです」。カステリのイギリス支社で働くリチャード・マードルは述懐する。「あれも優れた製品でしたが、ウェアはその後さらに進歩しています。たとえばフロントパネルは、表面を滑らかにするためにポリエステルへのライクラの混紡比を高くしましたが、今では技術の向上により、通気性を高めつつ以前と同等のパフォーマンス向上を実現しています。エアロ・レース5.0ジャージでは、40km/hで12ワットを節約できる計算です」。

マードルが強調するのは、パフォーマンスと快適性の両立だ。それが全21ステージのレースでアドバンテージになることは明らかだろう。ジャイアント・アルペシンのコーエン・デ・コルトもその点を指摘する。「今はエアロダイナミクスと快適さを兼ね備えていて、コンディションによって暑すぎたり寒すぎたりすることもない。最近は確かにエアロダイナミクスがより重視されるようになったね。胸元を開けっぱなしにしたまま走っている選手なんて、近頃ではほとんど見かけないと思うよ」。

自転車競技は基本的に有酸素運動なので、懸命に走っていると大量の汗をかくことになる。ここで問題になるのがウィッキング性だ（これについては第11章で詳しく説明する）。ウィッキング性とは、素材が体の表面から汗を吸い取る性能のことである。スポーツウェアのメーカーは、長くこの性能を最重要課題としてきた。高いウィッキング性を発揮させるには、体にフィットする

ことが重要となる。

イギリスのラフバラー大学で衣類の熱管理を研究しているサイモン・ホッダー博士に聞いてみよう。「体の表面から汗を素早く取り除く（つまりウィッキング性が高い）と謳っているウェアであっても、体にきちんと触れていなければその性能は発揮されません。フィットしていることが何よりも大切です。だぶだぶでは、本来のウィッキング性を発揮すること自体そもそも無理でしょう。ぴったりしすぎているのは、それほど問題になりません。不快に感じたり、保温性が失われたりすることはあるかもしれませんが」。

気温が高ければ問題ない。しかし高い山の頂ではそうはいかない。標高が上がれば気温は低下し、ある程度の保温性が必要になるからだ。暑いときは体を冷却し、寒風の中では汗冷えを防いでくれる、完璧なフィット感がウェアには求められる。「山頂ではウィンターベストのようなものを着用することもあります」。こう説明するのは、チーム・スカイのウェアサプライヤーであるラファの研究開発主任、サイモン・ハンツマンだ（"ウィンターベストのようなもの"には、防風のためにジャージの下に突っ込む新聞紙のような古典的な対策も含まれる。レース展開がいったん落ち着いたところで、不要になった新聞紙を監督が乗る車に渡しに行くのは、今でもよく見られる光景だ）。

ツールで用いるウェアのデザインについては、他にも考慮すべきことがいくつかある。たとえばどの選手も、背中のポケットには何らかの補給食（ジェルやエナジーバーだけでなく、普通の食べ物の場合もある）を入れるだろうし、アシストなら何本ものボトルをチームメイトに運ばなくてはならないこともある。ハンツマンは言う。「ここではウェアの物理的な特性が問われることになります。たとえばニットなら、ウェア全体がある程度しっかりしている必要があります。物をいっぱい入れると垂れ下がってしまうポケットでは困りますからね。ハンドルに手を伸ばしやすいよう、サイドに沿って少し伸びることや快適性も大切です」。

エアロダイナミクスがどれだけ進化しようと、快適性はやはり重要だ。自伝『マイ・タイム（My Time）』の中でブラッドリー・ウィギンスは、2012年のクリテリウム・デュ・ドーフィネにおいて、長いタイムトライアルを前にしてリーダージャージを手に入れてしまったことを嘆いている。ASOが主催するレースでは、ル・コック・スポルティフが各賞のジャージを用意することになっているのだが、その快適性に問題があったというのだ。「あのメーカーのスキンスーツは、レースのスポンサーであるLCLのロゴがプリントされた腕の部分がパネルになっていたのだが、そのせいで僕には合わなかった。ロゴを何らかの方法でプリントしなければならないのはわかるが、パネルが上腕に被さるせいで……伏せたポジションを取ると縫い目に腕が引っ張られて、肌にいくつも擦り傷ができてしまったのだから快適なはずがない。まあ、原因は僕の体形にあったんだが」。

安全性、冷却、スピード

2003年のアンドレイ・キヴィレフの死亡事故まで、ヘルメットの装着は義務化されていなかった。そのせいもあり、少し前まで集団走行中のヘルメットのエアロダイナミクスにはほとんど注意が向けられていなかった。スプリントや逃げでのアドバンテージを少しでも得ようと、ヘルメットの穴をラップフィルムで覆う選手もいたようだが、詳しいことは不明だ。確かなのは、ヘルメットの穴の塞ぎ方は、それほど高度なものではなかったということである。2011年の世界選手権で見事優勝を果たしたマーク・カヴェンディッシュが被っていたスペシャライズド・プリヴェイルには、透明な

プラスチック製カバーが装着されていたが、着脱式のヘルメットカバーはUCIによって2012年に禁止されてしまう。しかしこれは、より空力特性に優れたヘルメット出現までの、ちょっとした障害にすぎなかった。

カヴのプラスチック製カバーを皮切りに、自転車業界は空力に優れたロードヘルメットを次々と発表し始める。これは歴史に逆行する動きと言えなくもなかった。背中まで伸びるティアドロップ形状のエアロヘルメットを被るのは個人TTに限られ、ブルターニュのような土地を走る長距離のロードステージでは、通気性に優れたヘルメットを被るのが普通だったからである。しかし、2012年に状況は一変する。イタリアのヘルメットメーカーであるカスクがチーム・スカイにバンビーノを供給し、ジロも世界初のエアロ・ロードヘルメットとなるエア・アタックを発表したのだ。

ジロでヘルメット製品の企画を統括しているロブ・ウェッソンは、エアロ・ロードヘルメットというコンセプトについて次のように説明してくれた。「バイクで走れば必ず風を受けますが、10°程度のヨー角がついていることが多いです。そのため、このヘルメットの前面は、厚みについても頭頂部の角度についても、TT用ヘルメットとそっくりです」。

「ベンチレーションホールは空気の流れを阻害するので、その数は最小限にとどめてあります。場所についても、通気性を確保しつつエアロダイナミクスを低下させないよう、試行錯誤を繰り返しました。TT用ヘルメットはかなり大きいものも多いのですが、被ったときにそれよりも小さく、短く、コンパクトにする必要があることもわかっていました。試験に着手した時点で私たちには、比較するための完全なTT用ヘルメットがすでにありました。つまり今や我々は、TT用とロード用という、2種類のまったく異なるヘルメットをラインナップに持っているのです」。

「もちろんTT用ヘルメットのほうが速いのですが、エア・アタックのようなヘルメットは、ちょうど両者の中間に位置しています。通常のヘルメットと比較すると、このヘルメットはエアロダイナミクスの面で大きく進歩していますが、それを可能にしたのは緻密でシャープなエッジ等の要素です」。

エアロ・ロードヘルメットなんて、消費者の財布の紐を緩めさせる新手のマーケティング戦略でしかないと言う懐疑論者もいるが、ウェッソンはそうではないと反論する。「BMCレーシングによる独立した試験では、56秒のタイム向上が見られました。各チームのトレーニングは以前よりずっと科学的になっていて、出力とスピードとエアロダイナミクスを関連付ける方法も確立しています。彼らのブログからは、現場の生の声を聞くことができます。我々は、調子のいい言葉を連ねて製品を売ることだけを考えているわけではないのです」。

だが、ウェッソンも言っているように、ジャイアント・リベットやボントレガー・バリスタといった新世代のエアロ・ロードヘルメットも、純粋な性能という面では、ツール出場選手がタイムトライアルで用いる、空気力学の粋を集めた昔ながらのティアドロップ型ヘルメットにはかなわない。

マサチューセッツ工科大学（MIT）のステファニー・シデルコは、基準研究として、ユーリと名づけたマネキンに風洞実験室で10種類のTT用ヘルメットを被らせ、後端がユーリの背中に触れるくらいヘルメットを後ろに下げた状態、後端が背中から少し離れるくらいの状態、ユーリが下を向き、後端が上を向いている状態の3つについて、多数のベンチレーションホールを持つ通常のヘルメットとの比較を行った。

この結果、最も空力性能が低いTT用の

> バイクで走れば必ず風を受けますが、10°程度のヨー角がついていることが多いです。
> ― ロブ・ウェッソン（ジロ）

ヘルメットでさえ、通常の穴付き/ベンチレーションホール付きヘルメットより空気抵抗は少ないことが明らかとなった（通常のヘルメットは軽くて通気性に優れるが、ベンチレーションホールのせいで乱流が多く発生する）。ホールを持たないティアドロップ形状のヘルメットを被り、ヨー角0°（つまり真正面から風を受けながら）、平均出力450ワットでタイムトライアルを走った場合、プロ選手なら22.8～35.2ワットを節約することも不可能ではないだろう。より現実的なヨー角10°（斜め前方10°から風が吹いている状態）であっても、21.3～29.1ワットを節約できる計算である。

ベンチレーションホールの位置や前面の形状といった要素にもよるが、ヘルメットは選手の空気抵抗全体の2～8％を占める。さらなる研究の結果、TT用ヘルメットを被ると40kmのタイムトライアルで90秒のタイム短縮が可能なことが明らかとなったが、これは3％の改善に相当する。

エアロヘルメットは、エアロフレームと同じく、乱れのない層流を維持することで空気抵抗を削減するが、最新のスキンスーツに見られるように、境界層の剥離を遅らせるため、滑らかでない部分をわざと作っ

▽無数のベンチレーションホールを備えるカットライク製ヘルメットを被ったモビスターのアレハンドロ・バルベルデ（左）とナイロ・キンタナ

て表面に極小の乱流を発生させるという手法も用いられている。また、ルイガノのヴォーティスのように、ゴルフボールのようなディンプル加工を施すことで空気抵抗の削減を狙っているヘルメットも存在する。「ベンチレーションホールを持たない完全なエアロヘルメットのほうが速いのは事実ですが、それは熱がこもりやすいという欠陥と引き換えです」とウェッソンは言う。エアロヘルメットと通常のヘルメットの熱に関する影響を比較した多くの研究からは、ティアドロップ形状のヘルメットを被ると体幹と皮膚の温度が上昇し、結果として代謝に負担がかかることが証明されている。要するに暑くて堪らなくなるのだ。これに加え、尖った後端がプロトンで走るのに邪魔なことから、純粋なエアロヘルメットは比較的短距離のタイムトライアルでのみ用いられている。ウェッソンが言うように、エアロ・ロードヘルメットの位置づけはちょうど中間で、邪魔な後端はないが、プロトン伝統の"被り物"と比べると通気性は劣っている。

　放熱という面では、エアロ・ロードヘルメットは絶妙なバランスにある。RMTI大学宇宙航空学部の研究では、放熱にはベンチレーションホールの角度が大きく影響しており、通気口の傾斜角度が45°のときの頭部の温度は、すべてのヘルメットで90°の場合より低くなることが示されている。前から入った空気が頭部表面の熱を奪って後ろへ抜けるという構造上、ヘルメットの前方と後方のどこにホールが配置されているかも重要だ。

　スペシャライズドのエアロダイナミクス技術者であるクリス・ユーは語る。「熱管理は通常のヘルメットでは一般的ですが、選手が伏せたり顔を下げたりしても問題がないよう、最新のエアロ・ロードヘルメットの形状を最適化させるためにマクラーレンと提携した際には、彼らのF1マシンと同じく、側面にもベンチレーションホールを設けました。これは通気性の向上が目的でしたが、空気抵抗の削減という思わぬ効果もありました」。

グラフェン——魔法の素材

　だが、ヘルメットに変化をもたらしているのは、エアロダイナミクス重視のデザインだけではない。最新技術から生まれた素材の使用も、今や一般的になりつつある。ナイロ・キンタナやアレハンドロ・バルベルデの頭を守っているスペインのヘルメットメーカー、カットライクのハイエンド・モデルであるミキシノは、アウターシェルこそポリカーボネートのシートという定番素材で作られているが、インナーケージにはグラフェンが用いられている。

　カットライクのヨーロッパ担当セールスマネージャーであるアナ・ヴィラに話を聞いてみよう。「頭部は、熱処理と加圧処理が施されたポリスティレンのボールを備えるアラミドケージ[強固な鎖状高分子を特徴とする合成繊維で、堅牢な構造を形作る]によって守られています。ここにグラフェンが加わります」。この素材の採用は、カットライクにとってまさに革命的な出来事だった。導電性は銅（ヘルメットとしては役に立たない性質だが）より高く、ゴムより成型が容易で、鋼の200倍強靭でありながら6倍軽いこの驚異の新素材を用いたヘルメットメーカーは、他にまだ存在しなかったからである。

　マンチェスター大学でナノ素材の講座を持つアラヴィンド・ヴィジャヤラガヴァン博士に聞いてみよう。「グラフェンは炭素原子が結びついてできたシート状物質です。各炭素原子は、非常に強固な共有結合によって他の3つの炭素原子と結びついています。グラフェンの類いまれな強靭さと伸縮性はこの構造によるものです」。

　グラフェンは2004年、マンチェスター大学のアンドレ・ガイム教授が行った、粘着

テープを使って鉛筆の芯（黒鉛）を薄く剥ぎ取る実験によって発見された。退屈な作業だったが、苦労の甲斐あって研究チームは、強靭で、軽く、熱と電気を非常によく伝える、原子1個分の厚さしかない物質の分離に成功する。この画期的発見により、ガイム教授は2010年にノーベル物理学賞を受賞した。だが、大きな期待を寄せられはしたものの、安価に商業規模で生産することがまだ難しいため、一般市場への展開は遅々として進んでいない。

ヴィラは語る。「我々はグラフェンを産業規模で生産できる世界で唯一の企業から供給を受けています。グラフェニアという会社です。グラフェンによってヘルメットは非常に頑丈かつ軽量になります。カットライクではグラフェンを一部の自転車用シューズのソールにも使用しています」。

大量生産の方法が確立されるにしたがい、グラフェンは自転車にも様々な形で応用できることが明らかとなってきた。その軽さと強靭さは、フレーム素材として理想的だ。導電性の高さを活かせば、電動変速のバッテリーをフレームと一体化させることができるかもしれない。成型が容易で透過性のある特性を利用すれば、ハンドル等に巻きつけて使える折りたたみ式（フォルダブル）タッチパネルの開発も不可能ではないだろう。

キンタナやバルベルデといったモビスターのトップ選手のために作る特注品のヘルメットについてもカットライクは革新的で、頭部スキャナーを使って選手の頭蓋骨を測定し、そのデータを基にヘルメットを製作している。ヴィラは言う。「モビスターとの提携は、商業的に見て成功だっただけでなく、革新を推し進める意味でも有意義です。カットライクでは選手やグラナダ大学のスポーツサイエンティストの力を借り、風洞実験室やCFDを使ってヘルメットの性能向上に努めています」。

バイクと同じく、風洞実験室と数値流体力学（CFD）に基づくシミュレーションは、ヘルメットの空気抵抗を削り取り、さらなる高速化を実現するのに役立っている。これはチーム・スカイのトップであるデイヴ・ブレイルスフォードが組織したかのシークレット・スクウィレル・クラブで、クリス・ボードマンが目指したことでもあった（108ページのコラム「シークレット・スクウィレル・クラブ」を参照）。2010年1月から大成功に終わったロンドンオリンピックまでの間に、このクラブがパフォーマンス分析やウェアの分野でイギリス自転車連盟にもたらした進歩は、28を数える。

外部から専門家を連れてくることは、業界の知識を前進させる上で重要なことだ。そのためにボードマンがイギリスに招聘したキーパーソンのひとりが、トータルシムのロブ・ルイスである。CFDの応用に関して世界トップの企業であるトータルシムは、当初はブリティッシュ・アメリカン・レーシング（BAR）、のちにはホンダと一体となってF1で活動。その後独立し、エアロダイナミクスに関する専門知識を、それを必要とする顧客に提供するようになった。イギリス自転車連盟もそうした顧客のひとつである。

UCIの規則が障害となることもあったが、ルイスは自転車競技を進歩させるため多大に貢献してくれた。ボードマンはこう述懐する。「今でも覚えていますが、最初にロブが考案したものを、私たちは"ダングラー（ぶら下がるもの）"と呼んでいました。彼が考えたのは、紐の付いたボールが2つ、選手の顔の前にぶら下がっているエアロヘルメットでした。彼が『これはOKだろうか？』と聞くので、私は『ダメですね。でも、なぜそんなものを？』と聞きました。すると彼は、気流の乱れによって局所的には損失が生じる可能性があるが、空気がヘルメッ

> 電動変速の登場でタイムトライアルは大きく様変わりした。
>
> **アレックス・ダウセット**
> （モビスター）

トに達した時点で正味としてはプラスになるかもしれないんだ、と説明してくれました。巡り巡ってこういうことがサイクルコンピューターの最善の配置を決めるのに役立ったのです」。

イギリス自転車連盟では、スキンスーツにスパンコールを縫い付け、あえて気流を乱してエアロダイナミクスを向上させるといったアイデアも検討されたという。芸人のような衣装に身を包んだクリス・ホイを実際に見られなかったのは、かえすがえすも残念だ。

電気仕掛けのプロトン

残念と言えば、1992年に登場したマヴィックの電動コンポ（＝コンポーネント：構成部品。チェーンリング、クランク、シフター、ディレーラー〈変速機〉、ブレーキ等、バイクを形作っている可動部品の総称）にも同じことが言えるだろう。世界初の電動コンポを作ったのはマヴィックである。シマノがDi2を発表するより16年も前のことだ。クリス・ボードマンもこのコンポを使ったことがあり、気に入っていたという。「あのZAPグループセットでは、バッテリーはリアメカに信号を送るだけでよく、ソレノイド［高密度の螺旋状に巻いたコイル］がジョッキーホイールを動かし、選手がペダルを踏むことで変速が行われる仕組みになっていたのが良かったですね。おかげでバッテリーはごく小さなもので済んだのです」と彼はアメリカの雑誌『プロトン』に語っている。

シマノのDi2やカンパニョーロのEPSなど、機械的な仕組みを用いない電動変速システムのメリットとしては、より正確で素早い変速、チェーンの磨耗低減、様々な場所に変速スイッチを設置可能、ボタンひとつでギアが切り替わる簡単さ、等が挙げられる。

まさに良いことづくめだ。しかし残念なことに、ZAPは一度に1速しか変速できなかった。スプリンターにとってこれは大きな不満だ。問題はそれだけではなく、防水性の不備など信頼性の問題によって、ZAPは販売店と消費者の支持を失ってしまったのである。オンセやRMOといったチームによってツールでも使われたが、結局ZAPは1994年には市場から姿を消してしまう。

マヴィックは1999年に無線の「メカトロニック」で電動変速に再挑戦したが、使えるギアの大きさに制約があるなどの問題により、幅広い層への浸透に失敗。この製品も短期間で消えてしまう。マヴィックのグローバル・PRマネージャーであるミシェル・レテネは自嘲をまじえ「たぶん、市販するのが早すぎたのでしょう」と語った。

とはいえ、マヴィックの先進的な取り組みは賞賛されてしかるべきだろう。実際、電動コンポが再びプロの世界で使われるようになるのは、じつに10年後の2009年である。舞台はツアー・オブ・カリフォルニア、採用したのはコロンビア・ハイロード、ガーミン・スリップストリーム、ラボバンクの3チームであった。2016年現在、革新的ではあるものの、高価でメンテナンスも難しいため、ホビーサイクリストへの普及はまだそれほど進んでいないが、プロの世界は電動コンポ一色となっている。

「電動変速の登場でタイムトライアルは大きく様変わりした」とモビスターのアレックス・ダウセットは言う。「2車線の道を行ったり来たりするタイムトライアルが多いイギリスでは、目立った違いを生まないかもしれない。エアロバーを装着して田舎道を後にしたら、あとは2車線道路をひたすら走るだけだからね」。

「だけどワールドツアーでは、タイムトライアルといえども非常にテクニカルなことがある。大きな違いが出るのはそういう場面でだ。コーナーの中での変速が可能で、出口での変速について考えなくて済むことが、タイムの短縮につながるんだ。それに、も

し電動変速がなかったら、スタート直後は重いギアでダンシングして加速するべきか、それとも軽いギアに入れてシッティングのまま加速するべきか、頭を悩ませることになるだろう。どちらを選ぶにしても、機械式変速だとスタート台から飛び出したところで2秒くらいロスしかねない。それが電動変速だと悩まなくていいんだ」。

機械式シフターの操作には多少の器用さが必要だが——時には力も——電動コンポではボタンを押すだけで変速が完了する。ダウセットが言うように、プロ選手にとってこれは空気抵抗の少ない伏せたフォームをより長く維持できることを意味する。"極限域の進歩"を追い求める世界では、このわずかな違いが大きな差を生むのである。

電動変速はタイムトライアルで真価を発揮する。一方、自動車道を巡航するような長くて平坦なステージでは、変速回数そのものが少ないため、機械式変速に対するアドバンテージは皆無に等しい。だが、とジャイアント・アルペシンのコーエン・デ・コルトは言う。「クラシックへの影響は大だ。2015年のツール第3ステージがまさにそれだったよ」。このステージは、春に開催されたフレッシュ・ワロンヌとゴール地点が同じ、アントワープからユイに至る全長159.5kmのコースで、途中には有名な「ユイの壁（ミュール・ド・ユイ）」もあった。「クラシックレース、特にアルデンヌ・クラシックの特徴は、短くて急な上り坂だ。Di2［シマノの電動コンポ］だと、低いギアで坂を上り始め、頂上を越えるところでは思い切り加速していくことになる。低いギアから高いギアへ素早く変速していく必要があるんだけど、Di2だと若干そのスピードが上がるんだ。これが大きな違いを生むことがある。集団から取り残され、ドラフティングなしの単独で走ることになったら、集団走行でエネルギーを節約できず、後方に下がることになってしまうからね」。

電動変速はプロ選手にとって比較的新しい武器だが、サドルはバイクそのものと同じくらい昔からある。本質的な部分でサドルは何も変化していない。最も重要な要素は、昔も今も"快適性"だ。自転車の上で90時間を過ごすツール参加選手にとっても、当然である。

パワーと成功の土台

イタリアのブランドであるフィジークは、モビスター、オリカ・グリーンエッジ、FDJ、チーム・スカイ、BMCレーシングにサドルを供給している。フィジークは自社の製品を知り尽くしている。レーシングマネージャーであるニコロ・イルドスも例外ではなく、フルームやヴァン・ガーデレンのお尻の下には多くの複雑な科学的工夫が詰まっていることを明かしてくれた。

「圧力分布を測定し、選手の体重がどのように分散されているかを計算します。大学でもさんざん試験を繰り返しましたし、特殊なツールを使って上りや下りのシミュレーションも行いました。勾配は着座位置に影響しますからね」。

フィジークは多種多様な高性能サドルをラインナップしている。クリス・フルームが使用しているのはアンタレス00で、重量はわずか135gにすぎない。フィリップ・ジルベールはヴォルタだ。このサドルは丸みを帯びた断面形状に特徴があり、頻繁に座る位置を変える選手に合っている。ティボー・ピノはアリオネを愛用している。これは体が柔軟で、深い前傾姿勢で走る選手のために設計されたサドルだ。

「多くのサドルにはカーボンが用いられており、選手からペダルへのパワー伝達効率を高めています。カーボンを使うと非常に硬くなりますが、硬いのが万人に好まれるわけではありません。乗り方は一人ひとり違うので、フィジークではいくつものオプションを用意しています」。

石畳を走るクラシックやツールのステー

△フィジークはスカイを含む多くのワールドツアー・チームをサポートしている

ジでは、硬いことは時として邪魔になる。ブラッドリー・ウィギンスやゲラント・トーマスなど、多くの選手がパッドを増やして快適性を高めたアリオネを特別に作ってもらっているのも、ここに理由がある。

「ただし、それはあくまでも例外で、99%近くのプロも市販品と同じサドルを使用しています。フィジークには豊富なラインナップがあるので、多くの選手に対応可能です。ああ、でも、特別なケースもありました。イヴァン・バッソのためにサドルを作ったときのことです。彼は股ズレによるひどい炎症に悩まされ、抗生物質を必要としていました。あれは気の毒でしたね」。

とはいえ、プロが見せるこだわりと特異性は、あらゆる道具に及ぶ。ウェアやヘルメット、サドルとて例外ではない。「トニー・ギャロパンがそうだ」。こう言うのは同じくロット・ソウダルに属するグレッグ・ヘンダーソンである。「トニーはしょっちゅうサドルの高さを変えるんだ。本当にしょっちゅうさ。トラック出身の選手には珍しいことじゃないけど、ロード畑出身の選手には滅多にいないね」。

セッティングをいじりたがるのは珍しいことではない。ベルナール・イノーのような選手は、細部に徹底してこだわったことで有名だ。しかし今日の選手は、自転車競技の歴史上最も科学的な機材を使ってパフォーマンスを向上させている。風洞実験室と物体に作用する抗力を計算するソフトウェアの出現は、スピードアップやかつてない軽量化を謳うウェアやヘルメット、各種パーツを数え切れないくらい生み出している。今、バイクのデザインは"一体化"の方向へ動いているが、注目が高まりつつあるオーダーメイドの機材も状況は同じだ。3Dプリンターのコストが下がるにつれ、選手一人ひとりの体形に応じた機材の作製は、バイクフィッティングやフィットネスレベルの試験と同じように当たり前のものとなっていくだろう。だが、それによって標高2,000mを走ることが楽になるかと言えば、それは議論が分かれるところだ。ツール・ド・フランスの舞台裏の科学を探る旅もいよいよ佳境。次章ではこの点に注目してみよう。

IN SEARCH OF OXYGEN
酸素を求めて

ロサンゼルスのシャトー・マーモント・ホテルがセレブの溜まり場なら、テネリフェ島、テイデ山の頂上にあるパラドール・ホテルは自転車選手の溜まり場だ。チーム・スカイ、ティンコフ、アスタナといったプロチームの選手たちは、長年にわたってこのパラドール——テイデ国立公園内にある唯一のホテル——に通いつめてきた。彼らがここで探し求めるのは、静けさ、太陽、そして酸素の薄い空気である。テイデ山はスペインの最高峰で、標高は3,178mを誇る。しかし、プロの自転車選手たちにとってより重要なのは、その標高2,300m付近に舗装道路が存在することだ（左ページ写真のように、2014年にはクリス・フルームもテネリフェでツール前の合宿を行った。フルームは合宿中にツイッターを更新し、自転車競技を統括するUCIにこう苦言を呈している。「3人の有力候補がテイデ山に滞在しているっていうのに、レース外検査はここ2週間なし。本当にがっかりだ」。ちなみにフルームの言う有力候補とは、実際にこの年のツールを制したヴィンチェンツォ・ニバリ、アルベルト・コンタドール、そして彼自身のことである）。

「テネリフェのような場所で高地トレーニングをすれば、一流選手のパフォーマンスを2％近く引き上げることができます」。ロンドンのアルティチュード・センターで働くサム・リースはそう話す。リースは、イギリス自転車連盟をはじめ、多くのプロ選手をクライアントに持つパフォーマンス・スペシャリストだ。極限域での進歩（マージナル・ゲイン）が問われる自転車競技において、2％の向上というのは非常に大きい。これは2014年のツールで言えば、総合33位のトム・デュムランを、一気にマイヨ・ジョーヌへと押し上げることのできる数字だ。

もちろん、山の上での練習メニューは複雑で、ただそこに座り込んでいるだけではトレーニングにならない。しかし、非常に大きな効果があるという高地トレーニングも、その原理は比較的単純だ。酸素濃度の低い環境に滞在すると、サイクリストの身体はその環境に適応する。これにより、酸素を効率よく運び、使うことができるようになる。自転車競技のベースが有酸素運動にあることを考えても、酸素はとにかく重要だ。

海抜0m地点の空気は、酸素を21％含んでいる。この数字は、標高2,000mでも、3,000mでも、それ以上でも変わらない。ただし高地へ行けば行くほど、空気は圧縮されずに薄くなるため、人間は呼吸がしづらくなる。フルームやケノーが、テネリフェ島に面した大西洋で（すなわち海抜0m地点で）泳いでいるとき、彼らは空気中にある21％の酸素を吸っている。しかし、標高2,300m付近をバイクで走っているときには、吸うことのできる酸素が16％未満になってしまうのだ。

サイクリストにとっては拷問のようなトレーニングだが、その効果は非常に高いこ

◁テネリフェで恒例の高地トレーニングキャンプを行う、チーム・スカイの選手たち

とが知られている。「これまでの研究でわかっているだけでも、高地トレーニングには様々なメリットがあります。最大酸素摂取量は3～8％向上し、休養中および運動中の心拍数は低下します。ミオグロビン、すなわち筋肉中のタンパク質は増加して、乳酸の蓄積は抑制されます。さらに、腎臓でのEPO分泌が促されます」とリースは言う。

EPO——それは、あらゆるプロのサイクリストにとって禁断の話題だ。エリスロポエチン、通称EPOは、ランス・アームストロングが使用していたことで有名なホルモンである。彼の自宅の冷蔵庫には、合成されたEPOが、ミルクと同じくらい日常的に保存してあった。肺から取り込んだ酸素を運動中の筋肉へ運ぶのは赤血球だが、腎臓で分泌される天然のEPOは、この赤血球の産生を促す。つまり赤血球が増えれば、筋肉への酸素供給量が増え、選手はより長い時間、より高い強度で動くことが可能になるというわけだ。

「我々が高地トレーニングに求める効果は、本質的には血液ドーピングと同じです。要するに、ヘマトクリットなどの数値を上げようとしているのです」。チーム・ディメンションデータのスポーツサイエンティスト、ジョナサン・ベイカー博士は言う。「ドーピングと違って、トレーニングは合法ですがね」。

ヘマトクリット値とは、血液中に占める赤血球の割合のことである。血液に含まれる赤血球以外の成分は、95％が水分でできた血漿だ。1997年、UCIはrhEPO（合成されたEPO）の使用を抑止するため、血液検査におけるヘマトクリット値の上限を50％と定めた。ただし競技のイメージダウンにつながるのは避けたいという思惑から、ハイン・フェルブルッフェン会長は、この検査が健康診断を目的としたものであること、陽性の結果がただちにrhEPOの使用を裏付けるわけではないことを強調した。「（陽性の場合は）数値が適正なレベルに戻るまで、その選手を出場停止処分とする」、UCIの声明にはそう書かれていた。

選手としてのキャリアの間、そうした「ハイになる」薬物との関係が切れなかったのが、マルコ・パンターニだ。1999年のジロ・デ・イタリアで、パンターニは最終日の山岳ステージを残して、総合首位に立っていた。ところが、マドンナ・ディ・カンピリオで行われた血液検査で、彼のヘマトクリット値は規定を超える52％を示す。結局パンターニはここで失格となり、数値を50％以下に戻すまでの期間として、2週間の出場停止を言い渡された。

しかし、反ドーピング活動において、ヘマトクリット値はもはやそれほど重視されていない。現在は「生体パスポート」を利用したドーピング検査が増え、個々の事象ではなく、長期的な血液プロフィールを見るという流れに変わりつつあるからだ（詳しくは138ページのコラム「生体パスポート」を参照）。ボルダーに本社を置く高地トレーニング機材メーカー、ハイアー・ピークは、ヘマトクリット値をドーピングではなく、高地トレーニングによって約10％引き上げることも可能だと述べている。これにより、たとえばヘマトクリット値が45％から約50％まで上昇したとすれば、1回の拍動で運搬される酸素量は理論上10％増えることになる。

CIRC（自転車競技独立改革委員会）が2015年に提出した報告書にもある通り、EPOを少量摂取してヘマトクリット値を上げるという違法行為は、今なお水面下で行われている。多くのプロチームも、高地トレーニングを導入して、ヘマトクリット値の向上に努めている。だが、イーロ・マンチランタのように恵まれた体質の選手なら、話は別だ。

フィンランドのスキーヤーであるマンチランタは、1964年の冬季オリンピックに出場し、クロスカントリーの2種目で金メダルを獲得した。ライバルたちと似たような

△クロスカントリー・スキーの金メダリスト、イーロ・マンチランタは、生まれつき高いヘモグロビン値の持ち主だった

の家系を対象とした調査を行った。イーロを含む29人の家族を調べたのだが、結果的にこれらすべての人々は、EPOの受容体に作用する遺伝子変異を持っていたことがわかった。この変異のおかげで、彼らの骨髄はEPOの刺激を受けなくとも、多くの赤血球を産生できていたのだ。つまり、イーロは持久系の競技に対して、遺伝的な適性を持っていたわけである。

しかし、過去にはマルコ・パンターニのような例もあったため、UCIの規定を超えるヘマトクリット値を出した選手は、それが遺伝のせいであっても必ず疑いをかけられる。かつてイギリス代表として活躍し、現在はキャノンデール・ガーミンの監督を務める、チャーリー・ウェゲリウスもそのひとりだ。

「若いチャーリーを私が指導していた頃には、チーム内で定期的な血液検査がありました。選手が病気になった場合、普段の血液の数値を知りたいと医師に言われることもあるからです」。コーチのケン・マセソンは言う。「ちょうどその頃、プロのレース界で(EPOに関する)問題が持ち上がっていることを知りました。50％のルールも決まったので、私は自分の選手たちの数値をチェックしてみたのです。だいたいは46％や43％でしたが……チャーリーだけは52％ありました。彼がわずか16歳のときの話です」。

食生活を送り、似たようなトレーニングをしていたマンチランタは、極限域での進歩——これは2015年にプロスポーツ界に定着した言葉だが——とは無縁の選手だったようにも思える。しかし、マンチランタは周囲に対して、1つの明らかなアドバンテージを持っていた。酸素を運ぶヘモグロビン量が、血液1リットルにつき、最大で236gもあったのだ（基準値は140〜180g）。これはヘマトクリット値で言えば、60％という非常に高い数値である。

そこでフィンランドにあるヘルシンキ大学の研究チームは、1983年、マンチランタ

その後、ウェゲリウスは出世街道を走り、イギリス代表に選ばれるまでに成長した。マセソンは、当時代表チームを率いていたジョン・ヘレティーに連絡し、「ウェゲリウスが検査を受けた場合、規定以上の数値が出る可能性が高い」と伝えていたそうだ。しかし、その直後に行われた2003年のイル・ロンバルディアで、ウェゲリウスはレースから除外されてしまう。「知らせを聞いて思いましたよ。『なんてこった、なぜ何も手を打ってやらなかったんだ！』って。チャーリーに電話をかけると、彼はまだ疑いをか

IN SEARCH OF OXYGEN

高地への適応

ロンドンのアルティチュード・センターは、世界中にいる多くの一流スポーツマンに向け、彼らのニーズに合わせたサービスを提供している。同センターのスポーツサイエンティスト、サム・リースは、高地トレーニングによって起こりうる生理学的な適応をリストにまとめてくれた。これを読めば、プロのサイクリストたちがなぜ高地へ足を運ぶのかがわかるだろう。

肺
- 最大酸素摂取量が増加する
- 肺が拡張する

脂肪
- 脂肪燃焼プロセスが促進される
- 血液循環が改善され、不均一な皮下脂肪（セルライト）が除去される

筋肉
- スタミナが向上する
- 出力とスピードが向上する
- 回復時間が短縮する
- ヒト成長ホルモンの分泌量が増加する

脳

- GLUT1の増加に伴い、脳のエネルギー源であるブドウ糖の運搬活性が高まる
- 酸化ストレスを防御する
- 睡眠の効果を高める
- 集中力の持続時間が延びる

心臓

- 休養中および運動中の心拍数が低下する
- 休養中および運動中の血圧が低下する
- 1回拍出量(心臓が1回の拍動で送り出す血液の量)が増加する

血液

- 毛細血管の密度が高まり、血液循環が改善される
- 酸化窒素レベルの上昇により、運動中の筋肉に運ばれる酸素量が増える
- 血管内皮細胞増殖因子(VEGF)が増加し、血管内部に新たな細胞が作られる
- 天然のエリスロポエチン(EPO)の分泌が促進される。EPOは腎臓で作られるホルモンで、赤血球の産生を刺激する
- 網状赤血球(骨髄で作られる若い赤血球)が増加する
- ヘモグロビン(酸素を運搬する赤血球内の物質)の値が上昇する
- ミトコンドリアの数を増やし、その効率を高める。ミトコンドリアは、身体の主要なエネルギー産生器官である
- 一定の運動負荷に対する、血中乳酸濃度の上昇を抑制する
- 血液の緩衝能力を高める。すなわち、運動後も血液の酸性度を低く保ち、筋肉が収縮しづらくなるのを防ぐ

細胞

- ミオグロビン(筋肉中のタンパク質)の値が上昇する
- 脂肪代謝に関わる酵素が増加する
- 乳酸の蓄積を抑制する
- ミトコンドリア中の酸化酵素が増加する
- 細胞のエネルギー源であるATP(アデノシン三リン酸)の活性が高まる

2015年のツール・ド・フランス第19ステージ、サン=ジャン=ド=モーリエンヌからラ・トゥッスイールまで138kmの途中で、逃げを打つピエール・ロラン(フランス)

けられたままだと言っていました」。

　幸運だったのは、ウェゲリウスが過去に受けた血液検査の記録を、マセソンがすべて「不法に」保管していたことだ（当時、このような行為は認められていなかった）。結局、マセソンが提出したこれらの証拠によって、ウェゲリウスの嫌疑は晴れることになった。さらに、マセソンとチームはウェゲリウスを守るため、彼の父親にも血液検査への協力を求めた。「遺伝」という要素は、ウェゲリウスを擁護する際の強力な武器になると考えたからだ。そして予想通り、父親のヘマトクリット値は56％を示した。

標高の限界

　イタリア人のマルコ・ピノッティは、現在BMCレーシングのコーチを務めている。彼は選手としてイタリア国内の個人TTを6度制し、2007年と2011年のジロ・デ・イタリアではマリア・ローザを着用するなど活躍。2013年の終わりに現役を引退するまで、非常に人気の高いレーサーだった。しかし、ピノッティは単純にレースに強いというだけで、ファンから愛されていたわけではない。何より支持されたのは、ドーピングにはっきりと反対する彼の姿勢だ。工学修士の学位保有者でもあるピノッティは、「沈黙の掟」を破るイタリアの理性の声として知られ、先進的かつフェアな方法で成績向上を目指す「サイクリング・プロフェッサー」と呼ばれた。スピードを上げるため、彼もまた、空気の薄い高地で何十キロも走行を重ねたひとりだ。

　「本当にきついトレーニングです」。ピノッティは言う。「呼吸が制限されますからね。実際、ストローで息を吸っているかのような感覚に陥ります。ですが、それはやむを得ないことなのです。高地トレーニングは、標高1,500m以上の場所で行ってこそ効果が得られるのだと、科学的にも証明されています。2,000〜2,300m付近まで近づくことができれば、より理想的なのでしょうが」。

　だが、ここで疑問に思う人がいるかもしれない。なぜ3,000mや5,000mではだめなのだろうか？　空気が薄ければ薄いほど、サイクリストの適応能力は鍛えられ、パフォーマンス向上につながるはずではないのか？　答えはペテル・サガンに聞いてみよう。プロトンの中でもとりわけ個性的なサガンは、2012〜2014年のツールでマイヨ・ヴェールを獲得。2014年の終わりには、推定年俸400万ユーロ（約5億2,000万円）でキャノンデールからティンコフへ移籍した。3年契約を結ぶ書類にサインした直後、サガンを待っていたのは、ティンコフの選手全員でのキリマンジャロ登山だった。これはいわば、ティンコフ流の「チーム親睦イベント」だった。「調子が良かったのは標高5,000mまでだね」。サガンは言う。「そこから先は頭痛がするし、平衡感覚もなくなってきて、とにかく大変だった。頂上に着いたときには吐いてしまったよ。二日酔いになったときの、あの感じとそっくりなんだ」。

　もちろん、サガンのようなカリスマが、アルコールを口にして登山などするはずはない。しかし、サガンをはじめとする選手たちは、（皮肉にも）彼らの高いフィットネスレベルのために、山頂で強い倦怠感に襲われたのだ。「プロのサイクリストは、どの程度の標高でレースやトレーニングを行うときでも、利用可能な酸素をすべて体内に取り込めるよう身体を鍛えています」。リースは説明する。「そうした選手の筋肉は、高地でも血液中の酸素原子を残らず取り込もうとします。つまり、血流にはごくわずかな量の酸素しか残らないということです。これがアマチュアのサイクリストなら、もっと多くの酸素が残るのではないかと思います。プロ選手の高い酸素摂取能力は、筋肉の運動には役立ちますが、吐き気や軽い頭痛につながるとも考えられますね」。

　そうなると、やはり高地トレーニングは2,000〜2,300m付近で行うのが望ましいよう

だ。この程度の高さなら、選手は吐き気を催すことなく、適応能力だけを伸ばすことができる。だからこそ、テネリフェ島は場所として完璧なのだろう。「我々のチームも2月にテネリフェで合宿をしました」とピノッティは言う。「気候の面から考えて、2月に行くべき場所はそこしかありません。1年を通してということなら、カリフォルニアのタホ湖（1,900m）やイタリアのリヴィーニョ（1,816m）へ行くチームも多いですね。それにティージェイ［ヴァン・ガーデレン］は、コロラド州のボルダー（約1,700m）に住んでいます。我々が高地でキャンプを張るのは、年に2〜3回といったところです」。

すると、今度はこんな疑問が浮かんでくる。高地トレーニングによってそれほど有益な生理学的変化が起こるのなら、フルームやニバリだけでなく、すべての選手を高地に一年中滞在させてはどうだろうか？そして彼らがレースをしたくなったときだけ、低地へ下ろしてやれば良いのではないか（選手の結婚生活が破綻するのではないか、という懸念はひとまず置いておこう）？「その場合、問題になるのはトレーニングの強度です」。ベイカーは言う。「高地へ上がれば上がるほど、酸素は少なくなりますから、選手の出力は低下します。しかし、平地と同じスピードで高地を走ろうとすれば、必要とされる主観的な強度は上昇するでしょう。したがって、高地では網状赤血球（若い赤血球）やヘモグロビン（酸素を運ぶ赤血球内の物質）などの数値が改善する一方、筋力は弱まってしまうわけです。だからこそ、高地トレーニングを正しく行うには、絶妙なバランスが必要になります」。

高地で筋力が弱まるのは、低酸素環境によって副腎皮質が刺激され、コルチゾールの分泌量が増えるためだ。コルチゾールは筋肉を「異化」、すなわち分解してエネルギーを作り出す異化ホルモンである。そのた

▽ 2015年のツール・ド・フランス第20ステージ、モダーヌ・バルフレジュスからラルプ・デュエズまで110.5kmの途中で、アルプス山脈を駆け上がるプロトン

◁ 2015年のツール・ド・フランス第19ステージ、サン＝ジャン＝ド＝モーリエンヌからラ・トゥッスイールまで138kmを走行するプロトン

めコルチゾールが過剰に分泌されると、筋肉は増強されるどころか、分解されやすくなってしまうのだ。さらに低酸素環境では、心拍出量（心臓が1分間に拍出する血液の量）と筋血流量がどちらも減少する。これもまた、筋力低下につながる。

とはいえ、メリットはデメリットを上回ると考えられているようで、高地トレーニングはツールに出場するチームに広く普及している。しかし、チームの間でもやや意見が分かれるのは、その効果的な活用法についてだ。高地トレーニングには、主に「高地に滞在して高地でトレーニングをする（LH-TH）」という方式と、「高地に滞在して低地でトレーニングをする（LH-TL）」という方式の2つがある。ここで、それぞれについて少し掘り下げてみよう。

高地トレーニングへの注目度が高まったのは、1968年のメキシコオリンピック期間中から、その後にかけてのことだった。陸上競技のメイン会場となったメキシコシティは、標高2,200m以上の高地に位置する都市だ。そこでオリンピック開催前、多くの国々は時間と資源を費やし、高地環境が一流選手に与える影響を調査した。このとき、パフォーマンスの分析に新たな視点が加わったのである。

選手たちが最初に取り組んだのは、「高地に滞在して高地でトレーニングをする」という方式だった。当時は、このやり方が実用的かつ理にかなっているように見えたからだ。彼らは高地に24時間身を置き、そこで食事をして、トレーニングをして、眠るという生活を送った。しかし、後の研究でも示唆される通り、このLH-TH方式のトレーニングに、はっきりした利点は認められない。たとえば1975年には、複数の男性長距離ランナーを標高2,300mに派遣し、3週間トレーニングをさせてから平地に戻すという実験が行われた。結果、ランナーたちの有酸素能力は、実験前と比べてまったく向上していないことがわかった。一方、1970年にダニエルズとオルリッジが行った実験では、ランナーたちの最大酸素摂取量は5%増加し、5km走のタイムも平均で3%改善したと報告されている。いずれにせよ、高地に滞在するデメリットのひとつは——チーム・ディメンションデータのジョン・ベイカーが指摘していたように——トレーニングの強度が低下してしまうことだ。

そこで1990年代の後半になると、アスリートたちは高地で睡眠をとり、平地でトレーニングをするという方式を試すようになった。このやり方なら、睡眠中に生理学的な適応能力を高めつつ、日中は高強度の練習を続けられると考えたのだ。

スポーツ科学の最先端であるオーストラリア国立スポーツ研究所（AIS）も、過去にこんな比較研究を行っている。まず対照群のアスリート7人には、平地でトレーニングをさせ、夜も平地で眠ってもらう。一方、処置群のアスリートには、平地でトレーニングをさせ、夜は標高3,000m環境を再現したテント（143ページ「低酸素テント」を参照）の中で眠ってもらう。これを24日間繰り返した後、研究チームはアスリート全員から筋組織を採取し——彼らは筋肉細胞を失うのを当然嫌がるので、これは珍しい例だが——、生検を行った。すると、同じ運動量に対して、処置群の最大酸素摂取量は低下し（運動効率が上昇した）、筋肉の緩衝能力は18%向上した（より長時間、より高強度でのスプリントが可能になった）ことがわかった。要するに、処置群は対照群と比較して、楽に運動ができるようになったというわけだ。

「アスリートの間では、LH-TL方式のトレーニングがますます一般的になっています」。アルティチュード・センターのサム・リースは言う。「多くの選手がこちらの方式を採用しているのは、全体の練習強度を大きく損なわずに高地トレーニングを組み込めるからです」。低酸素テント（詳しくは後述）の使用も同じく効果的だとリースは言

うが、テントでは山に登ったときの身体的な感覚までは再現できない。よってプロチームは、注意深くトレーニング計画を立てながら、今なお高地でのキャンプを続けているのだ。

高地トレーニングのルール

2015年のツール・ド・フランスに先立って、ジャイアント・アルペシンはスペイン、グラナダ近郊のシエラネバダ山脈で3週間の高地キャンプを行った。山脈の最高峰は標高3,480mのムラセン山だが、マルセル・キッテルやジョン・デゲンコルブは、標高2,000m以下の場所を選んでトレーニングに励んでいた。

キャンプには、自身5回目となるツールへの挑戦を控えた、コーエン・デ・コルトも参加していた。現在もキッテルのアシストを務めるデ・コルトは、彼らの高地トレーニングについて快く説明してくれた。「夜は高地で寝泊まりして、日中は平地近くで過ごすというパターンが多いね」。オランダ訛りに加え、オーストラリア訛りも混じった（オーストラリア人の婚約者がいるせいだろう）英語で、デ・コルトは話す。「昼間は平地でトレーニングをして、終わったらチームの車でホテルへ戻る。それがいつものスケジュール。ただし、週のうち数日間は、昼間も高地でトレーニングをするんだ」。

同様のトレーニングを行うプロチームは世界中にあるが、その中にはあのチーム・スカイも含まれている。ここで、サー・ブラッドリー・ウィギンスの自伝『マイ・タイム（My Time）』の一節を紹介しよう。本書の中でウィギンスは、2012年のマイヨ・ジョーヌ獲得を目指し、アスリートパフォーマンス主任のティム・ケリソンとトレーニングを重ねた日々を回想している。「4,000mのヒルクライムを終えて、残された練習メニューは25分間の走行1本のみだった。この走行で、標高1,500mの地点から2,200mの地点まで移動する。最初の1分間は550ワット、つまりプロローグで出すような出力（ウィギンスが数分間維持できる出力）で走る。次は4分間、閾値トルクで走行する。どういうことかというと、ケイデンスを50rpmに設定し、閾値（標高に応じて400〜440ワット）で走るのだが、これがとにかくきつい。53×16のような大きなギア比のバイクに乗って、閾値でクライミングをするなんて、車で4速のギアのままアクセルを踏み込み、急な坂を上るようなものだからだ」。ウィギンスはこれを5セット繰り返し、はっきりとした手応えをつかんだ。

ウィギンスが、高強度のセッションを高地キャンプの終盤に行っていたというのは、興味深い事実だ。ピノッティいわく、これは科学的にも理にかなった方法である。「生理学的な適応の中でも、パフォーマンスの改善に大きく貢献するのは、血液量の増加です」とピノッティは言う。「しかし、身体が高地に適応し、血液量が増えるま

▽マルセル・キッテルはスペインのシエラネバダ山脈でキャンプを行い、ツールに備える

でには最低で10日──12日や13日とは言わないまでも──かかります。そのタイミングで初めて、選手は練習の強度を上げることができるのです。それでも平地ほど高強度のトレーニングはできませんが、より長時間の走行は可能になるでしょう。ただし、高地に長く滞在したければ、家族や日常を犠牲にすることになるでしょうね」。

そうした適応の度合いを簡単に測定する方法として、一流選手は心拍計を利用する。選手は初めて高地に到着すると、たちまち呼吸が苦しくなり、1分あたりの心拍数が5〜10増える。しかし、7〜10日もすれば身体が環境に適応し、増加していた心拍数も元に戻る。

「日数については個人差も大きいですが」、ピノッティは付け加える。「高地トレーニングを頻繁に行えば行うほど、適応が起きるまでの時間は短くなります。高地環境の記憶というようなものが、身体に蓄積されるからです」。

ピノッティいわく、高地トレーニングは2カ月に1度行うのが理想的だ。とはいえ、1月のツアー・ダウンアンダーから10月のイル・ロンバルディアまでワールドツアーが組まれていることを考えれば、選手たちが実際にこの頻度で高地へ出向くのは難しい。よってほとんどの場合、彼らはレース直前に高地トレーニングを行うことになる。

「我々は春のクラシックに備えてキャンプを行います。時期でいうと、ティレーノ〜アドリアティコが始まる直前に、高地へ出かけるのです」。ピノッティは言う。「このキャンプに参加した後、ティレーノのスタート時点では、まだコンディションが優れない選手もいるでしょう。それでも1週間を通して改善し、良い状態でクラシックに入ることができます。その頃には高地トレーニングの効果が現れ、倦怠感も消えているはずです」。

デ・コルトもこれに同意する。「シエラネバダでのキャンプが終わったら、すぐにツール・ド・スイスに出場するんだ。そのときのコンディションは最悪なんだけど、耐える価値は十分にある。やがてキャンプの効果が出て、ツール・ド・フランスまで続いてくれるからね」。

プロのサイクリストがレースに出場する日数は、1年のうち80日ほどだ。エディー・メルクスのように、年間120日を実戦に費やしていた選手に比べれば少ないようにも思えるが、それでもやはり、高地トレーニングとレースをうまく両立するのは簡単ではない。

先ほどのデ・コルトの話では、彼は高地キャンプに参加してから、直前練習も兼ねたスイスのレースに出場し、7月のツール・ド・フランスに挑むということだった。しかし、ツール前の最終調整の場として大多数の選手が選ぶのは、クリテリウム・デュ・ドーフィネだ。ドーフィネは8日間かけて行われるレースで、複数の山岳がステージに含まれる。ツールの3週間前に終了するという意味では、「勝負勘を磨く」ための絶好の舞台だ。また、この3週間があれば、選手はドーフィネ後に再び高地へ出かけ、7月初旬のツール開幕に備えることもできる。

「トップ選手なら、3週間のうちにもう1度高地トレーニングをこなす余裕があります。ですから、総合優勝を狙う選手はドーフィネを選びがちなのです。スイスより1週間早く終わるというのが、やはり決め手ですね」。ピノッティは言う。「調子が上がっていれば、高地に着いてから長時間のクライムを何本もこなせるでしょう。1日か2日は、スピードトレーニングも行います」。

「でも、問題もないわけじゃない」。そう付け加えたのは、BMCレーシングのブレント・ブックウォルターだ。ウォルターは2011年のツールでアシストとして活躍し、カデル・エヴァンスを総合優勝に導いた。「高地トレーニングの方法はとにかく多種多様なんだ。ある年はLH-TL方式に従って、良い結果を得られるかもしれない。でも1年後に

同じやり方を繰り返したところで、今度はまったく成績が振るわないことだってあり得るんだ」。

こうした現実での矛盾は、実験の結果にも表れている。インディアナ大学の運動生理学者であるロバート・チャップマンは、2012年、一流の長距離ランナー6人をアリゾナ州に集め、LH-TL方式の高地トレーニングに従事させた。28日間のプログラムを通じて、ランナーたちは標高2,150m地点で寝泊まりする。そして日中は1,000m地点で、継続時間や強度を変えながらいくつものセッションに取り組んだ。

だが、プログラムを終えたランナーたちが最高のパフォーマンスを発揮するのは、平地に戻って48時間以内という場合もあれば、18〜22日後になる場合もあった。「問題は、それぞれの正当性を示すような科学的根拠が少ないことだ」。チャップマンはそう報告しつつ、遅れて効果が現れたグループについては、換気馴化と呼ばれる現象が関係しているのではないかと述べた。「高地では呼吸の回数が増え、平地に戻ってきてもその回数はしばらく維持されたままになる。すると筋肉やエネルギーが余分に使われ、身体は換気量に合わせて血流量を調整しようとする」。しかし、時間が経てば呼吸数は落ち着き、トレーニングの効果が出始めるというわけだ。

理想的なキャンプ期間や、平地に戻ってから調子が上がるまでの日数については、研究によって様々な結論が出されている。しかしそうであれば、高地トレーニングに「決まったやり方」が存在しないというのも当然だ。プロのサイクリストは変化に敏感で、とりわけ、実際に成果を挙げた方法に飛びつく傾向がある。現在、高地トレーニングの後でドーフィネに出場する選手が多いのは、それだけの理由である。

もっと確実にわかっていることもある。常に空腹と戦いながら体重を維持している選手たちは、高地に滞在していると、よりいっそう空腹を感じやすくなるということだ(クラシックの名手だったショーン・ケリーは、自伝に『飢え(Hunger)』というタイトルをつけた。これは、単に勝利への渇望だけを意味したものではない)。

「高地では、呼吸などの簡単な動作をするだけでも、身体に大きな負荷がかかります」。ピノッティは言う。「これにより、代謝が上がります。平地で1日に3,000キロカロリーを消費する選手なら、高地では3,300キロカロリーほどを消費することになるでしょう。そして私個人の経験から言えば、エネルギーが余分に必要なとき、人間が求めるのは炭水化物です」。

「動物が高所で主なエネルギー源とするのは、脂質ではなく炭水化物だ」というピノッティの説は、アンデス山脈に生息するネズミの生態とも一致している。カナダにあるマクマスター大学の研究員、マリー=ピエール・シパーズは、アンデス山脈の標高4,000m付近に暮らすネズミたちの代謝プロセスを調査した。ネズミたちはここで、平地に比べ40％も酸素濃度の低い空気を吸いながら生活している。

調査からわかったのは、このネズミたちが得ている炭水化物由来のエネルギー量は、脂質由来のエネルギー量よりはるかに大きいということだった。同じ酸素濃度下では、炭水化物が脂質より15％も多くエネルギーを産生するため、前者を代謝したほうがより効率的なのだ。

4,000mまではいかないにしても、プロのサイクリストもある程度の高地に滞在していれば、主なエネルギー源は脂質から炭水化物へと移行する(これを根拠にすれば、「平地に住むアメリカ人が肥満になる確率は、コロラド州などの高地に住むアメリカ人の5倍ある」という2013年の研究結果も説明がつくかもしれない)。

「生活の面で言えば、夕食に食べるパスタの量が増える。そういったことが高地では起こります」。ピノッティは付け加える。「呼

ドーピング検査の手順

○「レースの結果が良かった選手には、必ずドーピング検査が待っています」。ジャイアント・シマノのマネージャー、イヴァン・スペークンブリンクは言う。実際、ステージ優勝者と総合トップの選手、そして何人かの後続選手は、レース後にドーピングコントロールを受けなければならない。「我々が導入している生体パスポートでは、レース外でも最低3回、選手を検査することを目標にしています」。そう話すのは、自転車反ドーピング財団のマネージャー、オリヴィエ・バヌルスだ。

たとえば2015年なら、ワールドツアー・チームが17あり、各チームに最大30人の選手が在籍していたため、レース外検査は最低1,530回行えば良いという計算になる。この年、UCIは実際に4,000回以上の――予算に余裕があれば、さらに回数を増やせるのだろうが――検査を実施し、目標を達成していた。

尿や血液を採取する際には、選手はいくつかの質問にも答えなければならない。この質問は、たとえば「2週間以内に高地トレーニングを行ったかどうか」など、検査値に影響しうる項目を確認するためのものだ。回答の内容は、ADAMS（アンチ・ドーピング管理運営システム）のデータとも照合される。選手たちはこのシステム上に、60分の抜き打ち検査に対応できる時間と場所を、月曜から日曜まで最大3カ月分登録しておくよう義務付けられている。

違法なパフォーマンス向上剤を検出するにあたって、より確実性が高く、より詳細な分析ができるのは血液検査だ。しかし、レース中は設備などの問題から、尿検査が実施される確率のほうが高くなる。ジョン・デゲンコルブをはじめとする選手たちも、次のような手順で、これまで何度となくドーピング検査を受けてきた。

● 検査員またはシャペロンが選手に通告を行い、ドーピングコントロールの検査室まで誘導する。ただし、選手に特別な事情（表彰式を控えている、メディア対応がある、出場するレースが残っている、ウォームダウンまたは治療を終えていない、代理人や通訳が不在である、写真付き身分証明書を所持していない）がある場合のみ、出頭を遅らせることができる。対象となった選手は、常に厳しい監視下に置かれる。

● 選手と同性の検査員が立ち会い、採尿を行う。検体は選手自身で、AとBの2つの容器に分けて入れ、しっかりと封をする。

● 容器にはコード番号が付され、関係書類に記載される。これにより、正確性と匿名性が確保される。

● 選手は、過去1週間以内に摂取した薬物をすべて書類に記入し、申告する。WADAが規定する禁止表に記載された薬物を使用していた場合は、治療目的使用に係る除外措置（TUE）を申請しなければならない。

● 選手と検査員がともに書類にサインし、選手はコピーを受け取る。

● （敷地内に検査機関がない場合）2本の検体は、WADA認定の検査機関に送られる。そこでは、まず検体Aを、ガスクロマトグラフィー（検体の成分を分離させる）と質量分析器（化合物の分子構造や質量のデータを得る）によって検査する。結果が陽性だった場合は、選手に通知した後、検体Bの検査を行う。

● 検体Bの開封と検査には、選手もしくは代理人の立ち会いが許可される。こちらの結果も陽性だった場合は、関連のスポーツ団体に通知され、選手の処分が決定される。

生体パスポート

○大いに話題を呼んでいる生体パスポート（ABP）だが、従来のドーピング検査とはどのような違いがあるのだろうか？　UCIの事実上の薬物検査機関である自転車反ドーピング財団（CADF）のマネージャー、オリヴィエ・バヌルスに聞いてみよう。

「生体パスポートの検査は一定期間にわたって行います。禁止物質そのものを検出するのではなく、禁止物質の使用による身体への影響を調べるのが狙いです。具体的には、薬物使用を間接的に検知するマーカーを使って、その数値に異常な変化がないかどうかを分析します」。

従来の検査は、尿中のエリスロポエチン（EPO）の濃度や種類などに着目して行われてきた。一方ABPは、ドーピングを検知するバイオマーカーを利用して、分析を行う。「これまでのアプローチには欠点がありました。選手が禁止物質をごく少量、または断続的に使用している場合、検出することが難しかったのです」。バヌルスは言う。「ですから、ABPのほうが確実性は高いと言えるでしょう」。

ABPは理論上、血液（血液ドーピング）、ステロイド、内分泌系（ヒト成長ホルモン等のホルモン剤の使用）という3つの測定基準で成り立っている。しかし、ABPが自転車競技に初めて導入された2008年以来、明確な基準が設けられていたのは血液のみだった。近年になってようやく、ステロイドの測定基準がWADAによって設定された。「我々は、尿中のテストステロン値の変化についても調べています」。バヌルスは言う。「ですが、ホルモンの測定基準は引き続き検討中です」。

ABPは血液検査にも尿検査にも利用できるが、血液学的測定基準は、文字どおり血液を対象としている。採取された選手の血液は、主に網状赤血球の比率とヘモグロビン量に着目して分析される（137ページ「ドーピング検査の手順」を参照）。「自転車競技では、これら2つの項目を特に重視します」。バヌルスは言う。「2つの数値の比率は、『オフスコア』としても利用します」。

自転車競技において、網状赤血球とヘモグロビンが重要なのはなぜか。それは、血液中に網状赤血球とヘモグロビンが豊富に含まれているほど、運動中の筋肉に届く酸素の量が増えるからだ。網状赤血球は若い（新しい）赤血球で、ヘモグロビンを運ぶ働きをする。この網状赤血球の割合を増やすには、EPOを自己注射し、赤血球の産生を刺激するという方法がある。また、自分の血を抜いてレース前に再注入する、自己血輸血というドーピングの方法もある。最初の採血を行うと、身体は不足を補おうとして赤血球を増やすため、再度注入した時には網状赤血球の比率が通常より高くなるというのがその仕組みだ。このように、ドーピングの手法が複雑化している現在だからこそ、ABPは高い成果を挙げている。『走って、泳いで、投げて、騙せ（Run, Swim, Throw, Cheat）』の著者であり、生化学者でもあるクリス・クーパー教授は言う。「ドーピングの直後には、網状赤血球の数は急激に増加します。しかし、（冷蔵庫に保存しておいた）自分の血を再注入すると、"古い"血液が新しい血液の濃度を薄めるため、実際の網状赤血球の比率は低下するのです」。一方、ヘモグロビンの値は採血によって急激に下がるが、再注入することで上昇するそうだ。

血液学者によれば、網状赤血球の基準値（赤血球に対する比率）は0.5〜1.5％である。出る数値は人によって多少の差があるだろうが、この値に急激な上昇や低下がないかどうかをABPは注視している。「ドーピングをいとも簡単にごまかせたのは、過去の話です。現在の検査ではそうはいきません」。

△高地でのトレーニングには、水分補給が欠かせない

吸の回数が増えますから、おそらく水分の摂取量も増えるでしょう。我々が息を吐き出すときには、一緒に水分も放出しています。したがって呼吸の回数が増えれば、身体から失われる水分量も増えるわけです。2,000m付近に滞在していると、夜中に喉が渇いて目が覚めることがたびたびあります」。

高地での息苦しさは、体内の鉄分が不足したときにも悪化する。酸素を貯蔵して運ぶのは赤血球の役割だが、この赤血球の産生には鉄が使用される。そのため鉄が減ると、空気中の酸素を取り入れるために必要な血液を作れず、パフォーマンスが低下してしまうのだ。

「だから高地にいるときはたいてい、鉄分のサプリメントと、マルチビタミンを飲んでいるんだ。食事で補ってもいいんだけどね」。BMCレーシングのブレント・ブックウォルターは言う。「高地では普段より体重が落ちやすいことに気づいたんだ。もちろん、トレーニングをするのはつらい。いつだってそうさ。それでも、高地へ行く価値はあると思う」。

「ネイティブ」を巡る混乱

十分な栄養を摂ることは、自転車競技のあらゆる側面に好影響を与える。それが高地であれジムであれ、トレーニングの効果は間違いなく引き上げられる。しかし、高地に滞在することが、もともと高地で生まれ育った選手にどれほどの影響を与えるかということは、あまり明確にはなっていない。チーム・スカイは2014年3月、セルヒオ・エナオの生体パスポートに異常が見られたとして、彼のレース出場をしばらく見合わせると発表した。「我々はこの冬から、反ドーピングの専門家による内部検査を行ってきました。最新の月例報告によると、セルヒオがシーズン前に高地で受けた検査について、数値に不自然な点が見つかったようです。我々は、この数値への理解を深めたいと考えています」。スカイのマネージャー、デイヴ・ブレイルスフォードは、声明でそう述べた。

「我々は関連当局——UCI、そしてCADF（自転車反ドーピング財団）——に数値を報告し、見解を求めました」。ブレイルスフォードはそのように付け加える。「同時に、セルヒオのレース活動はしばらく中止させ、検査結果や彼の生理学的特徴について見識を深めることにしました。我々は適切かつ公正に行動したいと考えています。重要なのは、結論を急がないことです」。

世界中をレースで転戦している時間の他は、エナオは、コロンビアの標高2,125mに位置する都市、リオネグロで暮らしている。スカイはエナオの数値に異常が出たことを受けて、高地で育った選手の身体に、どのような生理学的適応が起こるのかを調査した。「我々は外部機関に委託し、独自の科学的調査を行っています。特に注目しているのは、高地出身の選手が、平地から高地へ戻ってしばらく生活を続けた場合、身体にどのような影響が出るのかということです」。ブレイルスフォードは続ける。「調査結果の評価が終わり次第、適切な段階を踏んで、最新の情報をお知らせするつもりです」。

異常な数値の原因を特定するため、エナオはコロンビアで、またヨーロッパの平地で、合計10週間にわたる調査を受けた。こ

の調査はシェフィールド大学の研究チームが主導し、最終的な結果はUCIに通知されたという。だが、ブレイルスフォードの言葉とは裏腹に、これらの調査結果や報告書の内容が公開されることはなかった。すべてがうやむやのまま、エナオは2014年6月、レースに復帰した。

調査結果と同様に、エナオの「異常な数値」についての詳細も公にはされなかった。ただし、それが生体パスポートに関する数値であったことは、ほぼ間違いないだろう。網状赤血球（新しい赤血球）が急激に産生されると、生体パスポートには必ずその記録が残る。つまり、数値の急激な上昇は、EPOあるいは古い血液の利用によって、血液ドーピングが行われたことを示唆しているのだ。

エナオの一件では、多くの疑問が残った。しかし、唯一明らかになったのは、高地トレーニングはまだ研究段階の分野であるということだ。特に、高地への適応能力が「先天的に決まるのか、後天的に決まるのか」という点については、わからないことが多い。この話題に詳しいのが、チーム・ディメンションデータのスポーツサイエンティスト、ジョン・ベイカー博士だ。

「ツール・ド・フランス［2015年］での、我々のチーム編成はユニークだったと思います。ヨーロッパ出身の選手は全体の半数以下でしたからね」。ベイカーは言う。「多いのはアフリカ系の選手で、その中にはエリトリア出身の選手もいました。東アフリカ生まれの人が自転車競技を好むのは——エチオピアやケニアを含め、ランニング人口が多い地域では——珍しいことです。しかし、こうした地域の人々は、高地への生理学的な適応を獲得しています。ですから、ランニングだけでなく自転車競技も得意なのです」。

そのひとりが、チーム・ディメンションデータのナトナエル・ベルハネだ。アフリカ大陸選手権、エリトリア国内選手権の王者だったベルハネは、2013年に出場したツアー・オブ・ターキーで総合優勝。ヨーロッパでプロの自転車レースを制した初のアフリカ人として、歴史にその名を刻んだ。さらに2015年にはMTN・クベカに所属し、一時はツール・ド・フランスの出場メンバーにも名前が挙がった。

「僕が生まれ育ったのはエリトリアのアスマラ。標高2,400m付近の街だよ」。ベルハネは言う。「家から学校まで6kmぐらい離れていたから、両親が通学用に自転車を買ってくれたんだ。友達とよくスプリントの競争をしたおかげで、筋力はずいぶん鍛えられたと思う。そのうち多くのレース——1年に35〜45回ぐらい——に出るようになって、とうとうプロになれたんだ」。

MTNにはベルハネの他、同じくエリトリア出身のメルハウィ・クドゥスや、ダニエル・テクレハイマノも所属している。2015年のツール・ド・フランスでは、テクレハイマノが山岳賞ジャージを着用し、故郷の英雄になった。エリトリアの選手たちは、イタリアの植民地時代から受け継がれた自転車文化に、幼い頃から親しんできた。しかも高地で育った彼らは、（チーム・ディメンションデータ代表のダグラス・ライダーいわく）他の選手たちとは「別次元の」エンジンを持っている。これらは、彼らが持つ大きなアドバンテージだ。

エリトリア出身の選手たちは、今後もレース経験を積み、ハンドリングや戦術面での技術を磨いていく必要がある。しかし、理屈の上から考えても、彼らの高いエンジンレベルは、未来のチャンピオンを目指す上での強力な武器になるだろう。ベイカーは話を続ける。「ヨーロッパ出身の選手について考えてみましょう。彼らの標準的なヘマトクリット値は、42〜48%です。これがエリトリア出身の選手だと、およそ46〜54%になることが私の経験からわかっています。血液の性質からいっても、エリトリアの選手たちは持久系の競技に向いていると言え

るでしょう」。

ただし、高地トレーニングを行う上では、この高い数値がネックになるのも確かだ。「ヨーロッパ出身の選手は、高地に滞在するうち、次第にヘマトクリット値が上昇していきます。最大で47％ほどまで上がるので、パフォーマンスの向上が見込めるというわけです。ところが、エリトリア出身の選手については話が違ってきます。たとえ標高1,800mの場所でも、彼らにとっては普段暮らしている場所より低地になりますからね。その程度の高地では、血液の数値が大きく上昇するはずはなく、かといって平地のようにハードな練習もできません。したがって、彼らがそこでトレーニングをしても、マイナスの影響しかないということです」。

よってベイカーは、エリトリアの選手には高地トレーニングを勧めないのだという。平地で過ごすうち、彼らのヘマトクリット値が自然に下がってくることもあるが、それでも方針は変えないのだそうだ。「数値が下がるといっても、ヨーロッパの選手ほど低くなることはありません」。ベイカーは言う。「たとえば、50％が47％になるといった程度の低下です。しかも高地に帰れば、この数値は元に戻ります。しかしヨーロッパの選手の場合は、平地で42％ほどしかなく、高地に滞在すると47〜48％まで上昇します。もちろん、反応の度合いに個人差はありますがね。いずれにせよ、選手は十分に知識を得た上でトレーニングの場所を選び、個々にその効果を検証しなければなりません。結局、パフォーマンスの高さはヘマトクリット値に依存しているわけではないのです。高地に滞在していると、回復には時間がかかります。低地に下りてトレーニン

▽水玉模様の山岳賞ジャージを着て走る、エリトリアのダニエル・テクレハイマノ。ツール・ド・フランス2015年大会にて

グしない限り、トレーニングの質も低下するでしょう。というのも、高地では思うように身体を動かせず、それほど大きなワット数では走行できないからです。結果的に、トレーニングによる刺激は減ってしまいます」。

　高地で生まれ育った選手は、すでに様々な適応を獲得している（128〜129ページ「高地への適応」を参照）。高地トレーニングは、そうした適応のないヨーロッパ出身の選手が行うのであれば、非常に有効だ。また、高地出身の選手がヨーロッパに在住している場合でも、適応はすでに獲得していると考えられる。よって、この選手も高地へ出向くよりは、平地で高強度のトレーニングを続けたほうが良いだろう。ベイカーが言いたいのは、つまりそういうことだ。

　ここで再び、「先天的か、後天的か」という問題が浮上してくる。カルロス・ベタンクール、リゴベルト・ウラン、ナイロ・キンタナといったコロンビアの選手が、自転車競技に有利な生理学的特徴を持っているのは、彼らが高地出身だからだろうか？　それとも、その後の環境や文化が、彼らを成功に導いたのだろうか？　2014年のジロ・デ・イタリア王者であるキンタナについて考えてみても、その答えにはたどり着けそうにない。

　「ボヤカ県にある小さな村で生まれたんだ。標高3,000mくらいのところだよ」。2010年、ツール・ド・ラブニールでの総合優勝を決めた後、世界中の注目を浴びる中で、キンタナはそう取材陣に話した。「子供の頃は、谷間にある学校まで16kmの道のりを、毎朝自転車で通っていた。夕方になると、また自転車に乗って谷を越え、家に戻る。行き帰りは5人の友達と一緒だったんだけど、僕がいちばん力強く走ることができたから、レースに出始めたんだ。初めてレースを走ったのは16歳のとき。身につけていたのは、サッカー用のショーツとスニーカーだった。そして、その日のうちに、僕は自転車競技の魅力にとりつかれてしまったんだ」。

高地のシミュレーション

　バーチャル化が進みつつあるこの世界では、当然、高地トレーニングにもバーチャルな方法がある。それは低酸素テントを利用し、「低地に滞在しながら高地トレーニング」を実現するという方法だ。「我々は多くのプロ選手にテントを貸し出しています」。そう話すのは、アルティチュード・センターのサム・リースだ。「ただし守秘義務がありますから、選手の名前を明かすことはできません」。だが、いくつかのチームは、テントの使用を取り立てて隠そうとはしていない。かつてスリップストリーム・チポトレのジャージには、CATという低酸素テントメーカーのロゴが入っていた。ウィギンスも2012年、ツイッターでこんな投稿を行っている。「今夜は妻お手製のビーツスープを1kgほど飲んでから、テントの中で眠るつもり。その後に何が起こるかはみんなにも予想がつくだろう」。

　ビーツスープの量は衝撃的だが、ウィギンスの告白自体に驚く人はほとんどいなかった。低酸素テントは、実用性にやや欠けるものの、原理は単純だという点で高地トレーニングと似ている。テントはベッドを覆うように組み立て、酸素濃縮器を改造した装置と一緒に使う。酸素濃縮器はもともと、自宅で酸素吸入を必要とする患者のために開発されたものだ。選手が使用するのは、これと逆に作用する酸素発生器、すなわち酸素濃度の高い空気をテントから吸い出し、酸素濃度の低い空気をテントに送り込む装置である。これでテント内には酸素濃度の低い空気が満ちるため、選手は自宅にいながら、山の頂上と同じ環境で眠ることができるのだ。

　さらに設定を変えれば、選手の好きな標高に合わせた酸素濃度を実現できる。たとえば、標高3,000mに設定すれば、酸素濃度15％ほどの空気がテントに送り込まれる。やや使いにくい面もありながら、このテン

トがプロ選手の間で普及しているということは、やはり高地キャンプと同様の効果があると考えて良いのだろう。

「僕はとにかくレースにたくさん出るから、高地でキャンプをするより低酸素テントを選ぶことが多いね」。デ・コルトは言う。「家に戻って10日間過ごしても、次の1週間はまたレースに出なきゃならない。だから家の中にテントを立てているんだ。生理学的な変化が起きているかどうかは正直よくわからないけど、身体が強くなったという実感はあるよ。調子を上げたいときには、テントを使うね」。

> 今夜は妻お手製のビーツスープを1kgほど飲んでから、テントの中で眠るつもり。その後に何が起こるかはみんなにも予想がつくだろう。
>
> ブラッドリー・ウィギンス

だが、詳しく話を聞いていくと、テントの実用性に難があることをデ・コルトも認めた。「以前は、小さな寝室ほどの大きさがあるテントを使っていたんだ。その中にダブルベッドと、サイドテーブルを置いていたんだけど、ここでは寝つきが悪くてね。酸素発生器からは、テントに空気を出し入れするときのブンブンとかシューシューといった音が聞こえてくる。それに、眠っている間におかしな夢を見て、息苦しくなって目覚めることもあった。夢のせいなのか、酸素が足りなかったせいなのかはわからないけどね！ いずれにせよ今はテントは買い換えて、小さめのものを使っているよ」。

低酸素テントに関しては賛否両論があり、WADAは「スポーツの精神に反する」という見解を発表している。世界のほとんどの国々では合法とされているものの、2005年にはイタリア国内での使用が違法となった。IOCも2000年のシドニーオリンピックから、選手村での使用を禁じている。

とはいえ、テントを導入するチームは今後も減ることはないだろう。マルセル・キッテルやニキ・テルプストラといったエティックス・クイックステップの選手たちは、ベルギーのルーヴェンにあるバカラ・アカデミーに長く滞在して、トレーニングを行う。最先端のパフォーマンスセンターであるこの施設には、選手の身体組成や乳酸閾値を測定する設備の他、高地環境を再現したリビングルームや寝室も備わっている。「山の頂上にある高級ホテルのようなものですね」。エティックス・クイックステップの栄養士、ペーター・ヘスペルは言う。

プロチームは試行錯誤を繰り返しながら、高地トレーニングという比較的新しい手法を精緻化しようと試みている。たとえば2015年のトレック・セガフレードの場合、選手の多くはシエラネバダでの高地キャンプを終え、そのままツールへ直行した。しかし、チームの中には、4週間も高地から離れた状態でレースに臨む選手もいた。「どちらが成功するかは、賭けに近いですね」。BMCレーシングのスポーツサイエンティスト、デイヴィッド・ベイリーは言う。「高地に滞在すれば、確かに選手のパフォーマンスは変化します。しかし、良い結果が出たとしても、高地へ行ったことが原因だとは言い切れません。平地で集中的なトレーニングを行い、回復が促進された結果、パフォーマンスの向上につながることもありますからね。だからこそ、高地トレーニングに関する多くの研究は、いまだに明確な答えを出していないのです。高地トレーニングと、平地での集中的なトレーニングとの差別化を図るのは難しいのではないでしょうか」。

この問題について、科学的に検証すべき余地が残されているのは明らかだ。高地トレーニングと、平地での集中的なトレーニングとの決定的な違いが示されるまでには、まだ時間がかかるだろう。いずれにせよ、結論が出るまでしばらくの間、スカイやアスタナの選手がテネリフェのホテルに通う日々は続きそうだ。

PYRENEES AND ALPS
ピレネーとアルプス
神々の頂へ

ツール・ド・フランスの開幕第1週は、2週目から3週目へと続くレースのウォーミングアップ期間と見ることもできる。たとえば2015年大会。BMCレーシングのローハン・デニスがプロローグ（オランダのユトレヒトを舞台に13.8km）を制した後、大会は北フランスを横断し、ブルターニュ地方で英仏海峡に到達した。上り坂のステージフィニッシュ2つ――第3ステージの「ユイの壁」（9.6％の上り勾配が1.3km続く。カチューシャのホアキン・ロドリゲスが勝利）と第8ステージのミュール＝ド＝ブルターニュ（6.9％の上り勾配と15％の急坂から成る距離2kmの区間。アージェードゥーゼル・ラ・モンディアルに所属するアレクシー・ヴュイエルモーズが制した）――を除けば、第9ステージまではタイムトライアルのスペシャリストとスプリンターが優勢だった。それが、第10ステージで一変する。ピレネーの山塊が眼前に立ち現れ、総合優勝を狙う選手とクライマーに微笑みかけたのである。とりわけ、チーム・スカイのクリス・フルームはラ・ピエール・サンマルタンの山頂まで飛ぶように駆け上がり（詳しくは第1章を参照）、マーク・カヴェンディッシュとアンドレ・グライペルの両選手は、平地を切望することになった。

壮麗な城館を、はるか一望にしながら、ひまわりが咲き誇る野辺を縫って走る自転車集団、耳に心地良いカウベルの響き……それらを上回るツールの魅力は単純明快。選手たちの苦しみ――それも、ふんだんな苦しみである。そして、苦しみを生み出すものとして、峠道に勝るものはない。

ガリビエ峠を例にとってみよう。距離17.5km、平均勾配率6.9％のこの峠道は、ツール・ド・フランスの生みの親、アンリ・デグランジュが最も好んだコースだ。彼は1911年の大会からこの峠をレースに組み入れた。軽量化など考えられる以前の重くて、変速ギアも付いていない自転車に乗った選手たちが四苦八苦しながら登坂するさまを、詩心のあるデグランジュは次のように書いている。「翼を持たない彼らが、今日この日、鷲でさえ舞いあがろうとしない高みまで駆け上っていった……彼らはそこから、まるで天下を睥睨しているかのようだった」。デグランジュはまた、――今度はいささか身もふたもない表現ながら――ガリビエ峠に比べれば、他の上りなど、どれもこれも「アブの小便」にすぎないとうそぶいている。

◁ 2015年ツール・ド・フランスの第19ステージ（サン＝ジャン＝ド＝モーリエンヌ～ラ・トゥッスイール）を力走するヴィンチェンツォ・ニバリ、シルル・ゴティエ、ロマン・シカール、ホアキン・ロドリゲス

パワーウェイトレシオ

　1998年、今は亡きマルコ・パンターニが、ガリビエ峠で後々まで語り草となる走りを見せた。残り4kmというところで、このイタリア人選手は鬼気迫るアタックをかける。この世の終わりを告げるかのような土砂降りの雨にも負けじと猛然とペダルを踏み、神々の高みに駆け上がっていった。このアタックが勝利を決定づけ、パンターニはその年のジロ・デ・イタリア制覇に続く栄冠を、ツール・ド・フランスでも手にしたのである。

　パンターニの勝利の鍵は──ヘマトクリット値を高める効果があると疑われていた種々のパフォーマンス向上薬物を除けば──、彼のパワーウェイトレシオだった。そしてそれは、自転車選手の登坂能力を決める最も確かな因子のひとつでもある。平坦なステージでは事情が違う。絶対的なパワー（選手が生み出すことのできる最大パワー）のほうがより重要だからだ。それは、筋骨隆々のアンドレ・グライペルが証明している。このドイツ人選手の最大パワーはマルセル・キッテルと遜色のないレベル（およそ1,900ワット）だと言われる。小柄な選手と大柄な選手の違いはあまり重要でないため、より体重の重いスプリンターがその巨大なパワーに任せて競争に勝つことができる。ところが、上り勾配が始まると、選手たちは徐々に増してゆく重力を重荷に感じるようになる。言い換えれば、キッテルは82kgという自重を、思いのままに引き回すのが難しくなってくるのである。山岳に入ると、選手の生み出せるパワーの総量を体重との関係で見ることが、最大出力よりも重要になってくる所以である。

　キッテルと、有名なクライマーのナイロ・キンタナを例にとってみよう。キッテルの最大出力を450ワット、キンタナの最大出力を360ワットとする。これは明らかに大きな差だ。しかし、キッテルの82kgという体格を、キンタナの58kgという軽量に比べたら、これも大きな差である。両選手のパワーウェイトレシオを求めるには、単純に各々の最大出力を体重で割ればよい。キッテルの場合は5.49ワット/kg、一方キンタナは6.21ワット/kg。基本的に、勾配がきつくなればなるほど、キンタナを上回るキッテルの筋肉量が、強みからむしろ足枷に変わる。

　「何年もやっていると身にしみることなんだけれど、登坂じゃ、ワット/kgを大幅に上げられるかどうかが重要なんだ」。プロトン有数のクライマーと目されるバウク・モレマはそう言う。「体重は軽く、それでいてパワーがある──それが理想なんだ。高出力は出せても、短い時間しか続かない選手もいるからね。ピレネーとアルプスなら30分から1時間は維持する必要があるんだけど」。

　では、理想のパワーウェイトレシオとはいくつなのだろうか？　参考までに比較すると、プロは通常5.7〜6ワット/kg、熱心なアマチュアなら3ワット/kg、もっぱら楽しみのために乗るアマチュアの場合は2ワット/kgに満たない（世界中に何百万人といるアマチュア選手を貶めるつもりはないので念のため）。

　南アフリカ出身の運動生理学者ロス・タッカーは人気のウェブサイトsportsscientists.comを運営している。彼は何年分にも及ぶツール・ド・フランスのパフォーマンスを数多く分析し、上り勾配における先頭集団の出力が6ワット/kg前後であることを割り出した。ドーピングが横行し、不平不満がうっ積した時代には、6.4〜6.7ワット/kgだった。これは当時のタイムにも反映している。2001年、ランス・アームストロングはあのラルプ・デュエズ（距離13.8km。21のヘアピンカーブを擁する代表的な難所で、平均勾配率8.1％を誇る）を38分3秒というタイムで猛然と駆け上がった。ちなみに、2011年にこのステージを制したピエール・ロランのタイムは41分57秒だ。

　タッカーは1989年から2004年までのツー

ル総合優勝者各人が、勝利に向かう最後の上り坂で出したと推定されるパワーウェイトレシオをグラフにした。1989年と1990年の覇者グレッグ・レモンは5.7ワット/kg。5連覇の皮切りとなる1991年の総合優勝でミゲル・インデュラインが出したパワーウェイトレシオは5.3前後まで落ち、2連覇めとなる翌年は5.0を下回るほど急落。ところがその後、年々、数値は上がってゆく……。

1996年、ビャルネ・リースは6.47を記録。1997年、ヤン・ウルリッヒが6.33。1998年、パンターニが6.63という、ほとんど信じられないような数値で勝利を手にする。そして、2004年、彼らの中の真打ちとも言うべきランス・アームストロングがラルプ・デュエズを上ったときのパワーウェイトレシオは、じつに6.97ワット/kgにまで達していた。

フルームやニバリ、キンタナといった現代の選手たちは6ワット/kg台を上回る程度だが、パワーウェイトレシオには明確に限界がある。チーム・スカイのアスリートパフォーマンス主任、ティム・ケリソンがレポーターたちに説明したところによると、山岳でのパフォーマンスを予測する際に、パワーウェイトレシオは絶対ではないという。「いくつもの変数が影響するからです。勾配率、単独で上るのかそれとも集団で上るのか、気温と湿度、風向き、その上り坂がレースのどこに位置するか……。それに、海抜0mから1,000mまで上るのと、海抜1,000mから2,000mまで上るのとでは、選手の出力に大きな違いが生じます。登坂自体は同じかもしれませんが、標高によって、選手は2種類のまったく違うパワーを生み出すでしょう」。

「その6ワット/kgというのは、クライマーの潜在能力を測る上では、やや大雑把です

▽勾配が増すにつれ、人並みはずれた筋肉量がむしろ重荷になるアンドレ・グライペルとマルセル・キッテル

ね」。ティンコフで主任スポーツサイエンティストを務めていたダニエル・ヒーレーは言い添える。「確かに、選手のFTP（実効的出力閾値、すなわち1時間維持できる出力のこと。第1章を参照）から選び出してメディアが取りあげがちな数字ではあります。でもティンコフでは、30分、40分、60分と走行したときの数字だけでなく、短時間のスプリントの数字も1分刻みで10分まで計測します。前者が長い登坂で使うデータなのに対し、後者は比較的短い、よりパンチの利いた登坂のためのデータです。こうした数字はスプリンターに関して検討するときも役に立ちます。もちろん、うちの選手たちのデータを公表するつもりはありませんよ。競争相手に余計なヒントを与えたくないですからね。それでも、うちは鍵となるパワーウェイトレシオの数字をいくつか持っていて、様々なタイプの登坂で好成績につなげています。要するに、6ワット/kgという数字は1時間の走行を考えるときには使えますが、1分の走行では役に立たないのです」。

ハンター・アレンとアンドリュー・コーガン博士が共同執筆した名著『パワー・トレーニング・バイブル』の中で、共著者2人と運動生理学者たちは、ワールドクラスのパワーウェイトレシオを、5秒のスプリントから1時間の走行（FTP、すなわち実効的出力閾値）まで、一覧表で示した。それに

前ページ写真 2011年ツール・ド・フランスの第18ステージ（ピネロ－ロ～ガリビエ＝セル・シュヴァリエ）に組み込まれたガリビエ峠

▽ランス・アームストロングのパワーウェイトレシオは不正な手段で得たものだった

パワーウェイトレシオの重要性

○ロス・タッカーは運動生理学を専門とするスポーツサイエンティストで、定評あるウェブサイトsportsscientist.comを運営していることでも知られる。

タッカーは、1989年から2004年にかけて行われたツール・ド・フランスの総合優勝者一人ひとりにつき、勝利に至る最後の登坂での推定パワーウェイトレシオをグラフに表した。選手の薬物使用の有無を100％決定づけるものではないにせよ、最高クラスの値を記録したのが、ドーピングに手を染めていたことを告白した3人の選手（ランス・アームストロング、ヤン・ウルリッヒ、ビャルネ・リース）と、ヘマトクリット高値により出場停止処分を受け、そのため過去の戦績全体に疑問符をつけられている選手（マルコ・パンターニ）であることは興味深い。ミゲル・インデュラインとグレッグ・レモンは2人合わせてツールを8度制覇しているが、両者とも違法なパフォーマンス向上薬物の使用検査で陽性を示したことはない。

アームストロングは2004年のラルプ・デュエズで6.97ワット/kgを記録している

タッカーの作成したグラフ

よると、ワールドクラスの選手の場合、FTPは6.4ワット/kgだが、この数字は5分間の走行では7.6ワット/kg、1分間の走行では11.5ワット/kg、5秒間の走行では24.04ワット/kgまで増えた。

この生理学的ギアチェンジは、ピレネーとアルプスで決定的な要素となる。なぜならそこでは、わずか数百メートルの差が総合優勝の行方を左右することもありうるからだ。2013年ツールにおけるモン・ヴァントゥの斜面で、はからずもそのことが証明された。クリス・フルームによる力強く長い加速が、彼の最も恐るべきライバルのひとりであるアルベルト・コンタドールをはるか後方に置き去りにしたのである（もちろん、コンタドールがすぐ翌年のブエルタで雪辱を果たしたことは、言うまでもない）。

パワーを上げるべきか、それとも体重を落とすべきか？

あまりにも単純な問いにも思えるが、それにしても、プロの自転車選手たちはどのようにしてパワーウェイトレシオを向上させているのだろうか？ パワーの増強に励むのだろうか、それとも減量に勤しむのだ

ろうか？
「非常に戦略的ですが、極めてシンプルでもあります」。カデル・エヴァンスやアルベルト・コンタドールも指導してきたヒーレーはそう説明する。「まずはフィットネスレベルを上げ、次に筋力の強化、それからパワーの増強を目指します。減量に目を向けるのは最後ですね」。それはトレーニングと栄養学に基づいた緻密なプロセスで、1年の様々な時期に分けて実行される。
「ごく大雑把に言えば、11月と12月のトレーニングキャンプでは一般的なフィットネスプログラムを実施します。年が明けたら筋力の強化に取り組みますが、これはおおむね、低ケイデンスの走行です。その後、筋力を維持した状態で速い動作ができるようトレーニングし、結果として出力が向上するようトレーニングします。シーズン前から始めて、シーズン中もそれは続けることになるでしょう。ただし、はっきりしているのは、まず選手のパワーを上げるのが先で、減量はその次だということです」。
　選手を減量させる手順はチームによって違うだろうが、管理されたやり方で徐々に体重を落としていくという基本方針は、どこでも一緒だろう。ブラッドリー・ウィギンスが2008年の北京オリンピックで自身2つ目および3つ目となるトラックレースでの金メダルを獲得したとき、彼の体重は78kgだった。ところが、総合優勝を飾った2012年ツール・ド・フランスを前にした計量の結果は69kgにすぎない。その差9kgは大きいが、この減量には4年の歳月が費やされている。
「期間は10週間です。選手は体重測定をして、食事の量と内容を専用の日記に記録する作業を始めます」とヒーレーは続ける。「その上で、SRM（パワーメーター）のデータを、軽く流す走行から中強度の走行、そして非常にきつい走行まで、それぞれ確認します。すると、軽い走行なら2,000kcal程度、もう少しきつい走行なら3,500～4,500kcal、非常にきつい走行ならそれ以上のエネルギーを消費することがわかるでしょう。こういったことを踏まえて、カロリー負債を抱えている選手向けに、その数字に応じたメニューを用意するわけです」。
　ヒーレーは、市販されている「とても賢い栄養管理」ソフトウェアを使って食品のカロリーの大まかな数値を計算している。「選手にも体重計に乗るたびにいちいち正確な数値を書き留めておくことを求めないので、大まかで構わないんですよ」。
　トレーニングキャンプでは、こうした手順をモニタリングするのが比較的容易だ。食事は前菜、主菜、デザートがそれぞれ3種類用意され、選手はその中から自由に選べる。3種類とも、カロリーの値はほとんど変わらない。選手たちに選択肢を与えることで、人の言いなりになっているという感覚を少しでも薄めることができる。食事には主要栄養素であるタンパク質、炭水化物、脂質が含まれていて、（ペテル・）サガンとチームメイトたちは体重1kgあたり2gのタンパク質を摂らされる。ヒーレーは、それが肝心なのだという。
「一例を挙げましょう」とヒーレー。「クライマーでなくとも、体重減少は大きな影響を及ぼします。タイムトライアルが得意なルーラー型の選手を減量させたことがあります。2015年の1月には78kgあったのが、5月の終わりには72kgになっていました。これは大幅な減量ですが、重要なのは、我々がタンパク質の量を減らさなかったことです。もし選手が無理をしているなら、SRMのデータに明らかな警告がいくつも表れるでしょう。選手は一定の出力で一定のメニューを繰り返すことができなくなり、いつもより若干多く疲れを訴えるようになります。これは、選手のカロリー摂取量が少なすぎたためであることが多いのです」。
　体は主に炭水化物か脂質、あるいはその両方を燃やすことでエネルギーを生み出す。けれども、激しい運動をしながらカロリー

▽2013年ツール・ド・フランス。モン・ヴァントゥのステージ優勝をかけて勝負に出るクリス・フルーム

体脂肪を計算する

○体脂肪はプロ・アマ問わず、自転車選手にとって気になる指標である。

　余分な体脂肪はお荷物にしかならない。特にツール・ド・フランスの場合、山道が頻出する3,000kmもの距離を走破しなければならないのだから、気になるのも無理はない。サー・ブラッドリー・ウィギンスが2012年のツール・ド・フランスで総合優勝を飾る直前、体脂肪率4％を記録したことは、もはや伝説になっているが、一般に、トップクラスの選手でさえ、1年を通じて体脂肪率5％未満を維持するには相当の努力を要する。逆にそれよりも下がってしまうと、体はタンパク質を分解してエネルギーに変え始めるので、筋肉が落ちてパワーを失うことにつながってしまう。

　体脂肪を計測するにはいくつか方法があり、精度もそれぞれ違う。今は、皮下脂肪測定法、BodPod（ボドポッド）、DEXA（デクサ）スキャンの3つが主流となっている。皮下脂肪測定法ではキャリパーと呼ばれる器具を使って皮下脂肪の厚さを測る。体の7つの部位で計測して合計し、平均値をとるのが一般的だ。男性が健康を害することなく実現できる皮下脂肪の厚さは30〜35mmである。女性の場合は個人差があるが、通常は40mmから50mm程度とされる。

　BodPodの場合、フランスの海洋学者ジャック＝イヴ・クストーが潜水に使ったようなポッドの中に入って座る。人が中に入ることで押しのけられたポッド内の空気の量を計測し、それを複雑な方程式に当てはめて、体脂肪、除脂肪筋肉量、安静代謝率（RMR）を割り出す。一方、DEXA（二重X線吸収測定法）スキャンの場合、検査台の上に横たわり、全身にX線を浴びる。2つとも、イギリスの大学の多くと、ロンドンのGSK人体能力研究所に備えてあり、アマチュアの自転車選手も利用できる。

不足が長く続くと、体は糖新生と呼ばれるプロセスでタンパク質をブドウ糖に変え始める。「走行中または1日のうち、いつなんどきこのプロセスが起きるかわかりません。ですから、少ない量の食事を頻繁に摂ることが秘訣なんです」とヒーレーは明かす。「リカバリー食品の成分に高タンパク質が必須なのも、それが理由です。筋肉を削ぎ落としたガリガリの体にしても、得るところは何もありませんから」。

フースホフト、減量してマイヨ・ヴェールをゲット

うまくいくもいかないも、やり方次第──これはマイヨ・ジョーヌの争奪戦だけに言えることではない。2008年ツール・ド・フランスの第5ステージは、結果だけ見れば、ひとりの選手が不運に見舞われたレースのように思える。ショレからシャトールーまで、平坦な道が232km続く。南に下るにつれ、スプリンターに有利なコースだ。ゴールが迫る中、当時世界屈指のスプリンターと言われたノルウェーのトル・フースホフト（クレディ・アグリコル所属）が、チームメイトのマーク・レンショーを露払いにして、もはや確実に思えた勝利に向かってひた走っていた。ところが、フースホフトは当時ほとんど名前を知られていなかったイギリス人選手マーク・カヴェンディッシュに追い抜かれ、2度目のステージ優勝を逃してしまう。カヴ（カヴェンディッシュの愛称）はこの大柄なノルウェー選手を抑え、初めてとなるツールのステージ優勝を果たした。

その年、フースホフトの成績はステージ優勝1回にとどまったが、カヴェンディッシュはこの後、さらに3つのステージを制している。フースホフトはスプリンターの勲章である緑色のジャージ（マイヨ・ヴェール。ポイント賞）さえ、ラボバンクのオスカル・フレイレにさらわれてしまった。

「年が明けると、世界最速のスプリンターがカヴだということに、もはや疑いの余地はありませんでした」と語るのは、チーム・ディメンションデータのパフォーマンス・バイオケミスト、ロブ・チャイルドだ。当時はフースホフトが2008年のオフシーズンに移籍したサーベロ・テストチームに協力していた。フースホフトは2005年にマイヨ・ヴェールを獲得していたので、チャイルドとサーベロは、ポイント賞奪還の野心に燃えていた。「なにしろカヴはめっぽう速いので、我々は平坦ステージで単純に勝ちを取りにいく戦略を改めました」とチャイルド。「それには、その年のツール開幕直前の数週間で、トルに3kg体を絞ってもらわなければなりませんでした」。

フースホフトは、筋肉量がものを言うクラシックレースのスペシャリストと見なされていた。2009年ツールの開幕当初、彼の体脂肪率は7～8％。それが閉幕までには6％台に落ち着いていた。「筋肉量がいくらか減ったせいもありました」とチャイルドは言う。「でも、それはおり込み済みでしたし、トルのパワーには影響しませんでした。それどころか、パワーウェイトレシオはむしろ上がり、山岳コースで以前よりもはるかに効率的な走りができるようになったのです」。

ヒーレー同様、チャイルドもマイナスカロリー・ダイエットを処方しつつ、高タンパク食を摂らせた。これにより、フースホフトは中間スプリントポイントをカヴよりも大幅に稼ぐことができた。「トルは1つを除いて、ゴール地点でのスプリントに与えられるポイントで軒並み（その年ステージ優勝6度を果たした）カヴに負けてるんです。それでも、我々の減量作戦が功を奏し、マイヨ・ヴェールを獲得することができました」。

チャイルドはフースホフトの体脂肪を落とすことに戦略の基礎を置いた。体重が軽ければ軽いほど、坂を速く上れるのは自明

△トル・フースホフトは2009年のツール・ド・フランス中、意図的に体重を落とし、マイヨ・ヴェールを獲得した

だ。しかし、ナイロ・キンタナやアンドリュー・タランスキーといった選手たちは、どのくらいまで減量したらパワーの低下を招いたり、(免疫力の低下によって) 病気になったりするのだろうか？「それに答えるには、多くの仮定をおかなければなりません」。アメリカの自転車競技コーチ、ジョー・フリールは言う。「最も重要なのは、閾値で選手のパワーウェイトレシオがいくつあるかということですが、こうした仮定をすべて無視した場合、私の見たところ、体重が1kg減るごとに、スピードは1%上昇します。したがって、閾値で10分の登坂を行うなら、1kgの減量で得られるタイムの短縮は約6秒ということになるでしょう」。

つまり、1時間を超える登坂の場合 (長い上り坂の多くはそれぐらいかかる)、体重を1kg落とすだけで36秒もタイムが縮まる計算だ。トラックレース仕様の80kgという体重を落とすことができるなら、ツール・ド・フランスでも勝負できるとサー・ブラッドリー・ウィギンスが踏んだのも、こういった統計データからだった。

「トラックレースのための冬季トレーニングでは、筋肉が——特に上半身に——たっぷりつきます」。72kgまで減量したウィギンスがツール・ド・フランスで総合4位に入った2009年、チーム・スカイの前スポーツサイエンティスト、マット・パーカーがそう説明してくれた。パーカーは現在、ラグビーのイングランド代表チームのコーチを務める (2015年11月に退任)。「我々としては、出力に影響しないよう、徐々にその筋肉を落としてほしかったのです」。

体重はそれほどまでに重要なのだが、ダニエル・ヒーレーは体脂肪率で選手のポテンシャルを推し量ることに、あまり熱心でない。「皮下脂肪を計測することで得られる体脂肪率はいい加減なものなんですよ」。だが彼はなにも、体重や体脂肪率を軽視しているわけではない。ヒーレーは身体測定について集中的に学んだ経験を引き合いに出す。「それは基本的に、半年かけて本格的な統計学を学び、その後、身体測定のプロセスを教わるというものでした。その結果、ISAK資格と呼ばれるものが得られます」。ちなみに、ISAKとは"国際キンアンソロポメトリー推進学会"の略である。舌を噛みそうだ。

「1人の人間の皮下脂肪をきちんと計測するには、およそ1時間かかります」とヒーレーは続ける。「みんながやっているよう

PYRENEES AND ALPS

に、ちょっと体の一部をつまんでそれで終わりというわけにはいかないんですよ。ISAK資格の研修では、手作業の測定につきまとう誤差について教わりました。2人で同じ部位を何回も測れば、実際にどれだけ誤差が生じるかわかります。それから、統計ソフトを使ってそうした誤差を取り除き、本当の値に少しでも近づくことに残りの時間を費やすんです。まるで歯を1本いっぽん抜いていくような作業でしたが、無資格の素人が体脂肪率についてわかったようなことを言っても、そんなものは聴くに値しないでたらめだという教訓を得ることはできましたよ」。

「問題は」と彼は続ける。「測定値を鵜呑みにはできないということです。体脂肪率が6.5％だと言われていても、別の機会に他の誰かが測定すると、7.8％になるのです。その選手にしてみれば青天の霹靂で、あわてて減量に走ります。数値は誤差だらけだったんです。測定器（キャリパー）のせいかもしれないし、測定装置のオペレーターのせいかもしれない。測定する時間帯のせいということさえある」。MRIならもっと精度が高いことは認めつつも、「MRIをチームバスの後部に積んでおくことはできませんからね。とても実用的とは言えません」とヒーレーは一蹴する。

不正確な科学が、結果として摂食障害を生みかねないという問題を引き起こす。アメリカの男性自転車選手の食習慣を、国際大会レベル、大学レベル、クラブレベルでそれぞれ調べたところ、全体の20％に問題のある食生活をしている疑いがあったという。これは彼らを心理学的検査にかけた結果に基づくものだ。ヒーレーは絶えず選手たちと対話することで、彼らが摂食障害に陥らないよう心を砕いている。

「私はSRMのデータを選手に示し、『現在地はここだが、もしあそこまで行く必要があり、なおかつ、その場その場で正直な気持ちを打ち明けてくれるなら、より少ないエネルギーでこれぐらい速くたどり着くことができるだろう』と伝えます」とヒーレ

▽ブラッドリー・ウィギンスは2008年から4年かけて9kg減量し、2012年ツールで栄冠を手にした

ー。「つまり、これほどの高みにまで上りつめることができるんだと示すのです。契約を承諾し、チームの支援を受けながらトレーニングと栄養管理（それぞれ第4章と第3章を参照）によってフィットネスレベルを上げ、体を鍛え、場合によっては減量も行うプロ選手である以上、その選手には説明や報告の義務があります」。

最適なケイデンス

ランス・アームストロングはアメリカの人気テレビ番組「オプラズ・ネクスト・チャプター」で薬物使用を告白した。しかしそれ以前から、この厚かましいテキサス人の走行が生体力学と不整合をきたしていることは、彼が自転車競技の世界と不和をきたしているのと同様、はっきりしていた。彼の宿敵ヤン・ウルリッヒが高いギアと低ケイデンス（1分間にペダルが回る回数）で坂を上り、そのケイデンスはしばしば60rpm台前後に落ち着くのに対し、アームストロングは低いギアながらケイデンスは90rpmを超え、100rpmに達するときもあることで名を馳せた。クリス・フルームもまた、高ケイデンスの選手と考えられている。2015年ツール・ド・フランスの第10ステージでライバルたちを置き去りにしたときは、ラ・ピエール・サンマルタンに至る距離15.3kmの上り坂を41分28秒で走破。平均ケイデンスは97rpmと算出された。ステージ優勝を決定づけた24秒のアタックに至っては、ケイデンスは102rpmに達している。

登坂時の最適なケイデンスはいくつかという問題に、実験室と現場で数多くの研究が試みられてきたが、結論はまちまちだ。従来は50〜60rpmが科学的に受け入れられる標準とされてきたが、近年の研究者によると、これほど低い数値は、実験室で10分に満たない時間と比較的低い出力（125ワット未満）で行われた試験から導き出されたものにすぎないと言う。ノルウェー人の科学者オイヴァン・フォスとヨースタイン・ハレンによる研究では、トップクラスの自転車選手を使い、60rpm、80rpm、100rpm、120rpmの各ケイデンスで疲労困憊するまで走行してもらった。その結果、彼らのパフォーマンスは80rpmのときピークに達することがわかった。「僕は80台から90台だね」。トレック・セガフレードでグラン・ツールの総合優勝を狙うバウク・モレマは言う。「もちろん、坂のきつさにもよるけど」。

エウロペア・デ・マドリード大学のアレハンドロ・ルチア教授率いる研究チームは、2001年、グラン・ツールに出場した7人の選手をモニタリングし、標高の高い山岳コースでは71rpm、長く、平坦なステージでは92rpmが理想のケイデンスであるという結論を導いた。4年後、その年のツール・ド・フランスに出場したプロ選手10人を対象に、さらなる調査が実施された。様々な登坂における各選手のケイデンスをモニタリング。その結果、カテゴリー1級の山岳コースでは73rpm、カテゴリー超級では70rpmのケイデンスが理想であることがわかった（カテゴリーについては160ページのコラム「山岳コースの等級」を参照）。さらに、クライマー型の選手とそうでない選手のデータを比較したところ、前者は後者よりもペダルを踏む脚の回転が若干多いことが明らかになった。

どの程度のケイデンスを選択すれば良いかという問題は、熟練のスポーツサイエンティストをも途方に暮れさせる。しかし、イギリスのケント大学でスポーツサイエンスを教えるルイス・パスフィールド教授によれば、経験豊かな自転車選手には内的に備わっている好みのケイデンスがあるという。「我々が往々にして発見するのは、選手の大半が自分自身にとって最適な値を持っていて、プロともなると、その数値を知っているということです」。イギリス自転車連盟で長年仕事をしたパスフィールド教授はそう言う。「我々の研究によると、選手たちが戸

外で出す結果が研究室の中で出る結果と見事に一致することが少なくありません。実際、自転車選手の走行効率を調べる実験のほとんどで、ケイデンスの選択を選手自身に任せ、それを維持してもらうことが多いと思います」。

ノルウェーの研究者、エルンスト・ハンセンとアン・オウンスタッドがいみじくも言っている。最適なケイデンスは脳内に「生来備わっているメトロノーム」から引き出されるのだ、と。この本能的な選択は、巡り巡って心血管や脚の筋肉にかかるストレスを最小化することになる。

「それは理にかなっていますね」とヒーレーはうなずく。「もし遅筋の多い選手が何年も70～80rpmで登坂をしていたとして、それを突然90～95rpmでペダリングさせたら、速筋が燃え尽き、普段と違う理由で疲弊します。普段使い慣れていない筋肉群を使って、みるみる疲れてゆくのです。遅筋の極めて多いタイプだとしたら、大きなケイデンスを得ることはないでしょう。反対に、トラックレース出身の選手なら、高ケイデンスに慣れているでしょうから、うまくいきます。でも、そんな両極端の選手はなかなかいません。選手がどちらのタイプか見極めることが大切になります」。

なるほど、説得力に富む話だが、一方で、プロ自転車選手のケイデンスは純粋に自然淘汰によるのではなく、鍛えることができると主張するチームも1つではない。「我々はアレハンドロ・バルベルデのケイデンスを向上させました。2012年の平均は82rpmだったのが、2013年には86rpmに、2014年には90～91rpmに上がったのです」。モビスターのスポーツサイエンティスト、ミケル・サバラはそう語る。「研究の結果、これによって走行効率が大幅に向上し、また、ステージ最終盤で使える筋グリコーゲンの量が激増することがわかりました。なぜなら、低ケイデンスはより多くの筋グリコーゲンを必要とするからです」。

バルベルデのケイデンス向上は、体重が重く背が高い選手ほど低ケイデンスで効率的に走れるという科学的常識に反する。これは純粋に、クランクを回すのに必要となるエネルギー消費量の問題だ。長い脚を速く回せば、短い脚をゆっくり回すよりも支払う代価は大きくなる。バルベルデは決して大柄ではないが、5フィート10インチ（177.8cm）という身長は、自転車競技の世界では十分「長身」に分類される。

結局のところ、ケイデンスに対するより大きな影響は、上り坂の様々なカテゴリーに行き着く（これについては160ページのコラム「山岳コースの等級」で詳しく説明する）。要するに、選手によって適した山岳は異なり、それを決める要因のひとつとして、筋肉のタイプに話が戻るということだ。「筋肉のタイプによって違いが生じます」。BMCレーシングのスポーツサイエンティスト、デイヴィッド・ベイリーはそう断言する。「速筋が発達した選手は、短い時間内に大きな量のパワーを生み出せます。したがって、距離の短い、急峻な坂のほうが苦もなく上れると感じるでしょう。もちろん、筋繊維の疲弊は速いですが、登坂と登坂の間には回復するための時間があります。一方、遅筋の詰まった選手は長くて、傾斜の緩やかな坂を得意とするはずです」。

「ナイロ［・キンタナ］は平坦区間や勾配率の低い上り坂ではアタックをかけないでしょう」とミケル・サバラは言い添える。「彼がライバル選手に、より大きなダメージを与えられるのは、長い急坂です。予想外の場所で仕掛けることも時々はあるでしょうが、彼がライバルにより大きなダメージを与えられるのは、長い急坂です。

コンタドール、キンタナ、フルームの各選手の筋生検でもしない限り、遅筋と速筋の理想的な割合は、登坂ごとに推測することしかできない。しかし、走行中の燃料補給については、もう少し正確なことが言える。呼吸交換率（RER）は、呼気の中の二

△バウク・モレマが高強度で坂を上れるのは、新陳代謝が並はずれて良いからだ

酸化炭素排出量と酸素消費量の比率を計測する。この比率から、体がエネルギーを生み出すためにどの燃料（栄養素）を燃やしたかを算出できる。RERが0.7であれば、脂質が主たる燃料にされたことを示し、RERが1.0なら、炭水化物が主に燃やされたことが推測できるのである。

「走行テストの結果、自分の脂質代謝がすごく高いことがわかったんだ」と、モレマは言う。「他の選手たちがエネルギー源として炭水化物を燃やし始める頃、僕はまだ脂質だけを燃やしていた」。要するに、モレマはライバル選手たちに勝るとも劣らない高強度で自転車を漕ぎながら、なおかつ炭水化物よりも脂質で燃料補給ができるということだ。1kgの脂質は7,700kcalのエネルギーを有する。これに対して、体が備蓄できる炭水化物は400g（2,000kcal）程度しかない。となれば、運動強度が上がれば上がるほど、脂質を燃やすほうが望ましい。貴重なグリコーゲンの備蓄を、スプリントや逃げのために温存できるからだ。

「コースプロフィールが2つあったら、僕はより長く、より傾斜の緩い坂が好きだね」とモレマは言うが、これは理にかなっている。彼はこの比較的強度が低く、距離の長いコースプロフィールでも、依然として脂質を大量に代謝しているからだ。ここで1つ疑問が生じる。いくら登坂の助けになるからといって、人間はどんどん脂質を燃やすように代謝を操ることができるのだろうか？「それは今、注目の話題ですよ。グリコーゲンが枯渇した状態でのトレーニングはその一例です」と、ベイリーは説明する。これは、GSK人体能力研究所の上級スポーツサイエンティストを務めるマット・ファーバーが取りあげたテーマで、最近ではクリス・フルームを招いて、生理学実験の被験者になってもらった。「理論上、絶食状態でのトレーニングはミトコンドリアの数を増やします。ミトコンドリアは脂質の代謝を担う器官です」とファーバーは言う。「もしミトコンドリアの数が、たとえば10個ではなく20個あったら、脂質を分解するのに

必要な酸素をより多く引き出せるでしょう」。

グリコーゲンが枯渇した状態でのトレーニングとそれが脂質代謝に及ぼすかもしれない影響については、第3章で詳しく説明している。ここでは、それだけが山岳を制する要素ではないと言っておけば足りるだろう。「戦術も重要なのです」とベイリーは言

山岳コースの等級

○2015年ツール・ド・フランスでは、1910年大会以来毎年コースに組み入れられているツールマレー峠が勝負どころとなった。

距離19.4km、平均勾配率7%というこの上り坂は、2015年大会では「カテゴリー超級」という最も難度の高い等級に区分された。

山岳コースの等級のほとんどは、カテゴリー1級（困難）からカテゴリー4級（容易）に指定される。これは勾配率と上り坂の長さ、そして——これが重要なのだが——ステージのどこに位置するかに基づいて決まる。同じ2,000mの標高差でも、1時間走行した後に上るのと5時間走行した後に上るのとでは、きつさが全然違うだろう。カテゴリー1級よりもさらに厳しい上り坂には「カテゴリー超級」という等級が与えられる。これはもともと、車でさえ越せないような急峻な山道に対して使われていた言葉だ。山岳コースの等級を算出する決まった計算式などないが、ただ、おおむね、標高差1,500m以上は超級、標高差1,100〜1,499mが1級、標高差600〜1,099mが2級、標高差300〜599mが3級、標高差100〜299mが4級に区分される。

山岳コースの等級は、そもそもシトロエン・2CVで計算されていたという伝説がある。35馬力のこの古い車が4速で上りきれる坂ならカテゴリー4級、3速で上りきれるなら3級という具合に。シトロエン・2CVではどうしても上れない坂をカテゴリー超級としたとか。いかなる科学的根拠に基づいているのか定かでないが、話としては確かに面白い。

う。2015年ジロ・デ・イタリアの第4ステージで、その日、序盤で形成された逃げ集団にいたダヴィデ・フォルモロ（キャノンデール・ガーミン所属）は、最終登坂の直前でアタックをかけ、頂に達するとそのまま猛然と坂を駆け下ってゴールゲートをくぐり、プロ初勝利をものにした。「あれは巧みに設計されたステージでした。早い段階での逃げが有利になるよう、比較的距離の短い上り坂が数多くあったからです。出場選手は純然たるクライマーとルーラーが大半を占め、その他のタイプはほんの数人でした。フォルモロは平坦区間では5人程度の集団に属し、うまくやっていました。それぐらいの人数だと単独で走っている選手よりも空気抵抗を克服する点で有利なため、逃げをキープできます。そうしておいてフォルモロは、最後に勝負に出て、逃げ集団の残りをやっつけてしまったのです」。

戦術が功を奏した例は他にもある。2014年ツール・ド・フランスで山岳賞を獲得したティンコフのラファル・マイカの場合だ。「第1週で、彼に与えられた指示は、序盤では先頭集団から1日10〜15分遅れでついていけというものだった。山岳ステージで使うエネルギーを温存するためさ」。マイカのチームメイトだったマイケル・ロジャースはそう明かす。「これはうまくいったよ。みんな知っての通り、彼は断トツで山岳王に輝いたんだからね」。

座るべきか立つべきか？

ティンコフに所属するアルベルト・コンタドールが、山岳コースでの勝ち星をまた1つ増やすべく、ダンシングでペダルを踏み込む姿は、21世紀のサイクリングの象徴と言える。一方、それよりやや洗練を欠くスタイルではあるが、クリス・フルームが猛スピードで坂を駆け上がるとき、彼のシャモアパッドはフィジーク製のサドルに張り付いて離れない。

2008年、エルンスト・ハンセン教授は、立って漕ぐのと座って漕ぐのと、どちらがより効率的に坂を上れるかという点に着目。ロードレースの選手は勾配率が10％に達するまでは座ったまま漕いだほうがより効率的に坂を上れるということを発見した。勾配率が10％を超えると赤血球がより多くの酸素を必要とするようになり、結果、立って漕いだほうが効率が良くなる、というのだ。実際、30秒に満たない全力スプリントの間、最大出力は座って漕いだときに比べて立って漕いだほうが25％高く計測された。もちろん、その分エネルギーを多く使うというデメリットはある。

また、勾配率4％前後の比較的なだらかな坂でさえ、同じ時速19kmで上るにしても、サドルに座って漕ぐのと立って漕ぐのとでは、必要な酸素の量が10％違う（座って漕ぐほうが少ない）という報告もある。これは主に、サドルに座ったまま準最大の出力で登坂をすれば、体の重心をサドルで支える分、エネルギーを節約できるからである。

2013年のブエルタで、クリス・ホーナーはグラン・ツールの史上最年長チャンピオンとなった。彼の41歳という年齢が新聞の見出しを賑わしたが、自転車競技の熱心なファンはむしろその登坂スタイルに、より多くの関心を注いだ。「あれほど長時間サドルから腰を浮かせて大きなギアで坂を上る選手は、初めて見ました」。スポーツサイエンティストのルイス・パスフィールドは言う。「でも、それが功を奏したのです」。

「立ち漕ぎをすると、ハンドルから生まれるレバレッジをより大きくすることができます」と語るのはティンコフで主任スポーツサイエンティストを務めていた、ダニエル・ヒーレーだ。「そして、ハンドル幅が広いほど、このレバレッジは増します。2013年のブエルタでのホーナーは、スーパーワイドなハンドルを握っていました」。さらにパスフィールドも続けた。「立ち上がることで、体の様々な部分の角度も変わります。鍵

▷ コロンビアのルイス・エレラによる登坂は、まるで蝶のように軽やかだった

になるのは臀部の角度です。これを広げることにより、より多くの筋肉が活性化します。臀筋もそうですし、ふくらはぎの筋肉はもっと違ってくる。これらは出力ポテンシャルを増してくれます。サドルに座ったままだと、"閉じている"臀部が出力を抑制してしまう可能性があるのです」。

股関節の可動域は、サドルに座った状態から立ち漕ぎに変えると、42.8度から68.8度に広がる。これが膝の可動域に反映し、28.7度から73度まで広がる。最終的には、足首の可動域も25.7度から40.5度に広がる。「広がった後の角度は、ランニングをしているときに近いのです」とパスフィールド。「これが推進（踏み込み）局面で効いてくるのは間違いありません」。

様々な研究は、これが「効率」によるものだと示している。ひと口に効率と言っても、少ないエネルギーでより大きなパワーを生み出すことや、体にこもった熱をどれだけ外に逃がせるかといった、様々な側面を包摂する。従来、効率はトレーニングでは強化できないものと考えられていたが、パスフィールドとその同僚、ジェームズ・ホプカーは、実験室の内外で、それが可能であることを示した。したがって登坂についても、ほとんどの時間をサドルに座った状態で上りのトレーニングをしていれば、それがその選手にとっては最も効率的なスタイルになる。立ち漕ぎについても、同じことが言える。

体重が重い選手は軽い選手に比べてサドルで体を支えてもらうメリットが大きいので、身長6フィート（180cm）を超えるフルームがああいう姿勢をとるのは、ごく自然な成り行きだと推測できる。軽量のキンタナが、長時間サドルから尻を浮かせているのも同じだ。中肉中背のコンタドールに関して言えば、彼がサドルではなく、まるで熱い石炭にでもまたがって自転車を漕いでいるように見えることが少なくないのは、ヒーレーによれば、単なる例外だという。

「アルベルトと一緒に仕事をするようになる前、私はサドルに座って漕ぐほうがはるかに効率的だという考えに染まっていました。ところが、彼のせいでその思い込みは吹っ飛びました」とヒーレーは言う。「アルベルトは単に、ああいう姿勢で上りたいから上っているだけです。見ていると、彼の背中がお尻につれて左右に振れています。ちょっとセクシーと言ってもいいぐらいの動きですが、この動きが都度、少しずつ余分にパワーを出すことを可能にしています。これまた、どうにも腑に落ちない点です。私はずっと、体幹はしっかり固定すべきだと思っていました。左右に振るなんてもっての他だとね。でも、もしかしたら、むしろ都合の良い点があるのかもしれません。何が言いたいかというと、どんな山岳であれ、自分が快適だと思うやり方で上ればいいんです」。

ピレネーとアルプスの登坂は、ツール・ド・フランスを世界最高峰のロードレースにしているドラマチックな物語の舞台だ。1984年の大会を振り返ってみよう。誰もがベルナール・イノーとローラン・フィニョンの一騎打ちに注目していたラルプ・デュエズ。しかし、ルイス・エレラがまるで白い鳩のように羽ばたき、勝利をさらっていった。アマチュア選手——それもコロンビア人がツール・ド・フランスでステージ優勝を果たすのは初めてのことだったので、エレラの勝利に祖国は沸き、大統領がその晩、電話で国を代表して祝意を伝えたという。一方、峠がいかに残酷な場所かを示すエピソードにも事欠かない。その最も悲劇的な例は、1967年大会のモン・ヴァントゥの下りで、イギリスのトム・シンプソンが帰らぬ人となったことだろう。栄光と悲劇の狭間に張り渡された綱はかくのごとく細い。だからこそ、3週間に及ぶレースの中で、山岳コースがこれほどまでに注目を集めるのである。

RACE FUELLING
レースの燃料補給

「3週間に及ぶステージレース全般で鍵となるのは、いかにカロリーを詰め込むかだ。朝食時、走行中、夕食時、その都度たらふく食べる必要がある。基本的には、それ以上胃が受け付けなくなるまで食べなければならない」。これはツール・ド・フランスに5回出場しているスプリンター、グレッグ・ヘンダーソン（ロット・ソウダル所属）の栄養補給に関する考えだ。

昔はそれこそ、走行中にステーキを食べたりバゲットをかじったりする選手の姿が見られた。1904年の総合優勝者、フランスのアンリ・コルネは1日にホットチョコレートを11リットル、お茶を4リットル、それにシャンパンを飲み、ライスプディングを1.5kg平らげたという。一方、イギリスのトム・シンプソンのように、家畜の飼料を茹でたものを毎食口にしていたという変わり種もいる。胃の筋肉のこわばりによってエネルギーが消費されるのを防ぐためという理屈だった。

シンプソンは身近な牧草地ではなくアメリカに目を向けるべきだった。1965年、フロリダ大学の研究チームが世界初のエナジードリンクを完成させたからだ。水と炭水化物と電解質を混ぜ合わせたそれは、同大のアメフトチーム「フロリダ・ゲーターズ」のために開発されたことから、「ゲータレード」と名づけられた。

1970年代、運動生理学者が大学と連携して研究所を設立する動きが出始め、トップアスリートを研究する理想的な環境が整えられた。1980年代になると——コーチングや運動生理学には遅れをとるものの——スポーツ栄養学の分野が正式に誕生。世界中の大学が講座を設け、年を追うごとに、その研究成果がプロスポーツの現場で活かされるようになっていった。

栄養学がツール・ド・フランスに与えた影響は、1903年に開催された第1回大会から脱落率の推移をたどることで鮮明になる。1903年から1914年まで、全日程を完走した選手は全体の31.1%にすぎなかった。それが1981年から1990年にかけて72.2%に上昇。1991年から2000年の間は67.8%とやや下落するが、これは1998年のフェスティナ事件の影響によるところが大きい。2015年のツール・ド・フランスでは、ユトレヒトをスタートした出走者198人のうち、160人がゴールまで走り切った。じつに81%である。

もちろん、脱落率が下がったのは栄養学のおかげばかりではない。トレーニングや戦術が一定の役割を果たしていることは明白だ（第4章を参照）。それでも、ツール・ド・フランスに参加するほぼすべてのチームが今や栄養士と専属の調理師を抱えているという事実は、チームのジェネラルマネージャーが選手の体内に摂り込まれるもの

◁ 1963年のツール・ド・フランス第16ステージ（グルノーブル〜ヴァル＝ディゼール）で、ドリンクを背負って走行するベルギーのルネ・ヴァン・メーネン

をどれほど重視しているかを、如実に示している。BMCレーシングの栄養士ジュディス・ハウダムによれば、ジェネラルマネージャーはそのことに多大な関心を払っているという。

カロリーバランス

「私の第一目標は、ツールを完走した選手の体重がスタート時点と変わっていないことです」とハウダムは言う。「簡単なことではありませんが、ステージ走行中とその前後に適切な栄養補給を行えば、十分可能です」(レース後の栄養補給と疲労管理について、詳しくは第10章で説明する)。

ベルギーのルーヴァン大学で教鞭をとる運動生理学と栄養学の教授ペーター・ヘスペルは、マルセル・キッテル率いるエティックス・クイックステップのコーチ兼栄養士も務める。ツール・ド・フランスの数ある逸話を知り尽くしたペーターは、ハウダムが言うようなこと、つまり「エネルギーバランス」の帳尻を合わせることがいかに難しいか承知している。

「平均すると、選手は1日におよそ6,500～6,750kcalを消費します」と、ヘスペルは言う。「もちろん、日によって数値は大きく変わります。短いタイムトライアルなら1,000kcalに満たないでしょうし、勾配のきつい上り坂が5つも6つもあるような過酷な山岳ステージでは、8,500～9,000kcalが必要になるでしょう。後者は明らかに極端な例ですが」。

ちなみに、アイアンマン・トライアスロ

▽ 2013年のツール・ド・フランスで、距離168.5kmの第9ステージを走りつつ食事を摂るクリス・フルーム

ン（スイム3.8km、バイク180km、ラン42.2km）の消費カロリーは9,000kcal前後。ウルトラマラソンのウェスタンステイツ100は16,310kcal（完走に要する時間は平均26.8時間）。クロスカントリースキーのトレーニングは6,000kcal程度。ただし、これらはいずれも1日か2日で終わる競技だ。ツールの場合、全行程は3週間にも及ぶ。1日平均6,000kcalで21ステージを走破すると、総消費カロリーは126,000kcalという膨大な値になる。

「1日の消費カロリーは、チーム内で担う役割によっても変わってきます」と、ヘスペルは続ける。「総合優勝を狙う選手はほぼ終日、チームの同僚やプロトンを盾に使い、消費カロリーを極力抑えようとするでしょう。一方、私が"補佐役（ルテナント）"と呼ぶ選手たちは、向かい風と対峙したり、プロトンから抜け出した選手を追いかけたりすることにエネルギーの大半を費やすでしょう」。

ヘスペルの計算によれば、2015年のツール・ド・フランスの第18ステージ（ギャップからサン＝ジャン＝ド＝モーリエンヌに至る186.5kmのコース。カテゴリー分けされた7つの峠道が見どころだった）のようなその年最大級の山場ともなると、8,500kcalのエネルギーでまかなうのは単純に不可能だという。「最善の戦略を立てても、なお1,240kcal不足します」。

とはいえ、そこまで消耗度の高くないステージなら、エネルギーバランスを実現することは可能だ。ただし、その土台作りは朝食から始まる。BMCレーシングは選手たちの筋肉にグリコーゲンを詰め込むため、炭水化物とタンパク質を集中的に摂らせる。ジャム、卵、それにパンをたっぷり食べさせるのだ。ハウダムいわく、「全粒米とパスタも出しますが、ツールの最終週は白米とパスタに変えることもあります。その頃になると、選手の胃が食物繊維を消化しづらくなっていることも考えられますから」。

ティンコフのハナ・グラントはイギリスの有名レストラン《ファット・ダック》で、分子ガストロノミーの第一人者であるヘストン・ブルーメンソールの指導を受けた。ミシュラン二つ星を獲得したコペンハーゲンの名店《ノーマ》でも働いたことがある。自転車チーム専属の調理師としては、一風変わっている。「私はパンもパスタも……それこそ何でも、一から自分で作ります」と彼女は言う。グラントの1日は午前5時30分に始まる。7時半から8時にかけて朝食を摂る一人ひとりの選手に合わせた料理の支度に取りかかるのだ。「前の晩に何が食べたいか聞いておきます。卵は必ず出しますね。白身だけとか、ポーチドエッグがいいとか、黄身だけとか……好みに合わせて調理します。それから、砂糖の代わりにハチミツを使います。選手は糖質の消費が極端に多いので、ハチミツで足りない分はグルテンフリーのおかゆで、といった徐放性炭水化物を補います。オート麦はより消化を良くするため、一晩漬け置いて、それに、選手の好みに応じてナッツやシード、ドライフルーツ、シナモンなどを加えるんです」。

グラントはスムージーも毎日必ず食卓に出すという。バナナとアボカドをベースにしたもので、高カロリーの栄養を選手に摂らせるためだ。これが肝であることは、本書168ページのコラム「ツールの燃料補給」を読めばわかる。ヘスペルのカロリー分析では、たっぷり100g（900kcal）の脂質を補っているが、それがなければ不足カロリーは1,240kcalどころでは済まなかっただろう。アボカドは良質な脂質を摂るには良い食材だから、グラントの選択は賢明と言える。「朝食の締めは手製のヌテラです。ブラックチョコレートとハチミツを足して甘みを増したものです」。

できれば朝食で1,000kcalは摂らせたい。その上で、選手たちはニュートラルゾーンに向かう途中でエナジーバー（ティンコフには有機栄養食品を製造販売するプロバー

ツールの燃料補給

○エティックス・クイックステップの栄養士を務めるスポーツサイエンティストのペーター・ヘスペル教授は、ツール・ド・フランスの過酷な山岳ステージで、体重70kgの選手が消費するカロリーの量を分析した。

右の図は、8,500kcalという信じられない量のエネルギーを選手がどのように消費したかを示している。あらかじめ体重1kgあたり12gの炭水化物を摂取し（前日の夕食と当日の朝食を含む）、走行中は1時間に90gの炭水化物に加えて、大量のタンパク質と脂質を補った。それなのに結局、1,240kcalものエネルギー不足が生じた。

時間の経過とともに、市販のエネルギー補給製品から固形物の割合が減り、液体が増えてゆくことは興味深い。これは主に、山岳ステージが長い平地から始まるせいだ。平坦な道なら、生理学的にも実際的にも固形物を摂りやすい。ステージが進み、山岳地帯に入ってくると、液体を飲むほうがずっと楽になる。それはともかく、1,240kcalのマイナスは大きい。チームは6,000kcal前後のエネルギー消費で走破できるような比較的楽なステージで、選手に消費量よりも多くカロリーを摂取させることで、それを埋め合わせている。

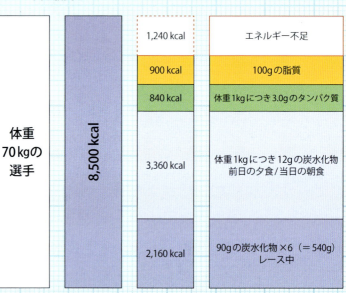

▽レース中にハムサンドをかじる、カルロス・ダ・クルーズ（フランス）

がスポンサーについている）をかじったりお約束のエスプレッソを飲んだりして、さらに摂取カロリーを積み増すことができる。その後は、いよいよ走行中の栄養補給というわけだ。

ステージ走行中、自転車にまたがったまま摂る食事として、エナジージェル、ドリンク、バーがふんだんに用意される。これらはみな、チームを栄養管理の面からサポートするスポンサーが提供してくれる。「科学的な目標と戦略はいくつもあります」とヘスペルは言う。「理論上、3時間を超える耐久スポーツで最良のパフォーマンスを引き出したいなら、1時間に90gの炭水化物を摂る必要があります。これはアスカー・ジューケンドラップ博士がバーミンガム大学で行った研究から導き出された理論です」。

90gという理想

栄養学の分野で、ジューケンドラップは映画『スター・ウォーズ』シリーズに登場するヨーダのような存在だ。署名論文の数

が120本を超えるこのオランダ人教授は、健筆という形容では足りないほど精力的に論文を発表している。しかし、彼の最も画期的な仕事のひとつに数えられるのは、2006年、イギリスのバーミンガム大学で運動代謝学の教授として発表した論文で、この研究成果が、数多くのジェルメーカーに自社製品の配合を変更させることになった。

スポーツサイエンティスト、そしてその助言を受ける自転車選手は、長年、人間が1時間に吸収できる炭水化物の量は60〜70gが限界だと思い込んできた。腸内の輸送体（トランスポーター。血流の中に入り込もうとする糖の動きを促すタンパク質のファミリー）が飽和状態に達し、それ以上のブドウ糖を体内に摂り込むことが、単純に不可能になるからだ、と。しかし、そうした科学者やメーカーは1つ根本的な間違いを犯していた。彼らの製品はブドウ糖やマルトデキストリンといった単一のポリマー糖を成分としていたのである。

そんな中、ジューケンドラップはブドウ糖溶液に果糖を加えることを思いついた。果糖はブドウ糖とは異なる腸管トランスポーター（SGLT1ではなくGLUT5）を使うからだ。簡単に言えば、教授は糖が運ばれる道筋を1車線から2車線に増やしたのである。これはうまく機能した。

ジューケンドラップの研究成果によって、選手は吐き気や下痢といった胃の不調をきたすことなく、1時間に摂取する炭水化物の量を90gまで増やすことができるようになった。炭水化物の増量は水の増量を伴ったので、おのずと液体の補給も改善された。

それからわずか1年後、英国スポーツ研究所（EIS）の栄養学者、ケビン・カレルによる追実験の結果、ブドウ糖と果糖の両方を使ったほうが、ブドウ糖だけを使ったときに比べて持久運動能力が8％向上することが示された。エネルギーを利用しやすくなるというのがその理由だ。炭水化物の摂取量を60gから90gに増やすことで、ブドウ糖

だけのときよりも、1時間に120kcal余計に吸収できる（つまり、240kcalが360kcalに増える）。完走に6時間かかるステージなら、理論上720kcalも上積みすることが可能だ。ヴィンチェンツォ・ニバリのような選手であればこれを、腹部の膨満感や吐き気を催すことなく摂取できる。

エティックスやパワーバーといったメーカーは現在、ブドウ糖と果糖のこの比率を自社製品の多くに採用している。ただし、1時間に摂取する炭水化物の量が90gを超えると、パフォーマンスに有害な影響を及ぼす可能性がある、とヘスペルは指摘する。「トライアスロンのマリノ・ヴァンホーナッカー選手と組んだときのことを覚えています」ヘスペルは言う。ヴァンホーナッカーはかつて、長距離トライアスロンの歴代世界最高記録を保持していた（2011年のアイアンマン・オーストリアを7時間45分58秒という驚異的なタイムで制している）。しかし、ヘスペル以前にヴァンホーナッカーを支えていた科学者チームが過ちを犯したとき、世界記録は何の役にも立たなかった。「彼らがマリノを実験室でテストしたところ、レース中と同じペースで1時間に120gの炭水化物を摂取する能力があることがわかりました」とヘスペル。「しかし残念ながら、マリノはアイアンマン・ハワイ（アイアンマン世界選手権大会）を完走できませんでした。レース中に嘔吐と下痢に見舞われたのです。原因は、件のテストが20℃を超えない環境で3時間しか行われなかった点にあります。ハワイでは、30℃に達することもある炎天下、8時間を走り抜かなければなりません」。

ヴァンホーナッカーが1時間あたりの量を90g前後に戻したところ、問題は解消した。もちろん個人差があり、中には90gでさえ多すぎるという選手もいる。2014年ツール・ド・フランスの第16ステージを制したマイケル・ロジャースは次のように語っている。「僕はいつもマルトデキストリンのストロングミックスを使ってるんだ。果物を絞って果糖を足すこともできるからね。だけど、1時間に90g摂るのはきついな。それが何時間も続くとなれば、なおさらさ」。

一方、BMCレーシングのブレント・ブックウォルターは、自分は問題なく90g摂取できると前置きした上で、走行距離がかさみ、強度が高まってゆく過酷さに対処すべく体を鍛えるのと同様、消化器系も鍛えることができるという意見の持ち主だ。2人とも、自転車を漕ぎながら食事を摂る能力を年々向上させているのだが、モビスターのスポーツサイエンティスト兼コーチを務めるミケル・サバラは、レース中の栄養補給の個人差に関してはロジャースに味方をする。

「個人的に、炭水化物90gというのはあまりにも大雑把だと思います。選手に合わせた調整が必要です。脂質や炭水化物を摂るやり方は人によって違うし、筋肉量が簡単に増えたり減ったりするとか、脂肪がみるみる落ちるとか、そういう個人の体質によって、1時間に摂取すべき分量が変わってこないとも限らないですからね」。

▽自転車選手は誰でも、リアルフードを走行中の主食にしている

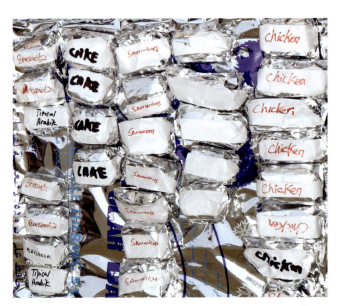

エネルギートランスポーター

○下の図は、ひまわり畑や山々といったツール・ド・フランスのイメージからかけ離れたものに見えるかもしれないが、じつは重要な役割を果たしている。種々の炭水化物が腸からどのように吸収されて血流に乗り、運動中の筋肉に燃料を供給するかを示しているからだ。

この図を作成したのはアスカー・ジューケンドラップ博士。自転車選手がステージを通して1時間に摂取できる炭水化物の量を、従来考えられていた60gから90g（240kcalから360kcal）に増やすことができるのを発見した人物だ。鍵は、輸送体を複数使うことにある。この場合はブドウ糖と果糖だ。

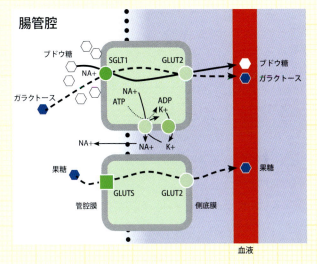

科学的により詳しく説明すると、単糖類の中でもブドウ糖およびガラクトースは、2枚ある腸管膜のうちの最初の1枚を、ナトリウム依存性のブドウ糖輸送体SGLT1を使って透過する。ブドウ糖の摂取量が1時間に60g程度になると、この輸送体は飽和状態に達すると考えられている。一方、同じ単糖類でも果糖はこれとは異なる輸送系を使う。果糖を運ぶ輸送体は（ナトリウムに依存しない）GLUT5だ。単糖類はすべて、GLUT2によって2枚目の腸管膜を透過し、血流に乗るが、果糖の吸収はブドウ糖とはまったく異なる経路をたどるため、SGLT1の飽和には影響されない。

つまり、フルームやコンタドールのような選手が、理論上、より高い強度で、より長い時間、走行できるということだ。これは山岳コースでの逃げやライバルの追走において決定的な違いを生む。

栄養補給のタイミング

装備品にせよ、栄養学にせよ、トレーニングにせよ、オーダーメイドは常にレディメイドに勝る。ただし、エネルギー補給製品だけは——糖組成の如何にかかわらず——例外だ。その重要性は、2013年ツール・ド・フランスの第18ステージではっきりと示された。ギャップからラルプ・デュエズまでの172.5kmを走るこのステージに、チーム・スカイのクリス・フルームはティンコフ・サクソのアルベルト・コンタドールに4分34秒の差をつけた総合首位で臨んだ。第1ステージから第17ステージまで無敵の強さを見せていたフルームだが、ツール・ド・フランスを代表する山岳コースのひとつであるラルプ・デュエズに対してはどうだろうか？ 21のヘアピンカーブで知られる全長13.8kmのこの難コースは、過去に幾多の名選手を迎え入れては、ぞんざいに吐き出してきた。しかも2013年の大会では、ここを2度上らなければならなかった。

その2度目の登坂において、ラルプ・デュエズを走り切るまであと5kmというところで、フルームは片手を挙げて助けを呼んだ。チームメイトのリッチー・ポートが状況を察し、チームカー（併走車）までジェルを取りに下がる。すぐに追いついてきたポートからジェルを受け取り、フルームは補給にありついた。レースが終わってみれば、コンタドールに対するリードは5分11秒まで広がっていた。しかもこれは、山岳ステージのラスト10km（平坦ステージはラスト20km）以降、選手は食べ物や飲み物を受け取ってはならないというやや厳しすぎるルールが適用された結果、20秒のペナルティを科された上でのタイムである。
　「低血糖になりかけていたから、あと5kmを残して補給できたのは大助かりだったよ」。当時フルームはそう語っている。「補給ができなかったらと思うとぞっとする。だから、スタート時点よりもリードを広げてステージを終えることができて満足さ」。そしてこの後、彼は総合優勝を果たす。
　フルームが土壇場でブドウ糖を補給したことは、レース中の栄養補給のタイミングを的確に計ることがいかに重要かを示している。フルーム自身、予定していた補給ができなかったため"低血糖"に陥ったことを認めているのだから、なおさらだ。
　BMCレーシングのようなチームはステージプロフィールをチェックし、グリコーゲンを多く必要とする区間だけでなく、栄養補給が比較的容易にできる平坦な区間も洗い出しておく。
　「山岳コースを含むステージの場合、私たちは早めの栄養補給を心がけます。なぜなら、山道に入るのは普通、ステージの半分か、ことによると3分の2を過ぎてからだからです」。BMCレーシングの栄養士ジュディス・ハウダムはそう説明する。「そこで、ステージが50～80kmの平坦な道で始まる場合、選手にはその間にエナジーバーを1、2本摂ることを勧めます。運動強度が低いときに消化しやすいからです。いよいよ山道が近づいたら、ジェルと水に変えるか、またはジェルとスポーツドリンクにスイッチすることを推奨します」。
　ハウダムによれば、平坦区間でのペースが比較的速いとき、選手に勧めるバーはパワーバー・エナジャイズになるだろうという。炭水化物の配合が高いからだ。逆にペースが遅めのときは、体の修復と低強度での補給に必要なタンパク質と脂質を若干含んだバーを選択することになる。
　低強度ではバーを、高強度ではジェルを——この原則はプロトン全体に反映される。「山が近づいてきたら、あと20分から30分というところでジェルを摂るだろうね」と言うのはロジャースだ。「両脚にグリコーゲンを満タンにして最後の坂に挑みたいなら、そのあたりが頃合いなんだ」。
　ロジャースは、コンタドールが脂肪を非常に効率よく消費する選手なのではないかと語っている。つまり、グリコーゲンの備蓄を本当に必要なときまで温存できるという意味だ。おそらくそれが、オールラウンダーであるコンタドールの強さの秘密かもしれない。運動強度が上がったときに使える予備燃料が、他の選手よりはるかに多いというのは、大きなアドバンテージになる。
　自転車選手は1つのステージでどれだけのエネルギーを消費するのか。1,240kcalが不足するというヘスペルのモデルは、1時間に摂取できる上限とされる炭水化物90gを、6時間にわたって摂取した場合に基づく。長いステージならば540gに達し、これを（概して30g入りが多い）ジェルだけで摂るなら、じつに18パックもの分量になる。甘ったるい液体を18パックも飲みくだすとなると、いくらメーカーがいろいろな味を用意してくれているといっても、早々に飽きが来ることは避けられない。
　対策は、リアルフードを間に挟むことだ。現代の自転車選手は——すでに見てきたように——栄養士や栄養学者や調理師といっ

▷ 2013年のラルプ・デュエズでは、リッチー・ポートがジェルを届けたことで、クリス・フルームのボンキングに歯止めがかかった

たサポートスタッフの助言に基づいて補給をしながらも、レース中口にするものに関しては、ラボで研究開発されたものではないメニューから選んでいる。

「ホアキン［・ロドリゲス］も含め、うちの選手たちのほとんどが、レース中、ハチミツやハムを挟んだサンドイッチを食べます。そしてステージを走り終えると、ジャム入りタルトとライスケーキをたらふく詰め込むんです」。カチューシャの広報担当、パウロ・グリッランディはそう言う。2015年末にトレック・セガフレードから移籍したエティックス・クイックステップの新星ボブ・ユンゲルスは、もう少し変わった嗜好の持ち主だ。「レース中はクリームチーズとハム、それにイチゴジャムを挟んだやつを食べることが多いね」。

もっとも、これは理にかなっている。ハムはタンパク質とナトリウムを補給してくれるし、チーズからもタンパク質が摂れる。ティンコフの調理師を務めるハナ・グラントは、手製のライスバーが自転車選手への栄養補給プランの柱になっていると話す。リアルフードのさらなるメリットは、市販のバーよりも水分が多いということだ。水分が多ければ、噛んで飲み込んで消化するのが容易になる。暑さに悩まされるステージでは、それがいっそう重要になってくることは言うまでもないだろう。

理想は、ジェルとバーとリアルフードをほどよく組み合わせることだ。しかし、ツールに参加している選手の中には、強い肉体的ストレスによって胃腸が荒れてしまう者も少なくない。パリにたどり着いた暁にはハンバーガーやブリトーをぱくつくことを選手たちが夢見ていると思うなら、それ

▽ 2012年ツール・ド・フランスの第10ステージ（マコン〜ベルガルド＝シュル＝ヴァルスリーヌ）でチームメイトのマーク・カヴェンディッシュ（左）からボトルを受け取るブラッドリー・ウィギンス（右）

△ 2014年大会で観戦客のキャンピングカーに窮地を救われたフランスのアルノー・デマル

定外のトイレ休憩を余儀なくされた（観戦客のキャンピングカーに駆け込んで事なきを得た）。デマルは人間としての尊厳を保つ代わりにタイムと水分とナトリウムを失ったわけだが、じつを言うと、これは避けられた事態だ。炭水化物の入った飲料を飲みくださずとも、口をすすいで吐き出すだけで、一定の効果が得られる。こういった研究成果は、すでに証明されていたのだから。

イギリスのジェームズ・カーター博士が主導する研究では、被験者の選手たちに40kmのタイムトライアルを課した。休憩を挟んで、もう一度タイムトライアルに挑んでもらい、今度はマルトデキストリン溶液で5秒間口をすすぐという条件をつけた。すると驚いたことに、同じ炭水化物溶液を実際に飲んだときよりも、選手たちのタイムは平均して1分短縮したのである。

以来、カーター博士の実験結果を検証する作業がさんざん行われてきたが、そのメカニズムはまだ完全には解明されていない。ただ、口をすすぐ液体に含まれていた炭水化物が口中の受容体（レセプター）に結びつき、それが脳にもうすぐ食べ物が補給されるという信号を送ったのだとする説には説得力がある。これが体感的な辛さを減らし、タスクを容易にして、より速い走行を促すのではないかと推測される。

「でも、このやり方にはきっと限界があるでしょう」。英国スポーツ研究所の運動栄養学者、ソフィー・キラーは否定的な見方を示す。「ツールが終わるまでずっと脳をだまし続けるなんて、無理ですからね」。

こうした「感覚の活性化」は、フルームがラルプ・デュエズで見せたステージ終了間際の回復劇でも一定の役割を果たしたのではないかとキラーは見ている。「彼の味覚を活性化させたことは間違いないでしょう。ただ、ジェルはほんの15分前後で血流に入り込むことができます。劇的な回復は、この2つの要素の相乗効果だったのかもしれません」。

は現実からかけ離れていると言わざるを得ないだろう。

「ツールに出るたび、僕の胃腸は完膚なきまでに打ちのめされるんだ」。BMCレーシング所属のブレント・ブックウォルターはそうこぼす。「レース中、何より楽しみにしていることのひとつは、終わったら何も食べなくていいってことさ。レース後の数日間はコーヒーを少し飲むだけで、あとはいっさい口にしない。そうやって本当にひもじくなり、喉が渇くのを待ってから、おもむろに、ゆっくりと食べ始めるんだ」。

「自転車レースは、近年、人間らしさに欠けてきた」とブックウォルターは続ける。「どれだけ口に入れるかを、常に気にかけなきゃならないなんて、精神的にも肉体的にもしんどいことだよ」。

そういう肉体的なストレスが、とうとう限界に達することもある。たとえば2014年ツール・ド・フランスの第14ステージで、FDJのアルノー・デマルは腹をくだし、予

RACE FUELLING 175

カフェインへの偏愛

キラーの専門分野は、じつはカフェインだ。自転車競技の草創期からプロ選手たちを虜にしてきた化合物である。「ご多分に漏れず、我がチームもバスにエスプレッソマシンを積んでいます」と言うのは、トレック・セガフレードのコミュニケーションマネージャー（広報担当）を務めるティム・ヴァンダーユーフドゥだ。「選手のほとんどはコーヒーをたくさん飲みます。セルフサービスでね。マシンはあっという間に空になる。スタートラインに向かうときは特にそうです。すぐにありつけるコーヒーのうち、バスのマシンのやつがいちばんうまいなんてときもある。ホテルのコーヒーは進んで口にしたくなるようなものばかりとは限りませんから。もちろん、イタリアは別ですよ」。

カフェインが運動選手のパフォーマンスを向上させることは実証済みだ。国際自転車競技連合（UCI）はかつて、カフェインの大量摂取を禁止したことがある。カフェインには心身両面でのパフォーマンス向上効果が認められるからだ。しかし、2004年にはこの決定を撤回。「それはカフェインの代謝に個人差があるからでした」と、キラーは言う。「体内のカフェイン量を量ることは極めて困難です。それは、人によってカフェインを代謝する速さが違うからです。コーヒーを1杯飲むにしても、ある選手は4時間以内にその痕跡が消えてしまうのに、別の選手は6時間経っても痕跡が残っているということがありえます」。

「カフェインに抜群の効果があるのは、人間の体中にカフェインの受容体があるからです」とキラーは続ける。「脳も例外ではありません。そうした受容体にカフェインは取りつくのですが、体内の領域が違えば効果も異なります。脳内では認知機能を向上させ、その結果、反応時間が早まるのです。筋肉中での反応はまた違います。カフェインはアデノシン受容体（エネルギー生産に重要な役割を果たす物質）に取りつき、それが筋肉を刺激してより大きな力を生み出させるのです」。

カフェインは中枢神経系にも作用し、疲労が溜まりつつあるという脳へのメッセージを弱める。それにより、体感的な辛さが軽減されるのである。「カフェインは脂肪酸からのエネルギー生産も刺激します」。モビスターのスポーツサイエンティスト、ミケル・サバラはそう補足する。

カフェインにどうしてそのような芸当ができるかというと、それは、カフェインが偽装の名人だからだ。脳内で、アデノシンは抑制性神経伝達物質として機能する——言い換えれば、眠気を催させ、目覚めを抑える。しかし、アデノシンのふりをしたカフェインが脳内に存在すると、神経活動は緩和されるよりもむしろ増大する。脳の下

▽2013年ツール・ド・フランスの第1ステージ（ポルト＝ヴェッキオ～バスティア）を前にエスプレッソを味わうスカイ・プロサイクリングのピーター・ケノー

垂体はこのニューロン活動を感知し、それを緊急事態と受け取って、副腎にアドレナリンを分泌するよう命じるホルモンを放出する。アドレナリンは闘争・逃走反応（心拍数と血圧の上昇）を刺激するので、その結果、より多くの脂肪が燃焼してエネルギーに変わる。

では、どれだけのカフェインを摂ればいいのか——それは、期待する効果によって違う。たとえばスプリントに備える等、筋肉の働きを良くしたいのであれば、相当な量が必要になる。体重1kgあたり3～4mgといったところだろう。体重60kgのアスリートなら、200mg前後になる。「1本のジェル（エスアイエスのゴー・プラス・カフェインなど）に含まれている量よりははるかに多いですが、カフェインのタブレットやコーヒーを飲むことで簡単に到達できます」と、キラー。「スタート前に濃いコーヒーを飲み、走行中はジェルに含まれるカフェインで上積みしてゆくのも、ひとつの手ですね」。「私たちはステージの概要と距離を考察し、カフェインジェルのようなものをどのタイミングで摂るか決めます」と、BMCの栄養士ハウダムは言う。「ツールマレー峠やガリビエ峠のような山岳コースが控えているなら、山の上でボンキングを起こさないようカフェインジェルを1本摂るのがいいかもしれません。でも、残り3分の1を切ってからスパートをかけたいなら、コースを半分過ぎたあたりに何本か摂って、その後も少し追加するぐらいがいいでしょう」。

はっきりしているのは、1日にカプチーノを何杯も飲むようなカフェイン常用者は、レース中に摂るカフェインへの感度が鈍るということだ。だから、本番でより大きな効果が得られるよう、選手のほとんどはツールのような大会に向けた準備期間中、カフェインを控える。そしていざカフェインを摂るときは、目当てのステージに照準を合わせる。

サプリメントの類いは何でもそうだが、ご多分に漏れず副作用はある。カフェインの刺激性は心拍数を上げる。これは深刻な問題ではないにせよ、睡眠のリズムを乱す恐れがある。そこで、レースに向けた戦略が必要になってくる。「翌日に過酷なステージが控えている場合、できれば睡眠不足は避けたい。選択肢のひとつとして、休息日の前日にカフェインを使うという手があります」と、チーム・ディメンションデータのパフォーマンス・バイオケミスト、ロブ・チャイルドは明かす。「そうすれば、もし十分な睡眠がとれなくても、翌日の昼寝で補えますからね」。

カフェインにエルゴジェニックな（パフォーマンスを向上させる）効果があることは実証されているが、だからといって自転車選手の全員が愛好しているわけではない。たとえばクリス・フルームは、『デイリー・メール』紙に、走行中にカフェインの錠剤を飲むことはないと語っている。「その代わり、山岳ステージではエスプレッソ2杯分に砂糖とハチミツをたっぷり入れたボトルを用意する。僕にはそれで十分さ。たいていは、ステージの終盤に差し掛かったところで飲むんだ」。

しかし、ここ数年、一部の選手の（特にレース最終盤に使う）ボトルに実際のところ何が入っているのかが取り沙汰されてきた。完全に合法ではあるものの、こうしたボトルの中身はステージ後半のスピード強化を促すよう工夫されている。具体的には、砕いたカフェイン錠剤と鎮痛剤を入れることが少なくない。テイラー・フィニーは、ステージ終盤の疲労痛を和らげるため、選手の間でよく使われる鎮痛剤のひとつがオピオイド系鎮痛剤トラマドールであることを明かしている。また、カナダ出身のマイケル・バリーは2014年に出した著書『ロードに落ちる影（Shadows on the Road）』の中で、チーム・スカイの選手たちがレース中にトラマドールを与えられているところを"よく"目にしたと書いている。

この件は、チーム・スカイがトラマドールを使っている所属選手はいないという声明をわざわざ出すほどの事態に発展した。いわく、「トラマドールを服用して走行してはならない——これは我がチームのポリシーです。チーム・スカイは、レース中とトレーニング中とを問わず、予防的な措置としても実際に痛みを緩和する手段としても、トラマドールを選手に与えることはありません」。ただ、チーム・スカイの広報担当は2010年シーズンに関するバリーの主張の真偽を確かめることはできなかった。2012年からチーム・スカイの専属医師を務めるアラン・ファレルは、『サイクリングニュース』誌に次のように語っている。「我々がトラマドールを使ったのは、あくまでも臨床的に適切な場合に使って効果を発揮させる鎮痛剤として、です。使ったことがあるのは確かですが、やむを得ない場合に限られます。最小限度の量を処方しましたよ……選手の誰かが鎮痛剤を使わざるを得ないようなケガをすることは、時々ありましたから」。

　これは、自転車レース界にあまりにも大きな波紋を投げかけたようだ。チーム・スカイも加盟しているMPCC（サイクリングのための信頼運動）が、以後レース中にトラマドールを使わないと約束したことからも、いかに反響が大きかったかわかるだろう。

　そもそも、なぜトラマドールを服用すべきでないのか——理由は、やはり副作用だ。フィニーはそれを、「頭がぼんやりする」と表現している。また2014年、ロット・ベリソルの医師、ジャン・マテューは、トラマドールが落車の原因になりうることを示唆した。様々な報告が寄せられているにもかかわらず、トラマドールは合法の地位を保っている。ただ、世界アンチ・ドーピング機関（WADA）が監視対象にしていることからもわかる通り、黒とは言えないまでも灰色に近いことは間違いない。世界アンチ・ドーピング規定にはこうある。「WADAは、署名当事者および各国政府との協議に基づき、禁止表に掲載されてはいないが、スポーツにおける濫用のパターンを把握するために監視することを望む物質について監視プログラムを策定するものとする」。ちなみに、カフェインも監視対象に入っている。要するに、ある種の薬物を使用することは認められているが、健康を害するほど使ってはいけないというのがWADAの方針なのである。

乳酸の中和

　トラマドール等に比べてあまり物議を醸さないのが、重炭酸ナトリウムの使用だ。高強度のパフォーマンスを発揮するためのスポーツ用サプリメントとして使うケースは、1930年代から記録がある。広く人気を博したことこそないが、1980年代以降、様々なパワー系種目で使用されてきた。なぜだろうか？　「一言で言えば、運動中の乳酸に対する許容量を増やすからです」。チーム・ディメンションデータのスポーツサイエンティスト、ジョナサン・ベイカーはそう説明する。「つまり、より強度の高い運動が連続して可能になり、したがって、より長い時間、大きなパワーを出し続けることができるようになるのです」。

　重炭酸ナトリウム——ケーキを焼くのに使う発泡性の白い粉——は緩衝剤と呼ばれるものだ。その働きはどのようなものなのだろうか？　まず、私たちはそれなりの強度で運動していると、パワーのアウトプットを維持するために必要な酸素を筋肉に送り込むことができなくなる。けれども、体は賢いもので、酸素なしで（＝嫌気的に）エネルギーを生産し、不足を補う能力がある。

　これは筋肉の細胞内で起こるプロセスであり、この嫌気的エネルギー生産の副産物が乳酸である。乳酸は水素イオンを発生させる。フィットネスレベルが高いほど、この方法でエネルギーを生産できる時間が長

▷世界最高峰の選手たちはグリコーゲンの深刻な低下を避けるため、常に栄養補給を怠らない

ボンキングの生理学

○ボンクは自転車選手なら誰もが知る現象だ。もともとは「ごつんと何かにぶつかる音」という意味で、そこから、燃料タンクが突然、空になる恐ろしい事態を指すのに使われるようになった。

ボンクが起きると両脚は萎え、まるでゼリーのように感じられる。そして、自転車を漕ぐことが——同じくデザートで例えるなら——カスタードクリームの中を進むに等しい苦行と化してしまうのだ。

これは簡単に言うと、体内のグリコーゲンが高強度の運動で激減し、残量が危機的な水準にまで落ち込んだ状態だ。筋肉と肝臓に蓄えられているグリコーゲンの量は500g前後(カロリーにして2,000kcal)であり、それらが底をつけば、体は代わりに脂肪を燃やす他なくなる。ところが、高強度でペダルを踏みながら脂肪を燃焼させることは、生理学的に難しい。脂肪を分解するには大量の酸素が必要だからだ。もし需要に供給が追いつかなければ、疲労が全身を包み込み、脱力感に襲われる。これはむしろ、脳ではなく体がペースを落とせと命じる劇的な方法なのである。

自転車選手がボンクを回避するには、なんと言っても、走行前にパスタやポテトのような炭水化物の多い食事を摂ることでグリコーゲンを満タンにしておき、なおかつ走行中はエナジードリンクやジェル、バーなどで減少分を随時補うことに尽きる。

くなるが、最もフィットネスレベルが高い選手でさえ、生み出した乳酸がもうそれ以上の分解と再利用に耐えられなくなるときは必ず来る。そうなると乳酸は筋肉から血流にあふれ出し、血液の酸性度を上昇させる。体は絶妙な均衡の上に成り立っているので、脳はこの不安定な酸性度の上昇を感知し（その仕組みについてはまだ定説がない）、筋肉に激しい運動をやめよと命じる。すると、パワーのアウトプットが低下し、それとともにマイヨ・ジョーヌを獲得するチャンスも遠のくというわけだ。

そこで重炭酸ナトリウムの出番である。重炭酸ナトリウムはアルカリ性だから、激しい運動による酸化の脅威を中和する。理論上、選手はより長い時間、より高い強度で自転車を漕ぐことができる。

プロの自転車選手が重炭酸ナトリウムを使用することの有効性は、数多くの研究によって裏付けられている。たとえば2013年、チューリッヒの人体動作研究所が行った研究では、自転車選手とトライアスロン選手あわせて8人が、体重1kgあたり0.3gの重炭酸ナトリウムまたは偽薬を与えられた上で、90分後にクリティカルパワー・テスト（一定時間維持できる平均パワーの最大値を計測）を受けた。重炭酸ナトリウムと偽薬を投与するこの実験は、5日にわたって毎日繰り返された。

結果、重炭酸ナトリウムを補充すると、ク

▽重炭酸ナトリウムの摂取は、タイムトライアルにおけるごく一般的な栄養戦略だ。チーム・ディメンションデータも採用している

リティカルパワーでのアウトプットが23.5%という驚異的な伸び率を示すことがわかった（平均して669秒から826.5秒に延びた）。しかも、5日とも同様の結果が出たことから、重炭酸ナトリウムの摂取はタイムトライアルのような1回限りの激しい運動だけでなく、複数ステージのレースにも効果を発揮することが示された。一方で、胃の不快感や吐き気といった副作用が出る可能性もある。

「うちの選手たちの多くはきっと、ツール・ド・フランスのプロローグのような、20分以内に決着がつく勝負で重炭酸ナトリウムを使うでしょうね」とベイカーは言う。「ただし、量をどれだけ使うかは、トレーニング中に試行錯誤しながら決めることになります。重炭酸ナトリウムは、その都度の投与が可能です。たとえば、トレーニングでは、体重1kgあたり0.6gの重炭酸ナトリウムを溶かした水を選手に渡し、レースの1時間前に飲むよう指導します。血流に入り込むまでの時間を見込んでいるわけです。ただ、その水は非常に塩辛く、選手が吐き気を催してしまうこともあるので、カプセル剤も用意します。小さなカプセルを10〜20錠も飲まなければならないのは大変ですが、それでも水に溶かしたものを飲むよりはマシです」。

少量を長期間摂取し、徐々に血中濃度を上げてゆく方法もある。「しかしそれでは、ツール・ド・フランスの場合、プロローグはともかく、大会途中で行われるタイムトライアルには役立たないでしょう」とベイカー。「第1ステージで効能を使い果たしてしまうからです。だから、おそらくその都度の投与がベターなのです」。

ベイカーはまた、実験室の成果を実用化することの大変さも指摘している。「スポーツサイエンスの論文は、世界中で年間1万本前後が雑誌に掲載されます。心筋の働きに関するような高度に医学的なものから、エナジードリンクはただの水よりも優れているといったようなシンプルなものまで、玉石混交です。その中から最も優れていて、なおかつ最も実用的なものを選び出すのが我々の仕事と言えるでしょう。時には、実験室という人工的に作られた環境で起きたことを現実の世界で確実に再現できるよう、アレンジを加えることもありますよ」。

「我々がクエン酸ナトリウムの代わりに重炭酸ナトリウムを使うことが多いのも、それが理由です」とベイカーは言い添える。「実はクエン酸ナトリウムのほうが緩衝剤としては優れていることを示す研究結果があります。でもあいにく、そこらのスーパーマーケットでは売っていないのです」。もちろん、財力のあるチームならクエン酸ナトリウムを薬局ごと買い占めることもできるだろう。しかし、所属選手は世界各地でレースに参加したりトレーニングに励んだりしている。たとえば、クライマーの選手だけでキャンプを張るなど、3、4人のグループに分かれて行動することも少なくない。それを考えると、サプリメントは購入しやすいものを使うのが理想なのである。

むしろそういったことが、ワールドツアーに参加するチームで仕事をする醍醐味とも言える。確かに、実験室から生まれた成果は驚くべき結果をもたらすこともある。ただ、実験室ほど環境が整備されていない、プロ自転車競技の慌ただしい世界に応用した場合、必ずしもプラスの効果を生むとは限らない。今後も流行り廃りは繰り返されるだろうが、カフェインとエネルギー補給製品と地味なライスケーキがゴール目前の選手たちに燃料を与える状況は、この先何年も続くだろうからご安心を。ただ、補給の戦略はそこで終わりではない。ゴールゲートをくぐった選手たちが真っ先に考えるのは、翌日のステージに向けて回復に取りかかることだ。次章で述べるように、それにはキッチントラック、ストッキング、そして睡眠（それもたっぷりの睡眠）が関わってくる。

RAPID RECOVERY
速やかな回復

ツール・ド・フランスの戦いは、2日の休息日を挟みつつ、23日間、21ステージにわたって繰り広げられる。参加選手は198名で、総走行距離は3,200km以上。2015年大会で言えば、優勝したクリス・フルームは84時間46分14秒、最下位となったFDJのセバスティアン・シャヴァネルは89時間43分13秒でゴールした（ちなみに、総合最下位の選手には「赤ランプ〈ランタン・ルージュ〉」という不名誉な称号が贈られる）。つまり完走するためには、丸4日に相当する長丁場を走り切らねばならないのだ。こう聞くと、恐ろしく過酷に思えるかもしれない。だが、休息日を含む全日程23日で考えれば、19日近くに相当する時間、選手たちはレースをしていないとも言える。このレース以外の時間、彼らはどのように身を処しているのだろう？　その間、彼らはいったい何に取り組んでいるのだろう？　答えは簡単──回復に努めているのだ。

「ツール・ド・フランスでやらなければならないことは4つある」。ツールを複数回完走し、2015年ツアー・オブ・ユタで総合3位に入ったBMCレーシングひと筋のブレント・ブックウォルターは言う。「食事、睡眠、移動、それにレースだ。そのうちの3つは、主として回復に関わっている」。

日課を淡々とこなし、革新的な戦略を駆使して各チームが目指すのは、第1ステージからアルプスを舞台にした最後の山岳ステージまで、選手の出力を保ち続けることである。しかし現実には、これは容易なことではない。「具体的にどのファイルかと聞かれたら、パワーファイルを片っ端から見直さなきゃならないけど、どのみち何らかの形での出力の落ち込みは避けられないんだ」。こう語るのは、ティンコフのマイケル・ロジャースである。「ツール開幕直後、そうだな、たとえば380〜400ワットを1時間維持できるとしよう。最終盤、この時間は30分になってしまう。つまり、パワー自体は保てるけど、持続時間はずっと短くな

◁チーム・スカイはステージ後のアクティブレストという概念をプロトンに持ち込んだ

るわけだ」。

　回復の目的は、本来、こうしたパワーロスを最小限度に抑えることにある。そして、選手を翌日のステージに向けて回復させるための準備は、選手がゴールゲートをくぐった瞬間から始まる――果たして、本当だろうか？

　BMCのスポーツサイエンティスト、デイヴィッド・ベイリーに言わせれば、それは厳密には正しくないそうだ。2015年のパリ～ニースでのことだ。「今日になってようやく、明日のステージのためにジュディス［・ハウダム。BMCの栄養士］からもらった情報を検討しているところですよ。しかし、我々は常に最終ステージ［翌々日］のことを考えています。とりわけ、ニースからエズ峠のタイムトライアルにおけるティージェイ［・ヴァン・ガーデレン］の戦略についてね。彼が万事うまくやり、きちんと回復すれば、9.6kmという短いステージでもあることだし、ボトルなしでも構わないんじゃないかと考えているんです。余計なボトルを背負って重量を増やす必要はありませんから」。

　ツールの出場選手たちがバーやジェルや飲料に含まれるわずかなタンパク質でステージ中に回復を行い、まだ自転車を漕いでいる間に筋肉修復のプロセスをスタートさせることは、もはや常識になりつつある。もちろん、レース中は体のエネルギーの大半が他のこと――たとえば時速50マイル（約80km）までギアを上げること――に注がれているのだから、きちんとした回復は選手がゴールゲートをくぐったとき本格的に始まる。しかも、自転車を降りる前だ。

　チーム・スカイがプロトンにもたらした革新のひとつは、レース終了後の取材エリアに併設されたクールダウン・ゾーンだった。自転車競技は歴史と伝統にどっぷり浸かったスポーツで、クリス・ボードマンに言わせれば、「それにがんじがらめになって」いる。だから、チーム・スカイの選手たちが6時間のレースを終えた後固定ローラーに直行し、「クールダウン」を始めたとき、他のチームの面々はびっくりしてそれを眺めていた。

　「チーム・スカイ加入当初に走ったレースのひとつは、確か2012年のブエルタ・アル・パイス・バスコ［バスク一周］だったと思う」と、現在もスカイに所属するルーク・ロウは言う。「僕らはレースを終えてすぐ固定ローラーに飛び乗った。他チームの選手たちはそれを見て大笑いしてたよ。今はその連中が、僕らとまったく同じことをしてるんだ」。

　この発想自体は別に目新しいものではないが、それを自転車競技

▷ 固定ローラーを使ったクールダウンは、その日のレースやトレーニングで溜まったフリーラジカルを排出してくれる

タンパク質――回復の特効薬

○タンパク質はアミノ酸が1つあるいは複数の鎖状に連結したもので、生物の構成要素であり、無数の役割を担っている。

タンパク質はインシュリンなど、ホルモンとして全身に信号を送る。食べ物を消化する酵素を形作ってもいる。また、髪の毛や皮膚、筋肉の形成に関わっている。

自転車選手にとっては筋肉の形成という点が特に大切で、具体的にはロイシンというアミノ酸に関係している。ロイシンは筋肉の構成要素となるだけでなく、筋肉タンパク質合成（MPS）の促進にも関わっている。言い換えれば、タンパク質をこしらえて筋肉の修復と再生を始めるよう、筋肉に命じているのである。ホエイ（乳清）とカゼイン（どちらも牛乳由来）にはロイシンが豊富に含まれているので自転車選手にはお薦めだが、両者の特性の違いに注意が必要だ。

「ホエイとカゼインは吸収率が違います」と言うのはBMCレーシングの栄養士、ジュディス・ハウダムだ。

「練習後のように、素早く吸収したいときはホエイがいいでしょう。日中または夜間なら、消化吸収が比較的ゆっくりなカゼインを勧めます」。

ロイシンは確かに重要な役割を果たしているが、アスリートなら完璧なパフォーマンスのためにすべてのアミノ酸をきちんと補うことを心がけるべきだとハウダムは釘を刺す。そして、やはりそれも、食べ物の正しい選択にかかっているのだという。

マグロは100g中タンパク質が26g含まれており、ツールの出場選手たちの間では一般的な回復食になっている。タンパク質がより多い食材としては、七面鳥や鶏の胸肉（100gあたり30g）、牛の赤身肉（同36g）、脂肪を取り除いたポークチョップ（同25g）などが挙げられる。

に持ち込んだことが画期的だった。クールダウンの基本的な目的は、選手の体をステージ出走前の万全な状態に戻すことだ。固定ローラーを使って10分前後クールダウンを続けることで、全身のほど良い血流を維持し、動いている筋肉から代謝老廃物を取り除く助けになる。レース終了後すぐに自転車を降りてチームバスに直行すると、老廃物は単純に筋肉の中にとどまり、回復のプロセスを妨げる。こうしたクールダウンの重要性に鑑み、固定ローラーでのセッションを終えるまで、選手たちはステージ後のドーピング検査に向かわなくてもいいことになっているほどだ。もちろん、固定ローラーを使わない選手もいる。その日のステージが比較的楽で――あくまでも比較的にだが――ずっと集団の中にとどまっていた場合など、直接バスに向かうこともあるかもしれない。とはいえ、固定ローラーを使うにしろ使わないにしろ、すべての選手がゴールゲートをくぐった瞬間から燃料補給を始めていることは間違いない。

リカバリードリンク

「回復のための再栄養補給の第一段階として、炭水化物とタンパク質を配合したリカバリーシェイクで始めます」とハウダムは言う。従来は、炭水化物だけ摂ればいいことになっていた。というのも、タンパク質はウェイト・トレーニング後の筋肉の修復に限って本領を発揮すると考えられてきたからだ。しかし1990年代後半の研究は、自転車を漕ぐこと――特にスプリントとヒルクライム――が筋肉に与えるダメージを示しただけでなく、炭水化物をタンパク質と

組み合わせることで、体内のグリコーゲン備蓄がずっと速く充塡されることを明らかにした。

カナダのマクマスター大学の研究グループは、運動後のタンパク質の必要性に関する様々な研究を吟味し、炭水化物とタンパク質を4：1の割合で摂取すれば、回復速度が最大になると結論づけた。また、2004年、テキサス大学は炭水化物とタンパク質を配合した飲料が、炭水化物だけの飲料に比べてグリコーゲン貯蔵量を38％増大させることを発見した。

タンパク質を加えることでなぜそこまで効果が上がるのだろうか？　それはインシュリンに関係している。インシュリンは、ブドウ糖とアミノ酸を肝臓と筋肉に運ぶことを主な役割とするホルモンである。血中のインシュリン濃度が高いほど、より多くのブドウ糖とアミノ酸が運動中の筋肉に運ばれ、それによってグリコーゲンとタンパク質の生成を促進する。インシュリンはまた、コルチゾールからの影響を打ち消す。コルチゾールはステロイドホルモンで、高強度の運動中に上昇する。これはプロテオリシス（タンパク質分解）と呼ばれる現象を招きかねず、結果、筋肉の損耗が生じることもある。タンパク質を炭水化物と一緒に摂ることで、インシュリンの反応が2倍近くになり、コルチゾールのレベルを減らし、回復時間を短縮することが、研究によって示されている。

大事なのは配合だけではない。リカバリードリンクをどのタイミングで飲むかが鍵なのだとハウダムは言う。「運動をした後は、酵素と輸送体が活性化［標的細胞のレセプターの数が増加］します。つまり、グリコーゲンとタンパク質の生成スピードが増大するので、運動後2時間以内に適切な栄養素を補給しそこなうと、すぐに栄養補給をスタートしたときに比べて50％の効果しか得られないということです。24時間で回復するものが、40時間かかるかもしれないのです」。

リカバリードリンクを飲みつつ、サイクリングシューズを脱いでコンプレッション・ソックスを履くのが、選手たちの間ではもはや普通になっている。プロ自転車競技の世界に浸透しているパフォーマンス向上策の多くと同様、コンプレッション・ソックスも医療分野で生まれた。ただし、エリスロポエチン（EPO）やヒト成長ホルモン、テストステロンなどと違って、コンプレッション・ソックスを使用することはプロ自転車競技において合法だ。もっともそれは、トレーニング中と回復中に限ってのことで、厳しいガイドラインが定められている。UCI（自転車競技の国際的統括団体）はレース中、ふくらはぎの中ほどより上まで来るようなソックスをはくことを認めていない。それより少しでも長ければ、UCI規則に対する違反と見なされるだろう。それは本質的に、ソックスを使ったドーピングと変わらないのである。しかし、いったんステージが終われば、どんな長さのソックスをはこうが問題はない。

コンプレッション・ソックスが病院から

▽選手の疲労回復にコンプレッション・ソックスを使うチームは、FDJだけではない

スポーツの世界に持ち込まれたのが正確にいつか、特定するのは難しい。しかし、1987年の『アメリカン・ジャーナル・オブ・フィジカル・メディシン（American Journal Of Physical Medicine）』誌に掲載された論文が契機になったというのが通説だ。その中でマイケル・ベリーとロバート・マクムリーの両博士は、コンプレッション・ソックスをはいたアスリートが、はいていないアスリートよりも早く回復したことを明らかにした。

「コンプレッションウェアには多くの利点があります」。コンプレッション・アドバイザリー（コンプレッションウェアに関する助言を行う機関）のメディカルディレクターとして数多くのスポーツチームに協力してきたアクバル・デ・メディチはそう語る。「静脈還流の向上により、回復を速め、筋肉のダメージを減らす効果もそのひとつです」。

筋肉のダメージを減らす効果については、自転車選手にはあまり当てはまらない。というのも、筋肉の振動（繰り返しの衝撃による筋肉の揺れ）を抑制する機能に負うところが大きく、ランニングのように体重のかかるスポーツにより適しているからだ。ただ、静脈還流（心臓に戻る血流）のスピードを増す効能は大切だ。これは、高校生のようなハイソックスをはいてレース会場をうろうろしているコンタドールとチームメイトを見て笑いたくなったときに、思い出してほしい。

自転車走行によって生まれる副産物のひとつにフリーラジカルがある。これは奇数個の電子を持つ原子または分子で、不安定な性質を持つ。電子の対を完成させようと、フリーラジカルはDNA、皮膚、髪の毛、筋肉組織といった体の各部を攻撃する。こうした攻撃は日々、大規模に起きている。ツール・ド・フランスの競い合いで代謝コストと呼吸数が増大すると、選手の体内では一種の戦争が始まり、早く防御態勢を整えないと、その後のパフォーマンスを妨げることになる。コンプレッション・ソックスをはき、ゆっくりクールダウンを行うことで、選手はこうした毒素を洗い流し、酸素を豊富に含んだ血液を体中に行き渡らせるプロセスをスタートさせるのである。

コンプレッション・ソックスに効果があるのは、人体に「第二の心臓」が備わっているからだという。これはふくらはぎと足にある筋肉、静脈、弁膜が一緒になって働くシステムで、脱酸素した汚れた血を心臓と肺に戻し、浄化と酸素化を行う。コンプレッションウェアは、単にそのプロセスを手伝っているだけとも言える。

「ただ、加圧は段階的に設定しないと、うまく機能しません」。コンプレッションウェアを製造販売するツータイムズユーのマイク・マーティンはそう語る。「たとえばふくらはぎにかかる圧が足首よりも高いと、静脈還流の向上は望めず、したがって回復も早まりません」。だからこそ、製品のサイズが身に着ける人にぴったり合っていることが極めて重要になる。圧力は水銀柱ミリメートル（mmHg）という単位で計測されるが、これは普通は血圧を測るのに使われる。安静時の血圧は通常、上が120mmHg、下が80mmHg程度だ。前者は収縮期血圧といって心臓から血液を送り出す圧力、後者は拡張期血圧といって心臓に血液を送り返す圧力である。

「血圧は心臓から遠いほど低くなるのが明らかで、コンプレッションウェアのメーカーの多くが足首にかかる圧を22mmHg前後、太ももにかかる圧を18mmHgに決めているのもそれが理由だ。ただ、これらの数値はメーカーによって異なる」。英国スポーツ運動科学協会（BASES）が加圧に関して出した公式見解にはそう書かれている。ともかくサイズ合わせが重要で、だからこそ、自分のふくらはぎの太さに合わせたオーダーメイドのソックスが——必須とまでは言えないものの——一般的なのである。

△チームバスは疲労の回復を図り、次のステージの戦術を練るための場所だ

「市販品だと圧力が不十分で、求める生理学的効果を引き出せないことが少なくないのです」。BMCレーシングのスポーツサイエンティスト、デイヴィッド・ベイリーは言う。「我々が特注のウェアを使うのは主にそれが理由です。以前は脚周りを何カ所かで計測するだけだったのが、今ではレーザーで脚をスキャンし、ぴったりフィットするように編みあげられます」。

「いくつかのブランドで特注品と既製品を試してみたけどね。良し悪しについては何とも言えないな」。ブックウォルターの言葉だ。「僕にはどっちも効果があったからね」。

取材対応やドーピング検査を含めたステージの務めを終えると、選手たちはようやくそれぞれのチームバスに乗り込む。ただしそれは次のホテルに向かうためだけでなく、回復のプロセスを継続するためでもある。

チームの厨房

念のために言っておくと、ここで取りあげるのは、町で見かけるくたびれた白いバンとは違う。現代のチームバスは最新鋭の高性能車両なのである。チーム・スカイはここでも次元の違いを見せつけ、彼らのデス・スター（チームカー）で町に乗り込んでくる。なんと、のべ9,000時間もの労力と4カ月の期間をかけてカスタマイズしたものだという。ステージの録画映像を再生するための大型スクリーン。電子制御で前後にスライドする、選手一人ひとりに合わせてしつらえた座席（こうした座席もやはり疲労回復と体内毒素の排出に効果がある）。その他に厨房、冷蔵庫、シャワー、消毒用のハンドジェル、マッサージ台、ミーティングルームなども完備。選手の集中力を高めるためのムード照明まで用意されているという念の入れようだ。

RAPID RECOVERY

チーム・スカイは2015年ジロ・デ・イタリアで新しいキッチントラックをお披露目し、同年のツール・ド・フランスにも持ち込んだ。2台のオーブン、各種ミキサー（一部はスカイのオリジナルだがまだ市販はされていない）、炊飯器を搭載し、フルームとチームメイトが食事を摂るダイニングエリアも備わっている。堂々たる車両だが、上には上があるもので、ボーラ・アルゴン18のキッチントラックは全長19メートル、中で行われる錬金術が外から見えるよう、ガラス張りの車両とトレーラーを牽いている。いずれも、トレック・セガフレードの調理師長を務めるキム・ロクヤールからすれば、別世界の話に思えるだろう。ロクヤールはカンチェラーラらチームが泊まるホテルの厨房を、そこの料理長と共有するしかないのだから。

「羨ましいかって？」とロクヤール。「全然そんなことはないよ。一日中トラックの中で仕事をするなんて、頭がおかしくなるだろうね」。その代わり、彼は前もって各ホテルの支配人や料理人と連絡を取り、厨房の一部を使わせてもらえるよう段取りをするのである。

チーム・ディメンションデータも独立したキッチントラックは用意していないが、チームバスが厨房の役割も果たしている。2基のガスレンジと小ぶりなシンクを備え、専属のパフォーマンス・バイオケミスト、ロブ・チャイルドがステージ後の栄養補給によって選手たちの回復を速めるには十分な広さを持つ。「私のやり方は独特でしてね。まず固有の化学的経路に絞った上で、求める代謝効果が得られる食材や栄養素を特定します」とロブは言う。「本職のシェフとはまるで違うやり方です。彼らは味と見た目に力を注ぐ。理想的な栄養素の構成は栄養士に教えてもらうでしょうが、生化学や生理学的効果については考慮しません。私にとって難しいのは、口当たりが良い上に、レース中にも口に運べるぐらい便利なパックージに、必要な栄養素を入れ込むことなんです」。

「一方、選手たちはというと、バスでは健康的なスナックで小腹を満たし、夕飯できちんと食べることもあります。それもひとつのやり方ですね」とチャイルドは続ける。「でも、私はバスの中でも彼らに食事を摂らせることを心がけています。レースが終わってからホテルまでの移動にどれぐらい時間がかかるかにもよりますが」。

「ツールの場合を見てみましょう」とチャイルド。「ステージ終了は午後5時から5時半になることが少なくありません。もしそれが山岳ステージなら、優勝者から45分遅れでゴールする選手もいるでしょう。そうなると、レース会場を後にするのは6時半。そこから移動に2時間かかるとすると、ホテルにつくのは8時半です。選手はマッサージを受けますから、夕食を摂るのは9時半から10時ということになりますね。ステージ終了後、すでに4時間以上経っている。回復のために良いとはとても言えません」。

▽選手の食事の支度をするチーム・スカイの調理師、ソーレン・クリスチャンセン

そこで彼はバスの車内で簡単な料理をこしらえる。炭水化物とタンパク質と抗酸化物質を豊富に含んだものだ。「となると、新鮮な果物のサラダ、手製のライスプディング、ジェノベーゼ・パスタ、鶏肉、ニンニク、マグロなどになりますね」。

　実際、栄養満点で最高においしい"燃料"を考えるのは、ティンコフのハナ・グラントとチーム・スカイのソーレン・クリスチャンセンにとって大変な仕事になってしまった。2人の調理師は、ほぼ毎日、ツイッターにその日のメニューを投稿している。ある日のグラントのツイッターには、ライスの上にシャロットとズッキーニを添えたチキンタジンを載せた料理の写真が投稿される。一方クリスチャンセンは、ワカモレ・バジルペーストにウイキョウとキュウリのサラダを付け合わせ、焼いたビーツを添えた一皿で対抗する。選手たちに燃料を補給し、大勢のフォロワーの食欲をそそるのは確かだが、材料の調達を考えたら悪夢としか思えない。

　「うちのチームのキッチントラックはすごく大きいので、フランスに入る前に食材を大量に積んでおくことができるんです」とグラントは言う。「生鮮食品は地元で調達することが多いですね。事前にホテルに連絡しておくんですよ。良いホテルなら生鮮食材も新鮮なものを使ってますから、少し分けてもらえるか聞いたり、お薦めの魚屋や肉屋を聞いたりします。仕入れ先をたどれるような店です。魚や肉が汚染されていないとも限りませんから。そうやって当たりをつけておいた中から選びます」。

　調理の仕方もまた、回復を加速する要素となる。「うちのチームでは、直火で焼くか蒸すか——そのどちらかです」と言うのはBMCレーシングの栄養士、ジュディス・ハウダムだ。「揚げ物は脂質が加わるので消化に時間がかかります。だからツールに参戦中は、良質な炭水化物とタンパク質に普段以上にこだわりますね」。

　バスには選手がクールダウンし汗を流すためのシャワー設備もある。いくつかのチームはアイスバス（いわゆる水風呂。必要に応じて氷を入れて温度調整をする）まで用意しているが、高温のステージにおいて深部体温を下げる以外の目的でアイスバスを使うことの是非については、まだ結論が出ていない（第11章を参照）。

　「アイスバスも含め、抗炎症効果があると言われるものについて、私はそれほど信頼を置いていません」。BMCレーシングのスポーツサイエンティストで、『ジャーナル・オブ・スポーツサイエンス（Journal of Sports Science）』誌にこのテーマで論文を掲載したこともあるデイヴィッド・ベイリーはそう明かす。「結果わかったのは、それらが短期的な効能をもたらすかもしれないものの、長い目で見れば順応のプロセスを損なう可能性があるということです。自覚のある筋肉痛に2、3日は効きましたが、結局は順応を鈍らせるように感じます」。

　回復を目的としてアイスバスに浸かることがそれほど良い考えではないかもしれないという意見は、アイシングが筋肉の成長をつかさどる細胞内信号伝達反応を抑制するという事実に基づく。これは、オーストラリアのブリズベンにあるクイーンズランド工科大学の運動生理学者ジョナサン・ピークとその共同研究者たちが2014年に実験で確かめた分野だ。彼らは被験者を2つのグループに分け、隔週でレジスタンストレーニングを行った。一方のグループには、各セッション後、10℃の水風呂に10分前後浸かってもらった。もうひとつのグループには、チーム・スカイのように自転車で低強度のクールダウンを行ってもらった。結果、アイスバスに浸かったグループは、そうでないグループほど筋力が向上しなかったのである。

　一方、同じ2014年、オーストラリア国立スポーツ研究所（AIS）のショーナ・ホールソンの研究では、アイスバスが順応に好ま

しくない影響を及ぼすことはなく、むしろ平均出力やスプリント出力をはじめとする自転車競技のパフォーマンスを向上させることがわかった。

チームバスでは、クリス・フルームをはじめ、多くの選手たちはノーマテックのコンプレッション・システムも使うかもしれない（以前、フルームはこの装置で回復を図っている最中の写真をツイッターに上げたこともある）。これはタイツのようなシステムで、足首から太ももにかけて波状に圧力を送る。コンプレッション・ソックス同様、毒素を排出させるのが目的だ。「グラン・ツールでは毎日使うようにしているよ」と、ブックウォルターは言う。

すべての選手が取り入れているもっと確実な回復テクニックは、毎日のマッサージだ。長ければ1時間かけて、毒素を排出するプロセスを継続させるとともに、一日中収縮を繰り返した筋肉を伸ばしてゆく。ツールに出場する選手の回復プランに果たすマッサージの重要性は、次ページのコラム「パリを目指すマッサージ」で詳しく述べるとしよう。

こうしたテクノロジーのすべてをどのように統合させるかは、それこそ各チームによってまるで違う。けれども、オーストラリア国立スポーツ研究所のスポーツサイエンティストで、オリカ・グリーンエッジにも協力するデイヴィッド・マーティンによれば、選手自身に決断させ行動させ責任をとらせることが重要だという。「ツール・ド・フランスは心身を極限まで酷使する大会ですが、少しでもそれを軽減するためにどのようなテクノロジーを使いたいかをアスリートが自分で選べるなら、そのほうが望ましいと私たちは感じます。だから、『このコンプレッション・ソックスをはきなさい。そうすれば回復がはかどるから』と言うのではなく、『医療用の着圧肌着を使ってみたらどうだろう？　ツータイムズユーの製品でもいい。ツータイムズユーのほうが長く着

けていられるよ。なんなら、両方組み合わせて使ってみても構わない』と言うようにしています。選手たちの自主性に委ねることで、お互いがずっと楽になります。とにかく、自ら選ぶということには大きな効果があるんです。自分で選んだものは、誰かに押しつけられたものより信じられるでしょう。信じる力を侮ってはいけません」。

睡眠――勝利への道

すべての選手、チーム、科学者が効果ありと信じている回復手段は睡眠だ。いちばんよく眠った者がツールを制するとも言われる。それだけに、プロの自転車競技の世界で最も研究の進んでいない領域が睡眠だと聞けば、驚かずにはいられないだろう。体も心も夜の間に再生することを考えれば、なおのことだ。睡眠にはブドウ糖代謝と認知機能を向上させ、食欲を整えるだけでなく、心理状態を改善する効果もある。毎日8人のチームメイトと一緒に走行する選手にとって、良好な心理状態を保つのはおそらく最も大切なことだ。

「でも、睡眠の最も重要な効果のひとつは、成長ホルモンを分泌させることです」。オーストラリア国立スポーツ研究所の回復研究チームの主任で、オリカ・グリーンエッジに協力するショーナ・ホールソンはそう断言する。「成長ホルモンは筋肉の修復も促します。これがツールの全21ステージを通じて重要だということに疑問の余地はありません」。

自転車競技と夜の過ごし方の関係といえば、歴史的には、ツール・ド・フランスを5回制したジャック・アンクティルによる不道徳と見なされかねない私生活（妻と継娘を相手に三人婚生活を営み、その後、継息子の妻と関係を持った）とドーピングに限定される。昔は輸血やEPO注射によって血液の濃度が上昇し、休息中（たとえば夜通し）循環の悪さが血圧を下げ、朝起きられ

パリを目指すマッサージ

○プロの自転車選手は長年チームのソワニエ（世話係）に頼ってきた。ツール・ド・フランスに出場する選手は誰しも、同じような日課をこなす。レースを走り、ホテルに戻り、マッサージを受け、食べて寝る――それは毎日、判で押したように変わらない。

「うちのチームでは、9人の選手を4人のソワニエで担当します」。2015年大会でトレック・セガフレードのソワニエを務めたサビーネ・ルーバーは語る。「どの選手も1時間のスポーツマッサージを受けます。マルチステージに行われるマッサージから、様々な効果をたっぷり得るのが目的です。血管が拡張されて老廃物の排出が促されると、筋肉に酸素が運ばれるスピードが増します。また、筋肉のこわばりと痛みが和らぎ、可動範囲が広がります。これは、翌日200km以上もペダリングをする際の鍵になります」。

カナダのオンタリオにあるマクマスター大学のバック老化研究所が実施した調査研究でも、マッサージが筋肉の炎症を減らし、新しいミトコンドリア（細胞内でエネルギーを生産する器官）の成長を促すことが明らかになっている。

「日々のマッサージは選手たちに欠かせない疲労回復の特効薬です。ただし、大きな苦痛も伴います。痛くないということは、効いてないということですからね」とルーバーは言い添えた後、どのくらいの圧を加えるかは選手によって違うと明かした。「フランク［・シュレク］のようなクライマーの選手は、脚がとても細いのです。ですから、それほど圧を加える必要はありません。一方でスプリンターに近く、クラシック向きのファビアン［・カンチェラーラ］のような選手は、たくましい太ももをしています。そうなると、筋肉の奥まで力が届きづらいので、多めに圧をかけなければならないのです」。

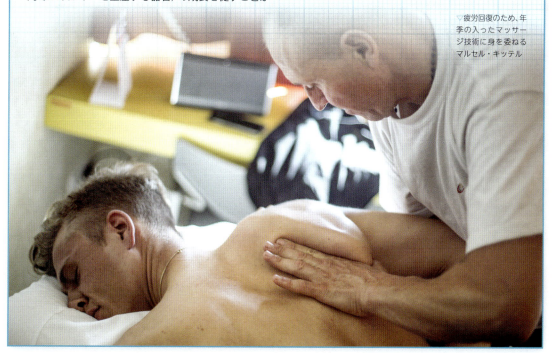

▽疲労回復のため、年季の入ったマッサージ技術に身を委ねるマルセル・キッテル

なくなるということがあった。プロ選手が夜中にいったん起きて軽くスクワットをしたり固定ローラーを使ったりして血圧を戻すケースが普通に見られたのは、それが理由だ。

もっとも、最近では各チームも睡眠の大切さに気づいてきているようだ。特にグラン・ツールでは、その傾向が顕著に表れている。2015年のジロ・デ・イタリアで、チーム・スカイのトップを走っていたリッチー・ポートは、「部屋が変わるたびに慣れない環境でストレスがたまらないよう」毎晩ホテルの外に駐めたキャンピングカーで眠った。

「MotoGP（ロードレース世界選手権）のライダーたちを見習ったんですよ」。チーム・スカイの広報担当はジロ・デ・イタリアでそう打ち明けた。「メリットはなじみのある環境で眠れることです。グラン・ツールの3週間、毎日違うホテルに泊まることの影響を調べたところ、大きなストレスになることがわかったんです。キャンピングカーで眠れば、それを軽減できます」。

あいにく、リッチー・ポートはミラノまでたどり着けなかった。タイム・ペナルティと落車で競争から脱落し、リタイアしてしまったのだ。UCIもポート選手の例外的な夜の過ごし方に感心せず、すぐさま競技規則「2.2.010」を次のように修正した。「選手はレースの全期間を通じて、主催者の用意したホテルに泊まらなければならない」。

選手の宿泊施設が再び新聞の大見出しを飾ったのは、2015年ツール・ド・フランスにおいてだった。2度目の休息日が設けられたギャップで、オレグ・ティンコフとアルベルト・コンタドールが全世界のメディアに対して、ベスト・ウエスタン・ホテルにエアコンがなく、暑さに悩まされていることを訴えたのである。「とてもじゃないが、選手にふさわしい扱いとは言えない」。私を含む汗だくの記者たちを前にティンコフは語った。「これほど大きな大会にしては受け入れがたいことだ。選手たちは6時間、炎天下を走り続ける。それなのに、宿に戻ればこの仕打ちでは話にならない」。ツールを主宰するASOは、参加チームが利用するホテルをすべて視察した上で5段階の評価をつけ、不公平にならないよう、各チームに無作為に割り振っていると言う。良いホテル、そうでないホテル、うだるように暑いホテルがあるのは致し方がないことなのだと。

チーム・スカイには睡眠に関する独特の流儀があり、一人ひとりの選手専用のマットレスと掛布団と枕を持ち込むことでメディアを賑わせている。各選手の寝具一式を荷造りするのに、ソワニエ1人で1時間かかるようだ。そして、それをまた次のホテルで荷ほどきしなければならないのだから、いくら仕事とはいえ頭が下がる。

「チーム・スカイはたぶん極端な例でしょう。自前で用意するのはマットレスパッドで十分なはずです。でも人手もお金もかけられるなら、できるだけのことをしたらいいと思います」と擁護するのは、AISのシ

> 緻密な睡眠戦略が、研究対象としても、ツールの選手たちに適用する手法としても、これまで以上に重要な分野になるだろう。
>
> ソフィー・キラー
> （生理学者）

ョーナ・ホールソンだ。彼女は10年以上も睡眠を研究し、ツールの選手にとってそれがいかに大切か熟知しているのである。「私たちにわかるのは、睡眠にはいくつかの段階があり、それぞれ、回復の焦点が異なるということです。夜の前半は肉体的な回復が優先される傾向があります。反対に後半は、脳の回復に重心が移ります。心身の回復は夜通し続きますが、優先度には明らか

な変化があります。私たちは徐波睡眠（段階3と4を合わせたもので、深睡眠とも言う）と呼びますが、肉体的な修復の大半はそこで行われるのです」。

選手がどれだけの睡眠を必要とし、実際にどれだけの睡眠をとっているかは、極めて個人的な問題だ。他のスポーツに目を向ければ、アスリートによってどれだけの違いがあるかわかるだろう。たとえばテニスのロジャー・フェデラーは12時間眠らなければラケットが振れない。陸上のウサイン・ボルトは――睡眠監視装置のメーカーで、今はもう存在しないゼオによれば――毎晩8〜10時間の睡眠を欠かさないという。はっきりしているのは、3週間に及ぶステージレースは、睡眠に大きな負担をかけるということだ。

「ステージを重ねるにつれ、ツールの参加選手の多くが不眠に悩まされるようになります。疲労が蓄積した中でアルプスに挑まなければならない最後の3週目は、特にそうです」とホールソン。「栄養補給やマッサージのように適切な回復テクニックを活用させるのはもちろんですが、中にはあまりにも寝つきが悪く、薬に頼る選手も出てきます」。

「一晩や二晩、よく眠れないからといって、大したことはありません」と、ホールソンは続ける。「これが4日や5日続くようだと、私たちはパフォーマンスに潜在的な影響が出ていないかチェックを始めます。そうするとおそらく、出力、反応時間、そして決断力の低下が見られるでしょう。レースは密集した状態で大勢の選手と競うものなので、これはどう見てもマイナスです。もちろん、エナジードリンク同様、合法的な刺激物であるカフェインを摂ることで目を冴えさせ、パフォーマンスを維持することもできます。大会期間をあと3日残すのみであれば、それもいいでしょう。ただ、パリがまだまだ遠く、自分ではどうにもならないという無力感に苛まれるとき、選手たちは困難を感じるのです」。

イギリスの生理学者アスカー・ジューケンドラップとソフィー・キラーは2015年、マルチステージの模擬レースを実施し、高強度の運動と炭水化物の摂取が自転車選手の睡眠リズムに与える影響を調べた。最大酸素摂取量が72〜73ml/kg程度の、よく鍛えられた選手を選び、9日間の集中的なトレーニングを2度繰り返させた。いずれも、屋内および屋外のインターバルセッションを4時間から5時間含む（「大の大人が弱音を吐くほどハードなものでした」とキラー）。唯一違うのは、トレーニング中に摂取する栄養分の構成だった。

「私たちが知りたかったのは、トレーニング中の高炭水化物戦略に基づく栄養補給が、通常の量の炭水化物を摂取したときに比べて、睡眠を変質させるかどうかでした」と、キラーは説明する。結果は、炭水化物の摂取は大きな違いを生まないというものだった。しかし、大きく違ったことがある。驚くべきことではないが、高強度のトレーニングを9日間行った後、選手たちがベッドで過ごす時間が（一晩で平均456分から509分に）延びたのである。研究者たちはまた、睡眠監視装置を使って選手たちの睡眠の質も計測。その結果、寝床で過ごす時間が増えたにもかかわらず、睡眠の質は低下し、選手たちの心理状態も悪化した。「実験が進むにつれ、これは選手たちのパフォーマンスに影響を与えました。要するに、質が下がったのです」。

緻密な睡眠戦略が、研究対象としても、ツールの選手たちに適用する手法としても、これまで以上に重要な分野になるだろうというのがキラーの結論だ。英国スポーツ研究所（EIS）では、キラーに協力する陸上選手の多くが競技当日に20分の仮眠をとるという。しかも、寝る直前にカフェインの錠剤を飲むことで、目覚めを良くし、競技に準備万端で臨める状態を整えるのである。

アインシュタインやナポレオンのような

偉人たちも昼寝を活用した。昼寝することで注意力が回復し、パフォーマンスが向上し、ミスも減ることが示されてきた。アメリカ航空宇宙局（NASA）が軍のパイロットと宇宙飛行士を対象に調査したところ、40分の昼寝はパフォーマンスを34%、注意力にいたっては100%向上させたという報告もある。

「ツールに出場する選手がステージ前に昼寝をとることがさほど有益でないことは明らかです。ステージは普通、午前中かお昼にスタートしますから」とキラーは付け加える。「それでも、昼寝にはグラン・ツールの選手が試してみる値打ちがあります。ステージが終わるのが午後4時から5時ぐらいであれば、ホテルに戻る移動の間、短い仮眠をとってみるのがいいかもしれません。なにしろ、マッサージと食事の後は、おそらく11時頃まで寝られないんですから。そこで、ブレイン・エンターテインメントのような分野の出番です。私たちはそうしたソナーパルスを発生させるヘッドホンを利用します。心身をリラックスさせるのに関わる脳の各部をつなぐという理論に基づく手法ですが、単なる気晴らしにもなるかもしれません」。

ホールソンはブレイン・エンターテインメントにも関心を向けているが、今のところ、もっぱら実証済みの戦略に頼っている。「選手の寝つきを良くする方法はいくらでもあります。アイマスク、耳栓、適度な室温。雑音を減らし、照明を落とすこと。スマートフォンやタブレット端末のような、明るい光を放つ機器を遠ざけるのも有効でしょう。そういう光は体内時計を刺激するので、目が冴えてしまいますから。ベッドに入る前には部屋をできるだけ暗くして、体に眠る準備をさせる必要があります」。

栄養補給は睡眠の質にも重要な役割を果たす。寝る前に好んで牛乳を飲む選手は相変わらず多いし、チームは筋肉を修復するタンパク質だけでなく、寝つきをよくしてくれるトリプトファンというアミノ酸の恩恵にもあずかっている。そしてもちろん、ツール・ド・フランスには休息日が2日ある。選手たちはビーチチェアに寝そべり、カクテルグラスを片手に日光浴を楽しむ……などと思ったら、とんだ見当違いだ。

休息日の大切さ

「休息日を管理するのは、場合によっては非常に難しい仕事になります」。BMCレーシングのスポーツサイエンティスト、デイヴィッド・ベイリーはそう語る。「自転車選手は運動をしない人たちとは対極にある存在です。ハードな運動を続けていると、いざそれをやめたとき、精神的にも肉体的にもかえってきついのです」。

2012年ブエルタの第16ステージが終わったところで、カチューシャのホアキン・ロドリゲスはアルベルト・コンタドールに28秒の差をつけて首位に立っていた。ロドリゲスはそれまでの16ステージ中13ステージを制し、コンタドールの執拗なアタックを幾度となく跳ねのけていた。1日の休養を挟んで臨む第17ステージは、サンタデール～フェンテ・デ間の187.3km。それまでのいくつかのステージと異なり、ロドリゲスにとっては比較的安全と見られていた。ときどき山道があるだけの、大部分は平坦なコースだからだ。ところが、ふたを開けてみれば、コンタドールは平坦区間でロドリゲスを引き離し、フェンテ・デまで上るカテゴリー2級の山岳コースでさらにリードを広げる結果となった。ロドリゲスは休息日の後失速したように見え、コンタドールから2分38秒遅れてフィニッシュ。その結果、グラン・ツール初制覇のチャンスをふいにしたのである。

「休息日をとることの問題のひとつに、体が回復しすぎてしまうことがあります」とベイリーは言う。「選手の体は毎日大量のカロリーと炭水化物を摂取することに慣れて

前ページ写真 2014年ツール・ド・フランスの2度目の休息日、チーム・スカイはフランスの田園地帯を軽く流して疲労回復に努めた

しまっているので、体を動かしていないときにカロリー摂取量を調整しないと、カロリー貯蔵の『超回復』という現象が起きるのです」。

超回復とは何か――まず、体内に蓄えられている炭水化物1gには、必ず水3gが伴う。もし選手が休息日も同じ量の炭水化物を摂り、そのエネルギーをまったく消費しないとすると、余剰分が体に残る。そうすると細胞が膨らみ、代謝プロセスの効率が落ちるので、体重が増える。これを超回復と呼ぶのである。

「イギリス自転車連盟にいたとき、最悪のケースを見ました。ロードレースの選手をトラックレースに転向させたんです」とベイリーは言う。「ある年、世界選手権を前にして、ゲラント・トーマスの体重が74kgから80kgに増えました。すべて水分でした。それも、たった1週間で！ マラソン選手を連れてきて中距離レースを走らせれば、似たような問題が起きるでしょうね。ゲラントは1日に4〜5時間自転車を漕ぐ競技から、わずか1時間で限界まで能力を振り絞る競技に鞍替えしたんです。これはたちまち彼の細胞を膨張させ体重を増大させました。トラックレースなら大きな支障はないでしょうが、ロードレース、特に山岳ステージでは見過ごせない問題です」。

ベイリーは足首からふくらはぎと太ももにかけての血圧を上げるノーマテックの加圧装置が、この状態を緩和するのに役立つことを発見した。血流の量を多く保ち、不活発な細胞が水膨れするのを防いでくれるのだ。カロリー制限ももちろん有効だ。休息日は普段より控えめに食べて、夕食はステージ中と同様、翌日のハードワークに備えて燃料補給に努めればよい。また、超回復に少しでも悩まされないよう、60〜90分ほど低強度のライドで流すために出かけない選手はいない。ベイリーによれば、2014年ツール・ド・フランスで、あるチームが休息日の選手たちにあえて脱水を起こさせようとしたという。水分によって増えた体重を減らすためだ。「この方法の問題は、血漿にどれだけの水分があるのか、細胞に比べて定かでないということです。だから、ことによるとリスキーな戦略になりかねません」。言い換えれば、脱水は細胞内の水分を減らし、体重増加やレース中の失速こそ防ぐかもしれないが、血漿中の水分の低下は代謝プロセスの効率を下げ、回復を遅らせる恐れがあるのだ。

ツール・ド・フランスから離れてみると、様々なアプリケーションが選手たちによる疲労レベルの管理に影響を与えつつある。「レストワイズという回復プログラムを試したことがあるんだ」と言うのはブックウォルターだ。「そのときの体調に基づいて、リカバリースコアを出してもらえるんだよ」。

レストワイズを支える理論は、およそ次のような筋道をたどる。まず、調査研究に基づいて回復とオーバートレーニングに関係する指標を洗い出し、その重要度を評価する。次に、データを収集して有意な計算にかけ、選手の体がどれくらい練習に適しているか示す点数を算出するアルゴリズムを作成する。良いスコアが出たら、ハードな練習が可能だし、悪いスコアが出たら、1日休むか、運動強度を低く抑えるのが望ましい。レストワイズについては、201ページのコラム「21世紀の回復」でより詳しく説明する。

「心拍数も回復に関わってくる」とブックウォルターは言う。「心拍数は自転車にまたがっているときもそうでないときも、簡単に測れる。起床時に始まって、随時計測できるんだ。普通にしていて心拍数が多いなら、それは体が無理をしているということだから、十分に回復していないサインなのかもしれない」。

しかし、プロの自転車チームが疲労管理のために使っている最も一般的なツールのひとつとなると、やはり本書の第1章で紹

介したトレーニングピークスだろう。「我が社のシステムでは、回復に費やす1日が、最もハードなワークアウトと同じくらい重要になります」。共同創業者のひとり、ダーク・フリールはそう言う。「ある程度のフィットネスレベルがあるとき、そこから疲労度を差し引いたもの──それがコンディションです。考えうる最悪のケースは、ツールにやってきた選手の疲労度が、フィットネスレベルを上回るほど高いことです。我々はそれを、"マイナスのトレーニングバランス" と呼びます。疲労はフィットネスの3倍から4倍の速さで増えてゆくことが問題なのです」。

トレーニングピークスは、彼らの言う「トレーニング・ストレス・スコア」を使う。これは1回のライドの質に基づく数値で、ワークアウトの強度や長さ、頻度といったファクターによって変動する。これをパフォーマンス管理チャートに入れ込むと、トレーニングの負荷とストレスのバランスを計測できる。最終的に、こうした変数すべてに基づくスコアが出るので、それを見れば選手が回復しているかいないか一目でわかるという仕組みだ。

「パフォーマンスの向上には効果があったよ」。グラン・ツール9回分のデータをトレーニングピークスに保存しているティンコフのマイケル・ロジャースは言う。「ただし、ツールを走った後の回復の評価には役立たない。僕の場合、ツール・ド・フランスに出た後、回復にはいつもひと月かかる。おまけに、ツール終了後の週末は、たいていバスク地方のクラシカ・サン・セバスティアンに参加するんだ。うちはあのレースに力を入れてるから、僕も9回か10回出場したね。だけど、形だけっていうときも少なくなかった。脚が勝手に動いてる感じかな。でも、そのあたりは個人差がある。幅広いワークをこなして1週間で回復する選手もいるからね」。

ロジャースはまた、プロの自転車選手が疲労を管理するため、レースに出走する頻度を減らしている事実を認めている。「ほとんどの選手は今、年間80日程度しか走らない。ほんの5年前には、レースに出る日が100日をゆうに超える選手が大半だった。それに比べたらずいぶん減ったものさ。問題は、そんなにたくさん走ると、運動強度と疲労を計測するのがすごく難しくなってしまうってことなんだ」。

レースに出走する日を減らすことにどれだけの効果があるのか──ロジャースは2012年ツール・ド・フランスで総合優勝を果たしたブラッドリー・ウィギンスの例を挙げる。当時、ウィギンスは3週間に一度しか出走しなかった。「トレーニングでも同じことが言える」とロジャース。「HTCでは、6時間ペダルを踏んでたよ。4時間は快調だけど、残りの2時間はもうヘロヘロさ。翌日、もっとひどい疲れが残るだけだよ。あの頃は、大勢のプロ選手が、走行の質よりも時間をプライドと自信の拠り所にしていたみたいだった。さいわい、この世界でも量より質だってことが常識になったけどね」。

疲労管理はプロの自転車競技チームに所属するスポーツサイエンティストの間で流行語になった。そしてそれは、ランス・アームストロングとビャルヌ・リースに象徴されるEPOの時代が──完全にではないにせよ──2000年代に比べればはるかに下火になったことを示す何よりのしるしだろう。EPOやステロイドを含む薬物の使用は、超人的なタイムを叩き出す超人的なアスリートを生み出したが、彼らが超人でも何でもなかったことは、のちに明らかになった。選手の大多数が母なる自然の賜物である生理学に基づいて練習に励んでいるように見える現在、疲労管理はパフォーマンス向上にとって重要な領域になったのである。

UCI会長のブライアン・クックソンは2015年のツール・ド・フランス閉幕後、AFP通信の取材に答えて、選手たちが感じる疲

労の度合いは、生体パスポートをはじめとするドーピング対策が期待した効果を生んでいる証拠だとする見解を示した。「ツール・ド・フランスに出場した選手たちは疲労困憊していたように見受けられますが、個人的見解としては、理由のひとつにドーピングコントロールの効率が上がったことがあると思います」。会長のこの説明はおそらく、パリが近づくにつれ、キンタナがフルームとのタイム差を縮めたことをほのめかしているのだろう。この大会では開幕第1週にカチューシャのルカ・パオリーニの検体からコカインが検出された後、陽性反応は1件しかなく、それに裏付けられた意見と言える。

選手の疲労の度合いを管理することは、成功に欠かせない条件だ。今の選手は、年間250日出走していたと言われる昔の選手ほどレースに出ないとはいっても、トレック・セガフレードのティム・ヴァンダーユーフドゥが2015年ツールで私に語ってくれたところによれば、「それでも1年にレースで1万2千から1万4千km、トレーニングで1万5千から2万km走る」のだという。最大で年間3万4千kmもペダルを踏んでいるわけで、これは科学的根拠に基づく装備やトレーニング、栄養戦略をあれこれ試してみるには十分な理由と言える。

21世紀の回復

 レストワイズは研究に基づくいくつかの質問に答えることで、トレーニングを始める準備が整っているかどうかを教えてくれるアプリケーションだ。BMCレーシングのブレント・ブックウォルターのような選手も使ってきた。以下の6項目をはじめとする様々なファクターに基づいて総合的なリカバリースコアを算出する。

- **安静時の心拍数**：安静時の心拍数が日によって5％程度変わるのは普通のことで、通常は疲労やストレスと結びつけて考えない。が、疲労困憊しているアスリートには5％を超える上昇が認められるという報告がある。
- **体重**：急速な体重減少は、ハードなトレーニング後の体の修復機能そのものを損なう。2％以上の体重減少は認知的パフォーマンスと身体的パフォーマンスの両方に悪影響を及ぼす可能性がある。
- **睡眠**：必要な睡眠時間は選手によって違うが、睡眠の専門家の多くは8時間前後を健康的な平均値とする傾向がある。もしこれより少ない睡眠時間が続いているなら、疲労回復にはマイナスに働くだろう。また、睡眠のボリュームと質のどちらか一方または両方が影響されうるし、順応を損なう可能性がある。
- **食欲**：選手の食欲は疲労によって減退し、エネルギーバランスのマイナスという結果を招きかねない。炭水化物の摂取量が不十分だとパフォーマンスが低下し、免疫機能の衰えから病気にかかる恐れも生じる。
- **筋肉痛**：遅発性筋肉痛（DOMS）は筋繊維の目に見えないほど小さな断裂が、筋肉内の炎症を引き起こしたものと考えられている。これは、高強度のトレーニングをした後に生じる自然な反応と言える。一方、持続する筋肉痛はオーバートレーニングのリスクが高まっていることを示すかもしれない。
- **前日のパフォーマンス**：結局のところ、疲労の度合いの目安としてこれほど確実なものはない。短期間のパフォーマンス低下はトレーニングプログラムや3週間にわたるステージレースで予想されるが、長引く場合は、深刻な疲労かオーバートレーニングの影響と見てまず間違いない。

BEAT THE HEAT
暑さに打ち勝て

「とにかく暑い日だった。気温は35℃を超えていたからね。最後の山の麓に着いたときには、そろそろ頭が爆発するんじゃないかと思ったよ」。2014年のツール・ド・フランス第13ステージを終え、チーム・スカイのゲラント・トーマスはそう語った。第5ステージ終盤にクリス・フルームがリタイアしたため、リッチー・ポートをリーダーとして戦っていたスカイだが、第13ステージではシャンルッスの上りに全員が苦戦。事実上、ここでチームは優勝への望みを断たれることになった。「[水とスポーツドリンクの]ボトルは1時間に3本——合計1.5リットルぐらい——飲んでいた。しっかり水分を補給して、LTペースで走れるようにね」。トーマスは続けた。

2015年のツールでも、猛暑は多くのステージを襲った。選手たちがピレネー山脈に差し掛かる頃、すでに気温は40℃近くまで上昇。これにはヴィンチェンツォ・ニバリも、アルベルト・コンタドールも、「上りで息ができない」と愚痴をこぼすしかなかった。ミュレからロデーズまでの第13ステージでは、路面温度は61℃と計測された（これまでの最高温度は、2010年に記録された63℃）。この暑さに苦しんだのは、前年大会で総合3位に入ったFDJのティボー・ピノだ。ポーからヴァレー・ド・サン＝サヴァンまで188kmの第11ステージで、ピノがようやくゴールにたどり着いたのは、優勝したラファル・マイカから21分以上遅れてのことだった。「ここ数日でわかったんだけど、気温が上がると、僕はたちまちエネルギーを失ってしまうんだ」。25歳のピノは言う。「暑さを乗り越えるのは、山を乗り越えるのと同じくらい難しい」。

ツール・ド・フランスの場合、問題になるのは暑さだけではない。何日間も続く前半戦をこなした後、3,000m級の山岳を全力で駆け上がるのだから、選手たちに溜まる疲労は相当なものだ。その状態でサウナのように暑いロードを走れば、体温の極端な上昇、あるいはもっと深刻な症状を招いたとしても不思議はない。

1967年、イギリスのトム・シンプソンは、パリ〜ニースで総合優勝を果たし、ブエルタ・ア・エスパーニャ——当時は4月に開催されていた——でステージを2つ制して、絶好調のままツールに乗り込んだ。経済的な不安を抱えていたシンプソンにとって、このツールでの目標は、総合3位以内に入るか、あるいはマイヨ・ジョーヌを少なくとも1日は着用することだった（ツールのステージ優勝者は、その後に行われるクリテリウムに招待され、高額な報酬を得るのが当時の慣習だった）。そこでシンプソンは3つのステージを勝負の場に選んだが、そのうちのひとつ、名峰モン・ヴァントゥを経由する第13ステージには、コース上に日陰を作る植物がほとんど生えていなかった。

第13ステージに朝がやってくる頃、帯同していた医師のピエール・デュマは、その日が非常に暑い1日になると予想した。デュマは記者のピエール・シャニーに対し、

◁ 1967年、トム・シンプソンはモン・ヴァントゥの坂で悲劇的な死を遂げた。コース上の気温は54℃に達していたと伝えられる

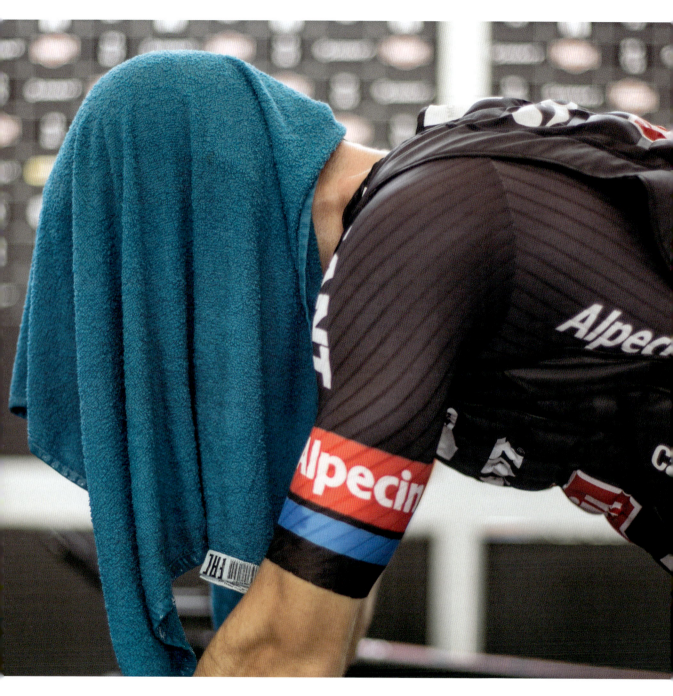

△ジャイアント・アルペシンの選手は、タイムトライアルに備えて冷たいタオルとアイスベストを使用する

「今日のレースで"トペット"［薬物の入った瓶］に手を出した者は、命の危険に直面するだろう」と語ったそうである。211.5kmのステージに出発するため、選手たちがスタート地点のマルセイユに整列していたとき、別のある記者はシンプソンの異変に気がついた。数日前から下痢と胃痛に苦しんでいたシンプソンは、見るからに疲弊していた。記者はシンプソンに、暑さのせいかと尋ねた。「いや、そうじゃない」シンプソンは答えた。「ツールのせいさ」。

レース中の正確な気温は定かではないが、この日の気温は54℃近かったという説もある。その上シンプソンは、ヴァントゥの麓の町ベドアンでカフェに立ち寄り、ウィスキーとパスティスを大量に飲み干したそうだ。あまりにも命知らずの行動に思えるが、当時ツールの選手は、スタッフから補給を受けることをほとんどの区域で禁じられていた。しかも選手の間には、「アルコールは汗としてすぐに排出されるので、レース中に飲酒をしても問題ない」という誤った知識も広まっていた。580kmを1日で走破する伝説のパリ〜ボルドーでは、多くのチームがポートワイン、白ワイン、オードヴィー（ブランデー）、シャンパンなどを楽しむつもりでレースに参加した。

シンプソンは先頭集団にとどまったままヴァントゥを上り始めたが、まもなくちぎれ、後続集団に吸収された。すると彼はバイクのコントロールを失い始め、コースをジグザグに走行した末、落車した。チームマネージャーの手助けにより、彼は再びバイクにまたがったものの、500m走ったところでまた落車してしまう。結局、シンプソンはその日の午後5時40分に死亡宣告を受けた。イギリスの『デイリー・メール』紙は、この出来事を次のように報じている。「メチルアンフェタミンとアルコールを摂取した後、熱波の中で懸命にバイクを漕いだシンプソンは、次第に呼吸できなくなり命を落とした」。

水分補給の進化

違法なパフォーマンス増強剤として使用される薬物が、興奮剤（アンフェタミンは1960年代半ばまで違法薬物に指定されていなかったが）から、運動能力を向上させる成長ホルモンやEPO（エリスロポエチン）へと移り変わったように、水分補給の戦略も進化を遂げている。チームが水分を「余分な重量」と見なしていたのは遠い過去の話だ。「我々は、選手を脱水状態でゴールさせないこと、すなわち体重の減少を2％以内に抑えることを目標にしています」。BMCレーシングの栄養士、ジュディス・ハウダムは説明する。「その目標を達成できなければ、選手のパフォーマンスは損なわれてしまうでしょう」。

たとえば、レース体重が70kg前後あるティージェイ・ヴァン・ガーデレン（アメリカ）の場合、2％を失えば1.4kgが減ることになる。それ以上の重さが減ると、深部体温の上昇、筋収縮性の低下、糖質吸収性の低下、精神疲労による判断力の低下といった悪影響が次々に起こるのだそうだ。

「ツールのように3週間続くレースでは、汗と電解質が大量に失われます。そうした状況では、選手は血液量を維持しなくてはなりません」。スポーツサイエンティストのアンディ・ブロウは言う。ブロウは電解質のエキスパートとして、自転車競技におけるナトリウムの重要性に着目してきた（詳しくは206ページのコラム「電解質マスタークラス」を参照）。一般的な成人の血液量は約5リットルだが、この数字は、失われる水分量によって変動する。ツールの場合、選手は1時間で簡単に1リットルもの汗をかくため、血液量を維持するには補水が必要だ。それを怠って5リットルを下回れば、血液の粘度が増し、体内に行き渡りづらくなってしまう。

血液量が減少すると、選手の心拍出量（心臓から1分間に送り出される血液の量）も

電解質マスタークラス

○アンディ・ブロウが設立したプレシジョン・ハイドレーションは、クライアントの発汗率を測定し、運動中摂取すべきナトリウムの量を判定するサービスを提供している。過去にはガーミン・シャープと提携し、選手のサポートも行ってきた。同社は、ツールでピークパフォーマンスを維持するために必要な電解質を、以下に4つ挙げている。さらに、それぞれの電解質が暑さによって影響を受ける度合いを、チャートに示した。

● **ナトリウム**：ナトリウム（Na^+）は体液中に最も多く含まれ、またおそらく、身体にとって最も重要な電解質である。この陽イオンは、主に細胞外液中に存在し、筋収縮や神経伝導において大きな役割を担う。また、体内の水を輸送するためにも不可欠だ。人間の身体は、ナトリウムなくして水を排出したり、移動させたりすることはできないのである。血液中のナトリウム濃度が変化すると、脳は腎臓に尿量を調節するよう指令を出し、摂食中枢に水分あるいは塩分を増やすよう働きかける。標準的な血中ナトリウム濃度は、135〜145mmol/Lである。

● **カリウム**：カリウム（K^+）は細胞内液に存在する陽イオンである。このイオンはナトリウムと協力して膜電位を調整しているため、神経伝導においてやはり重要な働きを担う。また、ブドウ糖を細胞に送り込む手助けをして、エネルギー産生に大きく寄与している。血液中のカリウム濃度は、4.5〜5.5mmol/Lに保たれる。濃度の低下（低カリウム血症）を引き起こす主な原因は、下痢、断食、利尿剤の服用などである。

● **マグネシウム**：マグネシウム（Mg^+）は、筋収縮とエネルギー産生を助けるだけでなく、細胞内で酵素反応が起きる際にも必要とされる。この電解質は、栄養状態が悪いまま長時間の運動やトレーニングを続けると欠乏し、めまい、疲労、うつ症状を引き起こすことがある。

● **カルシウム**：カルシウム（Ca^{++}）は、筋肉の収縮と弛緩、神経伝導、ホルモン分泌、血液凝固の作用に深い関わりを持つ。人間の骨には大量のカルシウムが蓄えられており、身体が必要とするときに利用される。乳製品（ビタミンDも加えればカルシウムの吸収が促進される）などをバランスよく摂れば、カルシウムは十分に補充され、心身の健康につながる。

プレシジョン・ハイドレーションのチャート

電解質	1日の摂取量（MG）	吸収効率	汗1リットルあたりの喪失量（MG）	何リットルの汗を失うと欠乏するか	発汗による欠乏の可能性は？
ナトリウム*	4,000	>90%	230-1,700	4	ある
カリウム	2,700	>90%	150	16	ない
カルシウム	500	30%	28	5	ありうる
マグネシウム	300	10-70%	8.3-14.2	15	ない

*暑いレースで1時間に2リットルの汗をかいた場合、その選手はたった2時間で、ナトリウムの1日摂取量を使い果たすことになる。体内には使用に適したナトリウムの蓄えはないので、運動するごとに補給しなければならない。
出典：アニー・ベーカー著『スポーツのための栄養学（Nutrition for Sports）第2版』

低下する。たとえば、心臓が1回に100mlの血液を拍出し、100bpmで拍動している場合、その選手の心拍出量は10,000mlだ。ところが脱水になると、全体の血液量そのものが著しく減るため、心拍数が増加しても心拍出量は低下する。わかりにくければ、こう考えてみてほしい。脱水になった選手の心拍数が130bpmに増加したとしても、心臓が1回に40mlの血液しか拍出できなければ、心拍出量は5,200mlにしかならないはずだ。血液は運動中の筋肉に酸素を供給しているため、その量が減少すればパフォーマンスに支障が出るのは明らかである。

脱水が運動パフォーマンスに与える影響の大きさは、カリフォルニア州立大学のダン・ジュデルソン博士も認めている。ジュデルソンは2007年に行った研究で、脱水状態が続いた場合、人間の筋力は2％、出力は3％、高強度運動下での筋持久力は10％も損なわれることを明らかにした。どれもかなり大きな数字だが、特に筋持久力が10％も低下するという事実は衝撃的だ。逃げを打つときなど、長時間の運動に筋持久力は不可欠である。貴重な10％を失ったツールの選手は、ほうき車（レースを追いかけ、制限時間内でのゴールが難しそうな落伍者たちを拾う車）に回収されて終わることにもなりかねない。

では、選手がフランスの真夏日に感じる暑さとは、どの程度のものなのだろうか？ 解説者は当日の気温に言及することも多いが、それはほとんどの場合、ロード上にい

▽クールダウンを行うペテル・サガン。ツール2015年大会、全長161kmの第17ステージにて

る選手が体感する気温とはかけ離れている。解説者が紹介するのは、「百葉箱」と呼ばれる装置で測定された、あくまでも「日陰の温度」だ。箱の中に取り付けられたこの温度計では、プロトン内に広がる猛烈な熱気までは測定できないのである。ターマックの黒い路面は太陽の熱をよく吸収するため、その日のステージ開始前には、表面温度がたちまち50〜80℃に達する。すると、火にかけられたやかんのように、路上の空気も暖められていく。日陰の気温が32〜40℃あれば、選手たちが体感する気温は50℃以上といったところだろう。

極度に気温が上がると、ターマックが溶けて路面がべたつくようになり、時速50km以上で走行する無防備な選手たちを窮地に陥れる。2003年のツールで、オンセのホセバ・ベロキが総合2位につけたまま、ロシェット峠を下っていたときのことだ。普段はコースを念入りにチェックするベロキだが、真昼の太陽の下でターマックの一部が柔らかくなっていることには気づかなかったのだろう。ベロキのバイクは横滑りし、彼は大腿骨、肘、手首を骨折する大怪我を負った。これを重く見た主催者は、事故があった2003年以降、プロトンが通過する前に散水車を出動させ、路上の溶けやすい場所に水をまいている。

現実の難しさ

チーム内での役割や当日の作戦によって変化はあるものの、6時間かけて暑いステージを走る選手は、1時間に最大で1.5リットルもの汗をかく。完走する頃には、汗の量は9リットルにもなるという計算だ。こうした状況で、体重の2%以上を落とさないためには、走行中に少なくとも8.82リットル（1リットル＝1kg）の水分をとることが望ましい。ツールのようなマルチステージ制の大会では、選手は目を覚ました瞬間から補水を心がける。

「ツールの期間中は、毎朝必ずトイレに行って尿の色を観察するんだ」。ティンコフのマイケル・ロジャースは言う。「僕らはカラーチャートを持っているから、それで尿をチェックすれば、水分が足りているかどうかがわかる。もし脱水になっていたら、水分を補給するいちばん手っ取り早い方法は、薄めた清涼飲料水を啜ることだね」。

カラーチャートによる尿のチェックは、体重測定と同様、ほとんどのチームで行われている。中でもチーム・スカイが先を行っているのは、専用の装置を使って尿の状態を検査している点だ。脱水にならないよう気を配るロジャースの姿勢も、「積極的な

▽スペインのホセパ・ベロキ（中央）は、2013年のツールで、溶けたターマックにタイヤをとられ骨折した

補水」を戦略に掲げるチーム・スカイで育まれたものと言ってよい。「積極的な補水」とは、簡単に言えば、選手から飲み物を求められるのを待つのではなく、彼らに絶えず何かしらの飲み物を与えておこうという意味だ。ただし、水だとコップ半分ほど残してしまう選手が多いため、パイナップルジュースなどを手渡して、十分な補水に気を配っていると栄養士は言う。「レースが始まって15日経っても、僕らは朝起きてすぐ1リットルの水をがぶ飲みする。本当は誰だってそんなことはしたくないさ」。ロジャースはそう言い添えた。

カラーチャートで尿を見れば、身体の水分状態を簡単に判定できる。しかし、この方法には欠点もないわけではない。チーム・ディメンションデータのパフォーマンス・バイオケミスト、ロブ・チャイルドは、日陰でも気温40℃を超えていた2014年のブエルタについて語った。

「あれはとんでもなく暑いレースでしたね」とチャイルドは言う。「選手の身体の水分レベルについて、私は常にフィードバックを受けています。ですが、あそこまで高温下のレースでは、『尿がこんな色をしているから脱水だ』と簡単に言い切ることはできないのです。たとえば、選手がビタミンBのサプリメントを摂ったとしましょう。ビタミンBは色素が強いので、それを口にすればオレンジ色の尿が出ます。ビーツジュース［ビーツジュースの効果については第3章を参照］を飲んだ場合も、やはり尿は赤く染まります。したがって、それが脱水のせいなのか、ジュースのせいなのかという判断は難しくなるわけです」。

濃い色の尿が出る原因がサプリメントなのか脱水なのかを見極めたら、あとは朝食からステージ開始までの2時間が重要になるとチャイルドは言う。たとえ脱水になっていても、それだけの時間があれば、様々な手を打てるからだ。「選手には水のボトルを手渡すだけでなく、（電解質を含む飲料などの）特注のボトルを2本バイクに取り付けて持たせます。通常、彼らはその2本を数時間で消費するのですが、暑い日には90分ほどで飲み干してしまいます」。

ワールドツアー・チームのレベルでは、選手に合わせた栄養摂取計画を立てることが、もはや当たり前になりつつある。しかし、幅広いメニューを個別に用意するのは、レース中には難しいのが実状だ。「実験室にいるときは、自分が与えたいものをほぼ何でも被験者に与えることができます」。チャイルドは言う。「しかし、レースの場では妥協が必要です。9人の選手は、フィードゾーン［詳しくは210ページのコラム『フィードゾーンとは？』を参照］で9種類の違った飲み物が欲しいと言うかもしれない。けれど、そこで用意できる飲み物が2種類しかなければ、選手も我々も妥協しなくてはなりま

せん。実験室にいる限りは、そんなことを考えなくてもいいのですがね」。

エティックス・クイックステップのコーチ、ペーター・ヘスペルも、カスタムメイドの栄養摂取計画には実用上の問題があると指摘する。「選手それぞれに合わせて飲み物を作るなんて、ソワニエ（世話係）にしてみれば悪夢ですよ」。ヘスペルは言う。「どんなに暑さが厳しいステージでも、ソワニエは20本のボトルを準備しなければなりません。これだけでも大変な重労働なのですから、カスタムにこだわるのではなく、実

フィードゾーンとは？

○ツールの全ステージには、フィードゾーンあるいはフィーディングステーションと呼ばれる区域が設けられている。

フィードゾーンで選手はチームのサポートスタッフ、主にソワニエから、ミュゼットという名の補給食袋を受け取る。袋に入っているのは、ライスケーキや果物、サンドイッチなどだ。水のボトルや、スポーツドリンク（もしくは電解質だけが入った飲料）のボトルも、同時にチームから選手に手渡される。ミュゼットとボトルは、スポンサーから支給されたものか、主催者のASOに認められたものでなければ使用できない。

選手はフィードゾーン以外でも、マネージャーの乗ったチームカーや、主催者が用意するオートバイから補給を受けることができる。後者の場合は、アシストの選手が食べ物や飲み物をいったんまとめて受け取り、チームメイトに配布する。

▽チーム・スカイの選手にミュゼットを手渡す、ソワニエのマールテン・ミンペン

用性とのバランスを考えるべきでしょう。あのチーム・スカイだって、特別な飲み物を要求できるとしたらフルームだけで、選手全員がそういったものを用意してもらえるとは思いません」。

しかし、特注のボトルを選ぶにしても、(SiSやPowerbarのロゴマークが入った)既製品のボトルを選ぶにしても、中身は電解質、特にナトリウムが多く含まれた飲料であるという点で変わりはない。「通常、選手は2本のボトルを持って走行します。水、電解質、炭水化物が配合された飲料のボトルが1本と、ただの水が入ったボトルが1本です」。トレック・セガフレードのトレーナー、ジョシュ・ララサーバルは言う。「どのステージでも、その2本をバランス良く飲んでもらえるよう心がけています。しかし、暑いときにはそう簡単にはいきません。選手がボトルを受け取ろうとチームカー(併走車)に近づいてきたとき、我々はそれぞれのボトルを1本ずつ渡します。選手は水だけでいいと言うでしょうが、電解質と炭水化物は引き続き摂取しなくてはなりません」。

ナトリウムの必要性

大量の汗をかく選手たちにとって、最も重要な電解質はナトリウムだ。この電解質は、血漿量を保ち、血流から引き出した水分を運動中の筋肉へ運ぶ手助けをする。選手の飲み物に少量しかナトリウムが含まれていなければ、体内のナトリウムは汗と一緒に流れ出ていくばかりで、必要な量を維持することはできない。

汗をかけばかくほど、体内から失われるナトリウムの量は大きくなる。しかし、発汗量は様々な要素によって決まるため、補給すべきナトリウムの量は誰もが同じというわけではない。

「発汗量に関わりがあると考えられる要素のひとつは、選手の出身地です」。ハウダムは説明する。「たとえばオーストラリア人の選手は、ノルウェーで生まれ育った選手より、暑さに対処するのが得意でしょう。オーストラリアで育った選手は、幼い頃から暑い環境に慣れているわけですからね。しかし、それだけではありません。選手の体形も同じく発汗量に影響します。カデル・エヴァンスなどは、全身を分厚い筋肉で覆われた選手でした。彼のように筋肉が多いと、汗の量も、一緒に失われる電解質の量も多くなります。一方でコンタドールのように、それほど筋肉質でない選手もいます。彼らの筋肉量に基づいて言えば、コンタドールよりもカデルのほうが脱水になりやすいのではないかと私は考えます」。

かつて一流のトライアスリートだったアンディ・ブロウは、補水時におけるナトリウムの重要性に強い関心を持ち、2011年にプレシジョン・ハイドレーションという会社を立ち上げた。同社では、クライアントの発汗率に応じた電解質タブレットを販売している。発汗率を調べるテストでは、意外なことに、クライアントは運動をする必要はない。腕に電極を2つ取り付け、ピロカルピンイオンを導入するだけで、汗腺が刺激されるのだ。そうして出てきた汗を採取し、分析装置にかければ、汗1リットルあたりのナトリウム濃度がmmol単位で表示される。ブロウとチームはこの結果に応じて、ナトリウムが250～1,500mg含まれた製品をクライアントに用意する。

「ガーミンの選手たちにもこのテストを受けてもらいました。そうすれば、一人ひとりに合った補水計画を立てられますからね」。レースでそれを実践するのは確かに難しいとしながら、ブロウは言う。「だとしてもやはり、飲み物を個別に用意することには意味があります。体液の電解質組成には個人差があり、その数値は人によって8～10倍も違うからです。その上ツールは21ステージあるのですから、適切な補水をせずに走り続ければ、汗をかきやすい選手ほど

不利になるのは当然でしょう」。

　ここでブロウは、MotoGP選手のユージーン・ラバティの話を聞かせてくれた。ラバティが長年抱えていた問題は、特に高温下のレースで、疲れやだるさを感じやすくなることだった。テストの結果、ラバティが失っているナトリウム量は、汗1リットルあたり1,800mgと非常に大量だったことがわかった。この問題を乗り越えるべく、ラバティは現在、ナトリウムを補給する栄養対策を講じている。ツールの選手たちも暑いレースではよく使う手だが、プレッツェルなどの塩気の多い食べ物を積極的に摂っているのだ。

　「とはいえ、摂りすぎは禁物です」。ブロウはそう警告する。「数年前、当時テストチームに所属していたダニエル・ロイドにも、我々のテストを受けてもらったことがあります。グラン・ツールの間に、彼の体重は目に見えて増えていたからです。その原因は、レースの暑さ対策として、普段より多くの塩分を栄養士から与えられていたことでした。一般的には、それは賢明なやり方です。しかし、ロイドは汗をかきにくく、電解質を保ちやすい体質です。よって、余分な塩分は体内の水分量を増やし、体重の超過につながってしまったのです」。

　近年では、様々な種類、様々なナトリウム含有量の電解質タブレットが入手可能になった。各チームでも、ステージの特徴に応じた補水のガイドラインを設けている。しかし、実際のレースでは、理論上の理想とは別の問題も起こる。高温下で疲労が溜まってくると、選手は必要以上の水分を欲することがあるのだ。「僕らがよく選ぶのは、アイソトニック飲料［人間の体液とほぼ同じ浸透圧を持つ飲料］だね。そのほうが、糖分が控えめなんだ」。ジャイアント・アルペシンのリードアウトのひとり、コーエン・デ・コルトは言う。「僕らはとにかく大量のドリンクを飲むんだけど、体調を崩したくはないから、糖分は少ないほうがいい。飲めるだけの量をどれだけ必死に飲んだとしても、結局最後は脱水になってしまうんだから、困ったものだよ」。

　選手のそうした悩みは、「実践の難しさ」という言葉に集約される。誰でも平坦なコースを走っているときは、呼吸するのと同じくらい自然かつ簡単に、隣の選手と話したり、ボトルから水を飲んだりできる。しかし、コースの難易度が上がれば話は別だ。「山岳ステージの上りの終盤30分なんて、とてもじゃないが水を飲む余裕はない。それは計算に入れておくべきだろうね」。ロジャースは言う。「つまり、難易度の低い場所を走っているうちに、しっかり水分補給を済ませておくべきなんだ」。

　暑さの中をゴールすると、選手はすぐ電解質の入ったドリンクを口にし、そのまましばらく飲み続ける。レース中に失った水分を補い、翌日のステージに備えるのが目的だ。しかし、それが終わればホテルに戻れるかというと、決してそんなことはない。その日の成績が良かった選手には、別の仕事が待っているのだ。

　「上位に入った選手は、ドーピングコントロールを受けなければなりません。そうなると、予定していた手順で体力を回復させるのは難しくなります」。ハウダムは言う。「脱水がひどい場合は、回復までに1時間以上かかることもあります」。検査を受けるのは、総合首位の選手とステージ優勝者、その他ランダムに選ばれた6〜8人の選手だ。全ステージのゴールライン近くには、特別な機材を揃えたトレーラーが駐まっており、そこで採取されたサンプルはレース後に特定の機関へ輸送される。プライベートジェットで輸送されたサンプルは分析にかけられ、結果はただちにツールの大会本部へ報告される。1978年のツールでは、ミシェル・ポランティエールが普段より明らかに速いスピードで走行し、ラルプ・デュエズのステージを制した。しかし、彼はその後、他人の尿を入れたゴム球をパンツの中に隠し

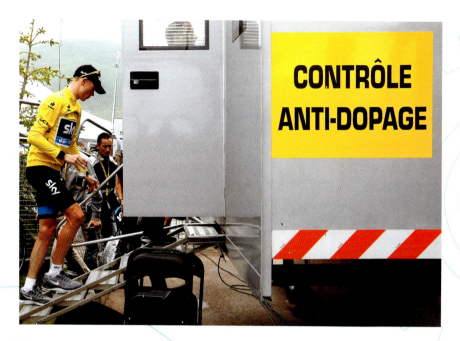

> 選手が脱水になっていると、ドーピングコントロールに1時間以上かかる場合もある

ていたかどで告発され、レースから除外される。皮肉なことに、ボランティエール本人の尿を検査したところ、結果は陰性だったそうだ。

ようやくその日のステージが終わると、チームはできるだけ早く、選手の水分回復に努める。チーム・ディメンションデータのパフォーマンス・バイオケミスト、ロブ・チャイルドが使うのは、アジアの国々に大昔から伝わるテクニックだ。「その日の気温が特に高く、チーム全員に脱水の兆候が見られたら、私は料理の味付けを変更します。スパイスを多めに加えるのです。そうすれば、選手は喉の渇きを感じやすくなり、水を飲み続けてくれます」。

ツール・ド・フランスでのパフォーマンスがあらゆる面で向上しているのと同様、補水についての考え方も日々進歩を遂げている。各チームは今なお、体重の2%以上を失わないことを目標にしているが、最近の研究によれば、この数字は絶対ではないという。研究を行ったのは、ブロック大学の運動科学教授であり、熱心なサイクリストのスティーブン・チャンだ。

「私の研究からわかったのは、体重の3%程度が失われたとしても、一般に考えられているほどの、あるいは一般に言われているほどの大きな影響はないということです」とチャンは言う。「心拍数がやや増加する傾向は見られましたし、深部体温も多少は上がるかもしれません。それでも、深刻なレベルに至った被験者は、ひとりもいませんでした。もちろん、肉体的なストレスは増えたでしょうが、パフォーマンスそのものには影響がなかったのです」。

チャンの見解は、別の研究者からも支持されている。『ブリティッシュ・ジャーナル・オブ・スポーツ・メディシン（British Journal of Sports Medicine）』誌には、『現行の補水ガイドラインの誤り：暑さによる脱水はパフォーマンスを低下させない（Current hydration guidelines are erroneous: dehydration does not impair performance in the heat）』という論文が掲載された。研究では、高いレベルでトレーニングをしているサイクリストを被験者として、

BEAT THE HEAT 213

暑い日に25kmのタイムトライアルを実施した。すると、17kmを超えた地点で直腸温（ツールでは測ろうなどと思わないこと！）だけが上昇したものの、他の測定項目には変化がないことがわかった。

フランスで行われた別の実験では、マラソンの前後に643人のランナーの体重測定を行った。その結果、上位のランナーたちが失った水分量はおしなべて多く、下位のランナーたちが失った体重は2%未満であることが判明した。世界記録を過去に2度更新した、伝説的ランナーのハイレ・ゲブレセラシェも、マラソン中に体重の10%近くを減らすことで知られている。

だが、ツールが特殊なのは、それがマルチステージ制のレースであるという点だ。ここまで紹介してきた研究結果は、どれも1回限りの運動競技を対象としたものである。しかし、ツールでは21回の競技が行われるため、選手の脱水リスクはその分高くなる。結局、この2%という数字は、ツールの選手の目標として妥当なものと言えるだろう。

暑さに対応したウェア

2013年、チーム・スカイのクリス・フルームは、チームが翌年から導入するスキンスーツに身を包んだ写真をツイッターに投稿した。「このスキンスーツは、極限域での進歩（マージナル・ゲイン）を次のレベルに導く」、そんな言葉が添えられていた。メッシュ素材のスーツからは、肌の大部分が透けて見えている。子供には刺激が強すぎるのではないかという冗談が多く寄せられるのも当然だった。「確かに露出は多いね」。2015年に初めてツール・ド・フランスに挑戦した、チーム・スカイのルーク・ロウは言う。「でも、我慢するしかない。恥ずかしがっていてはだめなんだ」。

メッシュスーツが高い冷却性を持つ理由はわかりやすい。皮膚上の空気が大きく循環されるため、蒸発冷却がより高いレベルで促進されるのだ。「確かに冷却効果はありますが、紫外線防護の点では不安があります」。ラファの主任研究開発員であるサイモン・ハンツマンは言う。「選手がメッシュスーツやメッシュトップを着て走るのなら、体中に日焼け止めを塗りたくらなければなりません」。

ラファはロンドンで誕生したアパレルブランドで、2013年からチーム・スカイにウェアを供給し始めた。革新的な素材を知的に活用し、美しいパフォーマンスウェアを仕立てることで有名だ。そういった意味でブランドの持ち味が表れているのは、話題となったメッシュスーツよりも、「クーリング・ファブリック」と呼ばれる生地を使ったシリーズだろう。ティンコフにウェアを供給するスポーツフルでも同様の生地が使われているが、このクーリング・ファブリックは、極めて薄手ながら、多層構造で肌を保護する効果にも優れている。

「高温下のレースでは、いかに熱を制御し、選手の快適さを保てるかが鍵になります」。ハンツマンは言う。「真夏でも熱をうまく制御するというのは、常に難しい仕事です。しかし、我々は様々な技術基盤を駆使して、高い冷却性の実現を目指しています」。

「最初に考えるのは、ウェアの重量です」。ハンツマンは続ける。「重さは快適さに影響するので、ウェアの完成度を損なうことなく、重量だけをなるべく軽くするよう心がけています。また、生地の構造をチェックすることも大切です。選手が運動しているときの、ダイナミックな動きに耐えられるかどうかを確認するのです」。

続いて、「ウィッキング」という言葉について説明しよう。ウィッキングとは、身体から出た水分を衣服（ここではサイクルジャージ）が吸収し、外に逃す働きのことである。水の熱伝導率は空気の20倍以上あるため、汗が溜まっていると、皮膚の温度はたちまち上昇する。これは、運動パフォー

▷チームカーから仲間の分まで水のボトルを受け取る、コフィディスのシリル・ルモワンヌ

マンスの低下につながる。「だからこそ、生地表面や内部にとどまる水分を減らし、快適さを保つことが重要なのです。我々は絶えず、蒸発冷却技術の向上に取り組んでいます」とハンツマンは言う。

　酷暑の中でも吸水と速乾を瞬時に行い、高い蒸発冷却効果を発揮する生地は、残念ながらまだ開発されていない。しかし、技術の進歩により、それに近いものが生まれつつあるのは確かだ。チーム・スカイのウェアには、「クール・マックス」と呼ばれるパフォーマンスポリエステルが使用されている。繊維の断面がプロペラの形をしたこのポリエステルは、一般の繊維より表面積が広いため、水分の吸収と蒸発が速いのが特徴だ。

　また、熱制御にはウェアの色選びも重要だというのは常識だろう。基礎の物理学で誰もが教わる通り、黒い物体はあらゆる光の波長を吸収して、熱を帯びる。白い物体はあらゆる光の波長を反射するため、熱を持たず、目立った温度上昇は起こらない。ティンコフが黄色、カチューシャが白、FDJも白といったように、ワールドツアー・チームが軒並み明るい色のウェアを採用するのも、こうした明確な理由があってのことだ。

　「スカイのウェアに関しては、あの色、つまり黒い色でデザインすることがひとつの挑戦になっています」。ハンツマンは言う。「そのままでは当然、光を吸収してしまいます。そこで我々は、コールドブラックと呼ばれる技術を使うのです」。

　コールドブラックは、スイスのショーラーが開発した加工技術だ。この加工が施された生地は、太陽光に含まれる可視光線と不可視光線をどちらも反射するため、無加工の黒い生地と比べて表面温度が5℃程度も低くなるという。「結果として、選手の疲労も減るというわけです」とハンツマン。

　ラファは、選手の体形や仕事に見合った生地を選ぶのが非常に得意なブランドだ。同時に、現在は外注に頼るばかりでなく、独自の生地の開発にも取り組んでいる。独自の発想といえば、マイケル・ロジャースが考案し、2014年のツールでティンコフが使用した「バー・ジャージ」も有名だ。このメッシュトップをアシストの選手が着用すれば、水のボトルを背中に何本も積んで走ることができる。長年懸念されてきたアシストの負担──チームカーからボトルを受け取り、それを仲間に配って回る──を軽減する上で、これはシンプルだが有効な解決策だった。長年のレース経験を持ち、脱水対策に詳しいロジャースならではのアイデアが、このバー・ジャージには詰まっていたのだ。

スラッシュ（かき氷）の活用

　2008年の北京オリンピック開催前、世界各国のスポーツサイエンティストたちは、無視できないひとつの大きな問題に直面していた。現地の高い気温と湿気をどう乗り切るかということだ。この問題に対して、とりわけ進歩的なアプローチを行ったのは、オーストラリア国立スポーツ研究所（AIS）の科学者たちだった。彼らはマイケル・ロジャースとカデル・エヴァンスに協力し、個人タイムトライアルでの金メダル獲得を目指すことになった。

　「当時はかなりの時間を実験室で過ごしたよ。ルイス・バークをはじめ、生理学者たちも一緒にね」。ロジャースは言う。「僕らの一番の関心事は、体内の温度を高温下でいかに低く保つかということだった。深部体温を測るための大きな錠剤を飲み込んでから、いろいろな強度で運動をした記憶があるよ」。

　実際の研究は、ロジャースの話よりずっと複雑だった。というのも、AISはトップレベルのサイクリストを12人も集め、彼らの深部体温を下げるための手法を次々にテストしていたからだ。多くの実験を重ねた末、研究チームが行き着いた結論は、ゲータレードで作った700〜1,000mlのスラッシュが、選手の深部体温を0.5℃下げるということだった。しかも、この0.5℃の低下は、30分のウォーミングアップを行っても保たれたままだった。脚や胴体に冷たいタオルを巻けば、確かにタイムトライアルの結果は向上する。しかし、せっかく温めた筋肉を冷やすというこの手法は、アップの効果を打ち消すものでしかないとチームは考えた。

　ルイス・バークは、体液貯留作用を高め

▽深部体温を下げるためにスラッシュを摂る、コーエン・デ・コルト

るため、グリセロールを加えたスラッシュを選手に与えるという実験も行った。グリセロールを薄めた水を飲むと、水だけを飲んだ場合と比べ、最大で50%も多くの水分量を保持できることがわかっていたからだ。UCIはこうしたグリセロールの利点を確信し、「血漿増量物質」として2010年に使用を禁じている。

スラッシュを使ったAISの実験では、40km超の走行で平均タイムが66秒向上するという驚異的な結果が得られた。そこで選手たちはこの戦略を北京オリンピックに持ち込んだが、結局ロジャースは8位、エヴァンスは5位と、いずれも金メダルには及ばなかった。次第にスポーツの現場からスラッシュが消え去っていく中、状況が変わったのは、2014年のツール・ド・フランスでのことだった。マルセル・キッテルやジョン・デゲンコルブがタイムトライアル前のアップを行う中、背後で勢いよく音を立てていたのは、スラッシュメーカーによく似た機械だったのだ。

「あれは紛れもなくスラッシュメーカーですよ」。ジャイアント・アルペシンのスポーツサイエンティスト、トゥーン・ヴァン・エルプは言う。「私の研究でも、スラッシュを利用する価値は十分にあるとわかっていました。そこでAISの研究からアイデアを借り、調整して使ってみたのです。ツール前のトレーニングキャンプで選手たちに与えてみると、彼らはもう大喜びでした。暑い中でも出力が落ちにくくなったと感じたようです」。

スラッシュはもともとの体温を下げるため、選手の身体の中で、熱を吸収する余地が増えるのだろうとヴァン・エルプは言う。深部体温が39.5℃付近まで上昇すると、選手の身体は次第に機能しなくなっていく。しかし、低い深部体温から始まれば、限界点に達するまでの余地ができ、ハードな走行を続けられるというわけだ。「気温が25℃以上になったときだけ、我々はスラッシュを使っていました。冷却の度合いは選手によって違いますし、環境にも左右されますが、パフォーマンスに対して3～8%のプラスの影響があるとわかりました」とヴァン・エルプ。「比較的距離が短く、強度が高いタイムトライアルのようなステージでは、いっそう効果が期待できます」。

一般的なスラッシュにいくらか炭水化物をトッピングすれば、ブドウ糖と果糖の比率は理想的な2：1になる。したがって、1時間のハードな走行の前にスラッシュを摂るのは、理屈の上では悪くない方法だ。しかし、現場の選手からは、やや「きつい」という声が聞こえてくる。「確かに身体は芯から冷えるけど、問題は食べられないし、楽しめないということなんだ」。デ・コルトはいう。「ずっと口に含んでいると溶けて温まってしまうから、氷ごと飲み込まなきゃならない。これでは胃を痛めるんじゃないかと思うよ。今のところ、僕は大丈夫だけど」。

スラッシュの摂取は、ステージ後の体力回復にも効果があると考えられている。チーム・ディメンションデータのパフォーマンス・バイオケミスト、ロブ・チャイルドは、これをヒントにあるアイデアを思いついた。「ステージ後にバスの中で選手に出す食事は、当日の気候条件によって決めています。チームに同行してポルトガルにいた日は、とにかく暑かったので、シャーベットなら選手も喜ぶのではないかと思いました。そしてシャーベットの中に、炭水化物やタンパク質も加えれば、非常に身体に良いのではないかと考えたのです。そこで私はライスプディングを作り、プロテインパウダーをいくらか振りかけて、冷凍庫で固めることにしました。このプディングを食べれば、深部体温の低下、エネルギーの補給、筋肉の修復が一度に進みます。けれど、私にとってそれ以上に意味があったのは、選手たちが気に入ってくれたということですね」。

放熱の仕組み

○通常、人間の深部体温は37℃前後だ。しかし、暑い環境で高強度の運動を行うと、この温度はたちまち38℃を超え、パフォーマンスの低下や、筋肉のけいれんにつながる。

体温が40℃近くになると、選手は熱疲労に襲われ、吐き気や頭痛といった症状が起こる。40℃以上になると、熱中症になるのは時間の問題だ。この段階になると、錯乱、吐き気、視覚障害といった症状が現れる。放っておけば脳障害や臓器不全を引き起こすばかりか、死に至る可能性もあるため、ただちに治療を受けることが必要だ。ツールの選手は、次の4つの方法（対流、伝導、蒸発、放射）で運動中の身体から熱を逃し、深部温度を一定に保っている。

対流：皮膚上にある空気の分子や水の分子を移動させて、放熱するプロセス。速いペダリングによって風速が上がると、風速冷却が強まるのは、このためである。

蒸発：水分を気化させて、放熱するプロセス。つまり、汗を蒸発させること。

太陽放射

皮膚からの蒸発
気道からの蒸発
放射
対流
ハンドルへの伝導

放射：体内で発生した熱を、赤外線として空気中に放散すること。ある物体から別の物体へ、物理的に接触せず熱を伝える。

伝導：別の物体に触れて、放熱すること。サドルの表面温度が選手の臀部の温度より低ければ、臀部の熱はサドルに流れていく。

筋収縮
重力との戦い
地面からの反射日射

サイクリストによる放熱

ベストとストッキング

オリンピックから生まれたもうひとつの革新的な冷却ツールに、アイスベストがある。チーム・ディメンションデータやジャイアント・アルペシンなど、数多くのチームが使用しているこのベストは、1996年のアトランタオリンピックが発祥となった。この大会で、オーストラリアのボート代表チームが、氷のうを詰めたベストをアップ中に着用していたのである。現在は、暑いステージの前にローラーの上でアップを行う自転車選手たちも、こうしたアイスベストをほぼ必ず身につける。

「アイスベストを着るのは、タイムトライアルの前か、重要なステージの前だね」。デ・コルトは言う。「着ている時間はだいたい20分くらい。ローラーの上でアップをしているときが多いね」。しかし、これまで多くの研究が重ねられてきたにもかかわらず、このベストの実際の冷却効果はほとんど明らかにされていない。「ベストを使うのは、気温が20～25℃のときだけですね」。ヴァン・エルプは言う。「冷却効果で言えば、冷たい飲み物のほうが上でしょう」。トレックのララサーバルも、この意見に同調する。「我々もベストは使っています。肌が冷たくなって、気持ちが良いですからね。とはいえ、体幹を冷やすわけではないので、生理的にというよりは、感覚的な問題だと思いますが」。

ワールドツアー・チームの選手に「快感」を与えているのは、アイスベストだけではない。フルームをはじめとする選手たちは、気温の上昇を感じると、たちまち女性用のストッキングに肌を押し当てたくなるのだと告白する。「多くのチームがやっているように、僕らも首の後ろをアイスソックスで冷やしているよ」。ロウは言う。「女性用のストッキングを適当な大きさに切って、氷をいっぱいに詰めたら、首の後ろの付け根に当てておく。ただそれだけなんだけど、本当に効くんだ」。

ティンコフでは氷を使った暑さ対策をいくつか行っているが、最も効果的なのはこのアイスソックスだと、マイケル・ロジャースも認めている。チームカーを見ていればわかる通り、どの車にも、トランクには冷凍庫が積んである。その冷凍庫の中には、大量の氷と、大量のストッキングが入っているのだ。7月にツールが始まったら、フランスの街中を走り抜ける選手たちをよく観察してほしい。きっと誰もが、アンドリュー・タランスキーのサイクルジャージの内側に、使い古しのパンティーストッキングが押し込まれているのに気づくだろう。また、モレマやカンチェラーラといったトレック・セガフレードの選手の腕には、リストバンドが見えるはずだ。

「暑いステージでは、1人の選手がボトルを、1人の選手がリストバンドを受け取りに来ることになっています」。ララサーバルが言う。「リストバンドには液状の氷をスプレーで吹きかけて、保冷ボックスに入れておきます。それを手の甲や腕に巻くと、暑さ

▽ツール・ド・フランスではおなじみのアイスベスト

が和らぐのです」。

「選手がボトルやリストバンドを受け取りに来たとき、我々は彼らの脚や頭、そして身体全体に水をかけます」。ララサーバルは付け加える。「選手にとっては、それだけでリフレッシュになるのです」。アイスベストやストッキングと同じく、身体に水をかけたとしても、深部体温に大きく影響するほど冷たさが続くわけではない。しかし、これが出力を維持するための精神的な励みとなるのは確かだ。南アフリカやオーストラリアで近年行われた研究によると、アスリートは熱ストレスの感じ方に応じて、無意識のうちに運動ペースを切り替えることがあるのだという。つまり、脳で暑さを感じると、選手のパフォーマンス速度は低下していくというわけだ。

暑さ対策は、その日のステージが終了した後も続けられる。戦いを終えた選手たちはどのように身体を冷やし、回復を強化しているのだろうか？　今なお多くのチームで使用されているのは──「筋肉の適応能力を鈍らせるのではないか」（詳しくは第10章を参照）という指摘も近年は耳にするが──昔ながらのアイスバスだ。ただし、チームに潤沢な予算がある場合は、最新式のiCoolシステムが導入されていることも多い。「ちょっと涼みたいというときには、iCoolを使っているよ」。BMCレーシングのアシスト、ブレント・ブックウォルターは言う。「基本的に、僕らは冷たい水が循環するビニールプールの中に座っているだけでいいんだ。うちのチームには予備のバンがあって、そこにiCoolのキットが2つ積んである。このバンをスタッフのひとりが運転してホテルへ向かい、到着したらプールを組み立ててくれるんだ。僕らはチームバスでホテルに着いた後、深部体温が下がり切っていなければプールに入る。時間はだいたい10～15分くらいかな」。

暑熱順化トレーニング

暑さに強くなるには、暑さそのものに「慣れる」──あるいは「順化する」──というのもひとつの方法だ。簡単に言えば、高温下で一定の時間を過ごせばよいのである。この準備を行うと、選手には次々と生理学的な変化が起こり、極限の環境やレースにも対応できる身体が作られる。研究によると、健康な成人の場合、深部体温が1～2℃上昇する環境下で4～10日過ごすだけで、その後は深部体温が低く安定し、血漿量が増え、発汗率も上昇するという。これらはいずれも、暑さの中で運動するのに好都合な適応だ。

20世紀初めの選手たちは、順化のためにサウナにこもっていたという話もある。しかし、1990年代にイギリス、リバプールで行われていたトレーニングほど極端なものは、そうないだろう。クリス・ボードマンは、1994年のツールで大会史上最速となる平均時速55.2km/hを叩き出した選手だが（現在の最速記録は、2015年、ユトレヒトでのプロローグでBMCレーシングのローハ

▽2016年、オーストラリアで行われたツアー・ダウンアンダーにて、身体に水をかけるマルティン・ケイゼル（ロットNL・ユンボ）。冷たい水は選手を元気づけ、暑さを乗り切る手助けをする

BEAT THE HEAT

CHAPTER 11

ン・デニスが達成した55.446km/h)、彼は自宅の寝室でローラートレーニングをする際、必ず暖房を入れていたという。おまけに、冷たい隙間風が侵入するのを防ぐため、窓枠はテープでしっかりと塞いであった。ウェールズ出身のルーク・ロウも、このテクニックを2013年に使っていれば、何か得るものがあったかもしれない。

「あのツアー・オブ・カリフォルニアのことはよく覚えているよ。レース中の何日間かは、40℃台前半まで気温が上がっていたからね」。ロウは言う。「辺り一帯は砂漠で、どこにも隠れる場所がないって感じだった。僕はブラッドリー・ウィギンスのアシストとして先頭を走っていたから、特にきつかったよ。その数週間前に出場したツール・ド・ロマンディでは、雪の影響でコースが短くなったっていうのに、気候ががらりと変わってしまったんだよね」。

実際のところ、ロードレースの世界では、ボードマンが行っていたような滑稽なトレーニングに励む選手は稀だ。なぜならロードレーサーは、一年中暑い地域に住んでいるか(ナイロ・キンタナ)、または暑い地域に別荘を持っている(カヴェンディッシュはジローナに所有)のが普通だからである。彼らは1月、つまりオーストラリアでいう夏の時期にツアー・ダウンアンダーに出場し、2月にUAEで開催されるレースを経て、気温の低いヨーロッパでの春のクラシックに臨む。

「春のクラシックが終わる頃には、選手自身も、身体が暑さに慣れつつあることを実感できるでしょう」。ララサーバルは言う。「トレックの選手の多くは、自宅のあるスペインでトレーニングを積む一方、カリフォルニアやドーフィネ、スイスなど、様々な場所でレースに参加します。すべてはツールに備えるためなのです」。

また、高いフィットネスレベルを保つことで、熱制御がしやすくなるというのも事実だ。暑熱順化のプロセスと同様、フィットネスの向上とともに暑さへの適応が生じ、速いスピードでの走行が可能になるのである。たとえば、発汗反応が促進され(低い深部体温でも発汗が起こり、同じ深部体温でも発汗量が増える)、熱が放散されやすくなるというのも、そうした適応のひとつだ。「有酸素能力の向上は、血漿量と心拍出量の増加にもつながります」。ブロック大学のスティーブン・チャンは言う。「これにより、運動時に骨格筋と皮膚との間で起こる血液の奪い合いが最小限に抑えられるのです」。つまりサガンも、ニバリも、バルベルデも、熱に対処できる能力をトレーニングによって向上させ、体温の上昇を抑えているのだ。

このように、プロのサイクリストは、生理学的な適応を起こして暑さに対処している。とはいえ、彼らもただの人間だ。2015年のツール第13ステージでは、ゴールラインが設置されたロデーズの気温は40℃を超えていた。疲れ切った選手たちが、ソワニエに身体を支えられてその場を後にする光景は、まるで戦争映画のワンシーンのようだった。「このレースの後には、ボトル入りのドリンクが世界中から消えるんじゃないかな」。キャノンデール・ガーミンのダン・マーティン(2016年にエティックス・クイックステップに移籍)は、そう冗談を飛ばした。一方、彼のチームメイトであるネイサン・ハースは、より詩的な言葉でその日のレースを振り返った。「凶暴な暑さだったよ」。ハースは言った。「何て表現したらいいか……身体の奥深く、骨の中まで熱が入り込んでくる感じだったんだ」。科学者たちは今なお、深部体温の上昇を抑える新たな栄養、新たなトレーニング、新たな機材の研究を続け、選手のパフォーマンス向上に寄与している。技術者とメーカーは、自転車競技の概念を塗り替えるツールや手法を開発し、選手をかつてない速さでパリへ送り届けようと試みている。現在生まれつつある技術は、我々が向かう未来を示しているのだ。

12

MARGINAL GAINS 2.0
極限域での進歩
（マージナル・ゲイン）2.0

　2015年初め、チーム・スカイのデイヴ・ブレイルスフォードは、データサイエンティストのロビー・ケッチェルを伴ってサンフランシスコへ飛んだ。この出来事は大きな話題を呼んだが、それは彼らが20社ものテクノロジー企業を訪れ、選手のスピード向上につながる最先端技術を調査したからである。ブレイルスフォードは、ある企業で頭に電極をつけてダーツに興じる自身の姿を、写真に収めていた。「これは頭蓋に刺激を与える装置です」。ブレイルスフォードは、『ガーディアン』紙のショーン・イングル記者にそう語った。「スキル獲得にかかる時間を短縮するため、米軍のスナイパーもこの装置を使っています。これを頭に装着すると、運動皮質の可塑性が高まり、学習のスピードアップが期待できるというのです。そこで私も脳に電流を流し、ダーツの腕前が上がるかどうか試してみました」。

　すると、確かに効果は感じられた。「最低だったのが、少しはマシになったという程度ですがね」。ブレイルスフォードはそう言って笑う。フルームやポートが、電線に接続された状態でガリビエ峠を上る姿は想像できないが、ウェアラブルな技術やアプリケーションの利用は今後どの分野でも高まっていくだろう。「私が注目しているのは、マッスル・サウンドという技術です」とケッチェルは言う。「この技術があれば、筋グリコーゲンの量を非侵襲的に測定できます。選手のトレーニング強度や栄養摂取計画を考える際、間違いなく役に立つでしょう」。

　自転車競技の向かう未来を知りたければ、サンフランシスコにある数多くのスタートアップ企業へ足を運ぶべきだとケッチェルは言う。しかし、本書の読者はわざわざ飛行機代を払って、関係者や選手に話を聞く必要はない。このページを読めば、プロの自転車競技を大きく変えるであろう装具や栄養、そしてトレーニング方法がわかるはずだ。

◁ロデーズ〜ルヴェル間のひまわり畑を抜けるプロトン

クリス・ボードマン　ツール・ド・フランス1994年大会、プロローグ優勝者

未来を切り開く風洞実験施設

「風洞実験について、自転車競技界は『自分たちが無知であることに気づいていない』状態から、『自分たちが無知であることに気づいた』状態へ進歩したと言えます。それでも、真剣に理解を深めようとしている人はまだ少ないのが現状です。風洞実験装置はいたるところで使用され、より精度の高い空力測定が可能になりつつあります。しかし、その結果を戦略的に検証し、エネルギー損失の原因を見極めているという人は、ほとんどいません」。

「そこで私は、新たな風洞実験施設を造ることにしました。3号目となる今回の施設は、空力測定だけでなく、生理機能検査やバイクフィッティングにも対応したパフォーマンスセンターになる予定です。利用料も低く抑えたいと考えています」。

「この施設では、エアロダイナミクスの重要性やその理由の他、理想のウェアやポジションを追求する価値についても体系的に学ぶことができます。これらの知識は、プロ選手たちにとって大いに役立つものとなるでしょう。エアロダイナミクスに支配されるスポーツにおいては、ちょっとした状況の変化を見逃さないよう、普段のトレーニング中から自分を鍛えておく必要があります。ですから、選手たちにはベンチマーク・トレーニングに負けない頻度で風洞実験を行ってもらい、空気抵抗係数の変化を感じてもらいたいですね。手頃な価格で利用できる風洞実験施設は、彼らの未来を切り開くでしょう」。

ポール・ルー　レイノルズ・サイクリング、イノベーションディレクター

ディスクブレーキ仕様のバイクというチャレンジ

「プロの自転車選手たちの間で、ディスクブレーキのテストが進んでいます。順調にいけば、2017年のワールドツアーから使用が認められるはずです。しかし、これは諸刃の剣と言えます。ディスクブレーキ仕様のバイクは空気抵抗がかなり大きくなるため、ホイールやフレームのメーカーはこれを改善しなければなりません。ですが、この機にバイクとリムの形状を見直せば、エアロダイナミクスをかえって高めることもできるでしょう。キャリパーブレーキを取り付ける必要がなくなれば、デザイナーの選択肢は限りなく広がります。難しいチャレンジではありますが、その分、見返りは大きいと思います」。

「これはホイールメーカーとフレームメーカー、双方にとってのチャレンジになります。というのも、それぞれが技術革新を進めていくと、フィットとコンポーネント（構成部品）の互換性に問題が生じるからです。ですから、お互いが協力し合い、段階的に開発を行う必要があります。たとえば、特殊な形状によって優れた動的性能を発揮するホイールを開発したとしても、バイクフレームとは相性が悪いかもしれません。キャリパーからディスクへ変更するにしても、フォークとステーの幅が狭すぎてはだめでしょう。他にも、ハブマウントの直径や大きさが最適化されているかどうかなど、あらゆる要素を考慮に入れなければなりません。

「イノベーションは、ホイールメーカーとバイクメーカーが連携し、良好なコミュニケーションを取り合ってこそ成り立つものです。私自身、斬新なホイールのアイデアをいくつか温めていますが、フレームの設計に合うものでなければ意味がありません」。

「不思議なことに、ロードバイクのディスク化を後押ししているのは大衆のニーズです。確かに自動車やオートバイなど、多くの乗り物ではすでにディスクブレーキの普及が進んでいます。プロの自転車レースで使用が解禁されれば、人気はさらに高まるでしょう。ただし、UCIが最低重量制限を引き下げるようなことがあれば、高性能なリムブレーキ仕様のバイクが再び主流になるかもしれません」。

「結果として、選手たちがステージの途中でバイクを交換するという、面白い場面が見られるようになるのではないでしょうか。総合優勝を狙う10人以上の選手が、ディスクブレーキ仕様のバイクで坂を駆け下り、キャリパーブレーキ仕様の超軽量バイクで坂を駆け上がる……これからはそんなシーンが増えるかもしれません」。

ジョナサン・ベイカー博士　チーム・ディメンションデータ、スポーツサイエンティスト

パフォーマンス向上につながる科学実験

「かなり大きなプロジェクトになりますが、我々はグラン・ツールの3週間で、選手が受ける生理的なストレスについて理解を深めたいと考えています。そこで、ツールではチームとの合同調査を行う予定です。ブエルタではすでに実施しており、有益な結果が得られました。食事の量、体重、ステージごとのホルモンの変化など、選手の生理的要素について様々なデータを収集します。結果は論文として発表する予定です」。

「当然、データの収集には選手の協力が必要です。しかし、この調査を通じて他の選手が知らないことを学べるのだとわかれば、きっと彼らも乗り気になってくれるでしょう。これはパフォーマンスの向上につながる現実的な科学実験なのだと、そう納得してもらうことが大切です」。

ジョナサン・ヴォーターズ　キャノンデール・ガーミン、チームマネージャー

生理学にとっての大きな転換点

「最も興味があるのは、血中乳酸濃度を測定するウェアラブルモニターですね。今では誰もがいじっているのを見かけますから」。

「これは生理学にとって、次の大きな転換点になるのではないかと思います。なぜなら、乳酸濃度、心拍数、出力データを相互に関連付けて分析すれば、選手の状態をより深く、より包括的に理解することが可能になるからです。これは、代謝における三角測量と言っても良いでしょう。つまり、どれほどエンジンを動かせば、どれほどの出力が発揮され、どんな運動の副産物が生まれるかを予測できるというわけです」。

「脳の働きにも関心があります。脳の低酸素症（酸欠）について、ある面白い研究結果を見つけたんです。運動を続けていると、血液循環と知能レベルがどちらも高まっていき、一定の強度と時間に達したところで停止するのだそうです。この段階で、脳内の血液はほとんど失われてしまいます。一定の時間内に脳血流量が著しく減少すると、脳は身体に『これ以上運動をするな、ペースを落とせ』という指示を出します。ですが、低酸素トレーニングを行えば、この指示が出るレベルを引き上げられる可能性があります。選手が酸欠になることを望むかどうかは、また別の問題ですがね」。

「とはいえ、時には思い切って理論から実践へ飛び込むことも必要です。たとえば、ある研究によって、X、Y、Zという手法がアマチュアの選手に効果的だとわかったとしましょう。しかし、だからといって、これらの手法がプロの選手にも有効だとは限りません。忙しいプロの選手たちに、いかに実験に参加してもらうかということは、学術研究における課題のひとつになっています。選手のパフォーマンスを向上させるべく、我々も様々な方法を考案してきましたが、やはり簡単にうまくいかないものです。新たな技術を追求する際には、こういった問題が起きることも覚悟しておくべきでしょう」。

トゥーン・ヴァン・エルプ　ジャイアント・アルペシン、スポーツサイエンティスト

科学との連携を深める自転車競技

「バイクの振動を測定するデバイスの開発を進めています。現在はテスト中で、今後は提携先の企業とさらなる改善に取り組む予定です。また、このデバイスではタイヤの振動も測定できます。一般に、タイヤの幅が広ければ振動が少ないと言われますが、実際にそれを確かめてもらうことができるのです」。

「その他、無酸素性作業閾値と関連付けたプロジェクトも進んでいます。こちらも何度かテストを行い、科学的にかなり信頼性の高い結果を得ましたが、引き続き分析が必要です。近年の自転車競技は、より科学的なスポーツになっているんです」。

サムエレ・マルコーラ　ケント大学（イギリス）、運動生理学教授

肉体的な行動に影響を及ぼす認知

「人間が運動をやめるのは、肉体的あるいは潜在的なメッセージを受け取ったときではなく、脳が疲労を『認知』したときです。私はこれを、疲労に関する心理生物学モデルと呼んでいます。かつて10人の男性アスリートを対象に、簡単なルールで、固定式のバイクを漕いでもらう実験をしたことがあります。まずは5秒間、全力で漕いでもらいました。続いて一定の出力を保ったまま、そのワット数を維持できなくなるまで——平均で12秒ほどですが——漕いでもらいました。それが終わると、再び全力で5秒間漕いでもらいました」。

「結果、2回目に5秒間漕いだときの出力は、最初の5秒間より30％低下したことがわかりました。とはいえ、この2回目の出力は、疲れ果てるまで漕ぎ続けた中間時の出力と比べて3倍も大きいのです。242ワットを維持するのに苦労していた選手たちが、その直後に731ワット出せるのはなぜなのでしょうか？」。

「原因となるのはモチベーションです。モチベーションは労力の認知に影響を与えます。労力が最大になったと感じたとき、あるいは自分が積極的に発揮できる以上の労力が必要になったと感じたとき、人は運動するのをやめてしまいます」。

「中枢神経（脳と神経系）が活動筋に信号を送ると、運動指令に変換され、肉体的な行動が起こります。この運動指令を、脳は自覚的に意識しているというのが、心理生物学モデルの考え方です。筋力が低下していると、中枢神経はそれを補おうとして、盛んに運動指令を出します。すると、これが労力の増加と認知されるため、人の運動は止まってしまいます。筋力が落ちたときには、グリコーゲンレベルの低下やアシドーシスなど、物理的な症状が現れます。しかし、これらの症状は直接的に運動を止めるわけではなく、間接的な影響をもたらすだけです。こうした理由から、スポーツの現場ではカフェインが使用されます。カフェインを摂ると、認知される労力の量が減るというのです」。

「単純な脳の活動を利用して、認知される労力の量を減らす方法もあります。ひとつは、サブリミナルメッセージを送ることです。これは認知科学に基づいた方法で、人間の潜在意識に働きかけます。ある実験で、『行け』『エネルギー』『活発な』といったポジティブな単語を目にしたグループと、『止まれ』『苦しみ』『眠れ』といったネガティブな単語を目にしたグループを比べたところ、前者のグループはモチベーションが高まり、トレーニングの継続時間が17％も延びるという結果が出ました」。

「我々は国防省から助成金を受け、脳の持久力トレーニングにも取り組んでいます。鍵を握るのは、『行動の抑制』と呼ばれる働きです。これは前帯状皮質（ACC）と呼ばれる脳の部位で起こり、モチベーションや労力に影響します」。

「苦手な運動を行うアスリートに対して、ACCを週に3回刺激してやると、彼らは疲労を感じにくくなることがわかりました。そこで我々のチームは現在、この仕組みを利用したアプリケーションの開発を進めています。持久運動と、肉体的な行動につながる心の働きに着目したのが、私のモデルだというわけです」。

スティーブ・スミス　スポーツフル、ブランドマネージャー

パフォーマンスを支えるウェア

「製品のアイデアは数多くあり、たとえば心拍計を内蔵したウェアを作ってはどうか、といったことを考えています」。

「体温計を内蔵したウェアを作るという企画もあります。しかし、そうした端末を生地に取り付けると、ウェアに重さが出てしまうのが課題です。エアロダイナミクスから得られるメリットは大きいですから、やはりその点は無視できません」。

「また、選手の体温上昇を抑えることも、ウェアの重要な役割です。バイクで30分も走れば、選手の深部体温は1℃上昇するのが普通です。そこからさらに0.5℃上がれば、パフォーマンスは急激に低下します。理由は言うまでもありません。熱があるとき、人はベッドに横になっているだけでつらいものです。発熱した状態でバイクを走らせていれば、なおさらつらいと感じるのは当然でしょう。ですから、ウェアのウィッキング効果や冷却効果は、今後も重視していくつもりです」。

デイヴィッド・マーティン

オーストラリア国立スポーツ研究所(AIS)、運動生理学者

チームをポジティブな方向に導くソシオメーター

「マサチューセッツ工科大学（MIT）が、ソシオメーターという装置を開発しました。自転車競技のようなチームスポーツの世界では、このソシオメーターが将来的に大きな役割を担うと考えられます。決して仕組みは単純ではありませんが、説明してみましょう」。

「人間は複雑な生き物で、社会的でありながら感情も持っています。したがってスポーツの世界にも、悲観的な選手、怒りっぽい選手、明るい選手、飽きっぽい選手、やる気のある選手など、多種多様なタイプが存在します。コーチにしてみれば、これは悩みの種です。どんなレースにも勝てるという状態まで選手の身体を仕上げても、それ以外の様々な理由によって、彼らは実力を発揮できずに終わることが多いからです」。

「誰でも、アスリートのこんな言葉をよく耳にするのではないでしょうか。『金メダルを取れたのは、コーチが私を信じてくれたおかげです』。あるいは、こう話す選手もいるでしょう。『私はただ、素晴らしいチームの一員として働いただけです。全員がビジョンを共有しているんです。このチームを心から愛しています』——こうした言葉の背後にあるコミュニケーションパターンを計測しようというのが、ソシオメーターの試みです」。

「ソシオメーターでは、今の私とあなたのように、人と人とが『つながっている』という状態を基本に考えます。範囲を日常生活に広げれば、あなたとつながっている人は他にも数多く存在するでしょう。このコミュニティ内のつながりは、人間的かつ言語的なコミュニケーションによって強化されます。これをボールと棒線を使って図に表すと、多くの人々のつながりを可視化できるというわけです」。

「図の中ではそれぞれの人間を点で表し、コミュニケーションが発生している点と点は線で結びます。ある人が小さな点で表され、そこから伸びているのが1本の細い線だけだった場合、その人はほぼ誰ともつながっていないことになります。一方、大きな点で表されている人は、たくさんの人とつながりを持っていることになります。点から太い線が伸びている場合は、他の点（他者）と常に会話や交流が行われていることを表します」。

「コミュニケーションを交わす頻度が増えると、点と点の距離はどんどん近づいていきます。逆にコミュニケーションの頻度が低かったり、あるいはコミュニケーションが長く途絶えていたりすると、点と点の距離は離れていきます。つまり、この変わった組織図を見れば、個人のチームに対する関わり方が明らかになるのです」。

「時間を追うごとに、図は刻々と変化していきます。どんな人にも、他者とのコミュニケーションが盛んな時期と、そうでない時期がありますからね。将来的には、超一流のパフォーマンスを発揮する健全な組織の見本が、この図によって示されるでしょう。もちろん、理想とは程遠いコミュニティ環境を表した図や、その中間の図も描かれるかもしれませんが」。

「しかし、未来の素晴らしい点は、コミュニケーションやつながりが崩壊していく前に、何らかの手立てを講じられるということです。たとえば、ポジティブで望ましい変化を起こしてくれそうな人をチームに引き入れたり、タイミングを見計らって疎遠な人との関係を修復したりすれば良いのです」。

「チームの雰囲気はメンバー全員に伝わるものです。チームが自信を失っているとき、全体の士気が下がっているときには、誰もがそれを感じ取ります。しかし、中には冗談を言うのが得意なメンバーや、状況を改善しようと奮闘してくれるメンバーもいるでしょう。素晴らしいコーチのおかげでチームの団結力が高まり、軌道修正を図ることだってできるかもしれません。チームをポジティブな方向に導く科学技術が存在するというのは、非常に興味深い情報だと思います。それは神経生理学、組織心理学、スポーツ科学を融合させた技術であるということも付け加えておきましょう」。

「自転車競技にソシオメーターを取り入れる簡単な方法があります。選手は長時間バイクの上で過ごすのですから、バイクに指向性マイクと近接センサーを取り付けておけばよいのです。これで誰と誰が会話をしたか、お互いの位置関係がどうなっていたかを把握できます。6時間かけてレースを走った後には、チーム内の力関係がはっきりと浮かび上がってくるでしょう。ですが、このようなテストが行われていることを、選手たちは知る必要もありません。『このチームでは、いろいろな装置を搭載したバイクに乗ってもらいます』と、彼らにはただそう伝えればいいのです。サイクリストは環境に適応する名人ですから、心配ありません」。

ジェイミー・プリングル
英国スポーツ研究所、運動生理学者

朝のトレーニングは効果が高い

「トレーニングするなら朝、と言われます。概日リズムにおいて、テストステロン濃度が最も高まるのは起床時だと考えられているからです。筋力トレーニングも朝のほうが、効果が高まる可能性があります。同僚であるリアム・キルダフの研究によれば、午後に競技を控えた選手が朝方に運動すると、コンディションが整うことがわかりました。運動連鎖全体を鍛えるような高強度の運動、たとえばバックスクワットなどを早朝から行うと、その刺激で午後には十分な量のテストステロンが分泌されます。午後の競技で最高のパフォーマンスを発揮できるよう、イギリス代表チームにも朝のトレーニングを課しています」。

クリス・ユー
スペシャライズド、空力エンジニア

レースの全行程をシミュレーション

「我々の強みは、社内に独自の施設を備えていることです。そのひとつである風洞実験室は、F1チームで使用されているような、非常に大規模なものです。ここで選手はアプローチや速度を変えながら、レースの全行程をシミュレーションできます」。

「室内にはプロジェクターも設置してあります。つまり、選手はタイムトライアルのコース映像を見ながら、風洞実験を行うことができるというわけです。コースに合わせた風の状態はダイヤルをひねって調整し、選手は横風の中で身をよじりながら、バイクを漕ぎ続けます。これは、我々が常に理想とする実験環境です」。

ティム・ローソン
補給食メーカー「シークレット・トレーニング」創業者

新しい補給食の開発

「サイエンス・イン・スポーツ［イギリスの補給食メーカー］を売却した際、製品の『ゴージェル』の特許も一緒に手放しました。したがって、原料だけでなく加工法も、新規に探す必要がありました。運良く、シークレット・トレーニングを立ち上げた後、興味深い研究結果に出会いました。魚油のバイオアベイラビリティを維持し改善する方法について調べていたところ、米デンプンに珍しい加工法があるとわかりました。粘度の高い米デンプンは、吸収特性に優れています。この溶液に果糖を加えれば、複数の輸送体の働きにより、炭水化物の取り込みが増加するのです［171ページを参照］。これをジェルに加工するには、独自の技術を利用します。何度か実験も行いましたが、ジェルが固まりすぎて、ほとんどバーのようなものができあがったこともありました。デンプンはすぐに老化しますし、冷蔵庫に入れればさらに固まりやすくなります。ですが、どうにか製品化できる見通しは立ちました。既存のものとは違ったユニークさを、我々は常に追い求めています」。

スティーブン・チャン
ブロック大学（カナダ）、人間工学教授

メンタルトレーニングに期待する効果

「これまで多くの研究によって、運動習慣に関わる人間の心理が解明されてきました。ウェールズの研究者による実験では、人間は運動する際、強度に応じた『心構え』を素早く準備することが示されています。この実験で、被験者は2つのグループに分けられました。ひとつのグループには、4kmを1日4回、休憩を挟みながら走ってもらうと伝えました。このグループは自分たちがしていることを理解しており、走るたびにフィードバックも受けることができます。もうひとつのグループには、同じ距離を1日4回走ってもらうと伝えただけで、具体的な距離は知らせませんでした。走った後のフィードバックも、こちらのグループには与えません。結果を見ると、すべてを知った上で走ったグループのパフォーマンスは、4回ともほぼ同じでした。一方、情報が不足していたグループは、前半こそ飛ばし気味に走っていたものの、3回目以降はもう一方のグループと同じペースに落ち着きました。つまり、選手はパワーメーターや速度計がなくとも、距離を予測した段階で心構えを行い、最適なペースを取り戻せたというわけです」。

「メンタルトレーニングはまだ新しい分野です。しかし、ペースを決めるこのような心の仕組みを利用すれば、パフォーマンスの大きな向上が期待できます」。

最後に

　トレーニング面や人材発掘の面では、遺伝学も重要な役割を果たしている。「私の知るいくつかのチームでは、DNA検査が行われています」。そう話すのは、ティンコフの元主任スポーツサイエンティスト、ダニエル・ヒーレーだ。「データを見せてもらったことがありますが、非常に説得力を感じました」。スポーツサイエンティストが選手の遺伝子構造を調べれば、選手がチーム内で果たしている役割が、本人の遺伝的適性と合致しているかどうかを確認できる。たとえば、スプリンターに分類されている選手が、遺伝的に持久力に恵まれていることがわかった場合は、彼のチーム内での役割を考え直すべきかもしれない。とはいえ、ペテル・サガンのような選手に、「DNA鑑定に基づき、これからはあなたをアシストとしてトレーニングする」などと伝えるわけにはいかないだろう。選手が怪我をするリスクや回復率を遺伝情報から予測し、それをトレーニング内容に反映するといった活用法なら、まだ現実的かもしれない。

　プロの自転車競技が進化していく中で、遺伝学の重要性はこの先さらに高まっていくのだろうか？　その鍵を握るひとりは、イギリス、ブライトン大学のスポーツ運動科学教授、ヤニス・ピツラディスだ。ピツラディスは、新たなドーピング検査の手法として、薬物に対する遺伝子の反応パターンを明らかにしようと試みている。選手の身体に薬物が作用すると、mRNAという小さな分子の配列に基づき、タンパク質が合成される。そしてこのタンパク質が、体内に生理学的な変化を引き起こす。そこでピツラディスは、「オミックス」と呼ばれる技術を用いて、遺伝子の活性を検出できないかと考えた。この手法は、血液量と血球量に着目する従来のドーピング検査と明らかに異なり、少量の薬物でも検出することができる。「これこそが、最先端の反ドーピング技術なのです」とピツラディスは言う。

　トレーニングの精度を高め、また競技を健全に運営していく上で、遺伝学が果たす役割は当然のように大きい。エアロダイナミクス、栄養学、ウェアラブル技術もさらに洗練されていくだろうが、これらをレースにどの程度活かせるかはUCIの裁量次第だ。

　脳を対象にした研究も、将来的にはさらなる発展が期待できる。マルコーラやティム・ノークが提唱する「中枢制御」という疲労モデルは、脳が潜在的に作り出した限界を壊すことで、人間は肉体的な限界を更新できるのだと強く示唆している。しかし、こうした研究が実証されるためには、より画期的で信頼性の高いデータが必要だ。ジョナサン・ヴォーターズも述べていたように、実験室という学術環境で立てた理論は、制御不能なプロの自転車競技の世界で実際に検証してみなければ意味がない。実践なくして、理論は成り立たないのだ。だが、脳撮影などの技術コストが下がれば、そうした検証の機会は今後ますます増えていくだろう。モチベーション、意思決定、疲労などの研究にあたって、スカイの選手たちがMRI検査を受けてからデス・スター（チームバス）に乗り込む日も、そう遠くはないかもしれない。

用語集 GLOSSARY

ASO 豪腕で知られるクリスティアン・プリュドムをトップに戴くフランスの企業。正式名称は「アモル・スポル・オルガニザシオン（Amaury Sport Organisation）」。ツール・ド・フランスの主催者。

ATP-CP系 アデノシン三リン酸-クレアチンリン酸系とも言う。クレアチンリン酸を分解してエネルギーを得る、人体において最も即効性が高いエネルギー系。最大強度でのエネルギーを得られるが、万全の状態でも持続時間は10〜15秒と短く、すぐに疲労してしまう。

EPO エリスロポエチンとも言う。ホルモンの一種で、主に腎臓で生成され、赤血球を増加させる作用を持つ。化学的に合成されたEPOは、本来は貧血の治療薬だったが、自転車選手の酸素運搬能力を向上させるドーピング薬物としても用いられた。

FTP（実効的出力閾値） 1時間維持可能な最大出力。選手のトレーニングゾーンは、この値に基づいて設定される。

MCT 鎖状の脂肪酸で、「中鎖脂肪酸」とも言う。一部の選手がエネルギー補給のために摂取している。

UCI 正式名称は「国際自転車競技連合（Union Cycliste Internationale）」。その名の通り自転車競技を統括する国際的組織。本部はスイスのエーグルに置かれている。

WADA 「世界アンチ・ドーピング機関（World Anti-Doping Agency）」の略称。1999年、国際オリンピック委員会の主導で設立された。600以上のスポーツ組織が採択している世界アンチ・ドーピング規定に責任を負っている他、選手の能力に影響を与える薬物のうちどれが合法でどれが違法かの判断もつかさどっている。

アイスベスト 形は普通のベストに似ているが、暑い日に選手の体温がスタート前から上がってしまわないよう、冷却パッドなどが取り付けられている。

アイソトニック アイソトニック溶液には人体と同じ濃度の塩分と糖分が含まれている。

アシスト チームやエースのために献身的に働く選手のこと。フランス語では「ドメスティーク（使用人）」と呼ばれる。

一回換気量 肺が一度の呼吸で吸って吐く空気の量。

一酸化窒素 全身に存在するシグナル分子。動脈を広げる作用があるため、血圧や体全体の血液循環に大きく影響する。

イル・ロンバルディア 10月前半にイタリアで開催されるワンデー・レース。シーズン最後のクラシックであることから、「落ち葉のレース」とも呼ばれる。

インターナル・ルーティング ブレーキや変速装置につながっているワイヤーが、フレームの外ではなく中を通る構造。バイクのエアロダイナミクスを向上させる効果がある。

渦 選手が空気中を移動すると、背後に乱流が発生する。これが「渦」で、選手と一緒に移動する風の領域に加え、選手の背後には低圧の領域が生まれる。他の選手の後ろについた選手は、この低圧の領域中を走れるため、前の選手より楽に同じスピードを出せる。

エアロバー ハンドル周りのエアロダイナミクスを向上させる棒状のパーツ。一体成型のものと取り付け式のものがある。バーの先端を握ることで選手の上半身が伸び、前方投影面積をより小さくできる。

栄養のピリオダイゼーション セッションやトレーニングメニューの強度に合わせて食べる物を選ぶこと。

エナジージェル 小さなパックに入ったゼリー状の炭水化物（タンパク質を含んでいる場合もある）。瞬時にエネルギーを補給できる。

エルゴメーター 屋内用のいわゆるエアロバイク。

オメガ3脂肪酸 必須脂肪酸のひとつで、魚、ナッツ、亜麻などの種、葉物野菜に含まれている。不飽和脂肪酸の主要な分類のひとつでもある。

カウベル ツール・ド・フランスに欠かせないBGMのようなもの。

加速度計 加速力を計測する電気機械的装置。

果糖 単糖のひとつで、複雑な過程を経ることなくエネルギーに変換できる。

過負荷 練習において肉体へのストレスを徐々に高めて体を作り上げていくことを、漸進的過負荷と言う。

監督 スポーツディレクターとも呼ばれ、レース中にチームへ指示を出すことをその役目としている。自動車でチームの後につき従い、無線を通じて選手やその他のチームスタッフ、大会役員などと連絡を取り合う。

筋持久力 筋肉や筋肉群が疲労による出力低下なしで動き続ける能力。

筋動員 ある動きを実行するために動員される筋肉の数。

クランク 正しくは「クランクアーム」。ペダルにつながっている部分のこと。

グリコーゲン 体内に炭水化物を貯蔵しておく役割を担う多糖で、その分子構造は多くの枝分かれを持っている。グリコーゲンの生成と貯蔵は主に筋肉と肝臓で行われる。

グリコーゲンの枯渇　補給なしでトレーニングを続けると、体内に貯蔵されていたグリコーゲンはやがて使い果たされ、その後は脂質の代謝だけが頼みの綱となる。

ケイデンス　自転車用語としては、クランクの1分あたりの回転数を意味する。

血漿　白血球、赤血球、血小板を含む薄黄色の液体。

コルチゾール　ストレスホルモンとも呼ばれ、副腎で生成される。血糖値の調整など、ストレスによって人体に生じる様々な変化に関わっている。

コンピュトレーナー　屋内用のハイテクトレーナー。

コンプレッション・ソックス　強く締めつけることで四肢から心臓への血流を増やし、酸素の運搬と老廃物の排出を促進させることを意図した靴下。

最大酸素摂取量　選手が1分間に消費できる酸素の最大量を示す数値。体重1kgあたり何ミリリットルかで表される。

作動体　受容体への反応が現れる身体の様々な器官のこと。収縮によって脚を動かす筋肉はその一例である。

酸素使用量　呼吸しながらの運動で筋肉が消費する酸素の量。

シートチューブ　フレームのうち、ボトムブラケットから伸び、シートポスト（シートポスト一体型のフレームではサドル）につながっている部分。

脂質代謝　ミトコンドリアで脂肪酸を分解してエネルギーを生成する働きのこと。

シャモアパッド　レースパンツに縫い付けられているパッド。着座時の快適性を高めるクッションとして機能する。

受容体　状況の変化（刺激）を感知し、それを電気的信号に変換することに特化した細胞群。

神経筋　神経と筋肉に関係することを表す言葉。

心拍出量　心臓が血液を送り出す1分あたりの量。

ステム　ハンドルとフレームをつなぐ部品。

赤血球　体の隅々に酸素を届け、二酸化炭素を肺に運ぶことを主な役目とする。穴の開いていないドーナッツに似た、丸くて平べったい、中央がくぼんだ形をしている。

前面投影面積　正面から見たバイクと選手の合計面積。すなわち前方からの風が当たる面積である。

速筋　素早く収縮する筋繊維。大きな力を生み出せる半面、短時間で疲労する。

体温調整　「温度調節」という表現もある。ここで言う体温や温度とは体幹の温度のことで、普通は37℃ほど。オーバーヒートの防止は、練習中に最も注意すべきことのひとつである（特に暑い日に実走する場合）。

体感温度　バイクの走行速度は、風速と同じ変化を体感温度にもたらす。つまり速くなればなるほど、体感温度は低下するのだ。たとえば外気温8℃の肌寒い日に25km/hで走ると、体感温度は4℃をかろうじて上回る程度まで低下する。40km/hまでスピードを上げた場合、体感温度はさらに下がり、3℃程度になってしまう。これはまだ我慢の範疇かもしれないが、外気温が2℃まで下がった場合、体感気温はさらに低下し、25km/hで－3℃、40km/hでは－5℃程度になってしまう。

大腿四頭筋　腿の前側に位置し、大腿直筋、外側広筋、内側広筋、中間広筋という4つの筋肉で構成されている。

タイムトライアル　自転車レースの中で最も純粋な競技形態。選手は単独で走り、タイムのみを追求する。

多価不飽和脂肪酸　主として植物由来の食物や油に含まれている、体に良いとされている脂質の一種。多価不飽和脂肪酸が豊富な食品を摂取することで、心臓病のリスクを高める血中コレステロールの値が改善した、との研究報告もある。

炭水化物代謝　ミトコンドリアで炭水化物を分解してエネルギーを生成する働き。

タンパク質合成　細胞が新しいタンパク質を作り出すこと。練習で傷ついた筋肉が回復する上で重要な過程。

遅筋　収縮速度は遅いが疲労しづらい筋繊維。

中枢神経系（CNS）　脳と脊髄で構成される。刺激を受け取った受容体が発した信号は、神経細胞（ニューロン）を経て脳に至る。

低酸素テント　高地の環境を再現するために酸素濃度を下げられるようになっている密閉式テント。眠りながら高地適応が図れるよう、しばしば選手の寝室に設置される。

ディスクホイール　呼び名の通り、円盤に似た形状のホイール。その多くはカーボン製で、スポークはない（それによってエアロダイナミクスを向上させようというわけである）。タイムトライアルでは使用が認められているが、横風でバランスを崩す危険性があるため、全選手が同時にスタートするステージでは使うことを禁止されている。

テーパリング　目標とするレースに向けて体調を万全の状態に持っていくため、バイクに乗る時間を減らしていくこと。

テストステロン　睾丸（男性）、卵巣（女性）、副腎（男女両方）から分泌されるステロイドホルモン。自転車競技においては、赤血球の増加や筋力の強化に重要な役割を果たす。

鉄分　赤血球を増やすために欠かせない。

糖新生　エネルギーが枯渇すると、人体は自身のタンパク質を分解し始める。活動を継続するため、いわば自分自身（筋肉）を

GLOSSARY

食べ始めるのだ。

ドラフティング ある選手が他の選手の後ろについて走ること。前を走る選手が風除けになるため、背後の選手は風の抵抗が減り、楽に走ることができる。

トリプトファン アミノ酸の一種で、食事を通じて摂取しなくてはならない。ナイアシンとセロトニンの生成に用いられる。特にセロトニンは良質な眠りと気分の安定に関与していると考えられている。牛乳には多くのトリプトファンが含まれている。

逃げ 1人または少人数の選手の集団がプロトンから飛び出すこと。ツールでは、本命以外のチームが、スポンサーへの配慮から、少しでも長くテレビに映るために試みることが多い。

乳酸 無酸素状態で炭水化物を分解してエネルギーを得た場合に生じる副産物。

乳酸性閾値 通常、乳酸は筋肉細胞内で代謝されるが、運動強度が上がって生成が増えると、やがては限界を超え、血液中に蓄積し始める。すると筋肉の収縮が阻害され、"焼けるような"感覚が生じる。乳酸の蓄積が始まるこのポイントが、乳酸性閾値である。

脳下垂体 重要な内分泌腺。エンドウ豆ほどの大きさで、脳の直下に位置している。成長と発達に重要な役目を果たし、他の内分泌腺の機能もつかさどっている。

バトンホイール 通常のスポークよりはるかに太い3本のカーボンスポークだけで構成されたホイール。スポークが少ないほど空気の攪拌が減り、空気抵抗が小さくなればスピードは上がる、という発想に基づいている。

パリ～ルーベ 毎年4月の前半に開催されているワンデー・レース。初開催は1896年。フランス北部が舞台で、荒れた石畳のセクションが繰り返し現れることから、「北の地獄」や「クラシックの女王」といった異名を持つ。

パルマレス 選手の「戦績表」を意味するフランス語。

パワーメーター 選手の出力を測るトレーニングツール。センサーの取り付け場所としては、ボトムブラケット、クランクアーム、ペダルが多い。

パンチャー リエージュ～バストーニュ～リエージュで見られるような、短いが急な坂があるコースを得意とする選手。

フォーク バイクを構成する部品のひとつ。前輪はここに装着される。上端のパイプ部分はステアリングコラムと呼ばれ、ここをフレームに差し込んでその上からハンドルを取り付ける構造になっている。

ブドウ糖 人体のエネルギー源となる最も基本的な分子のひとつである単糖。グリコーゲンはまずブドウ糖に分解され、その後体内でさらに分解されてエネルギーとなる。

プロトン 選手たちのメイン集団のこと。

ヘッドチューブ フレームの一部で、フォークのステアリングコラムはここに差し込まれる。

ヘマトクリット値 血液中に赤血球が占める割合を示す数値。

ヘモグロビン 赤血球に含まれるタンパク質で、酸素を運搬する役割を担っている。

ホイールリム タイヤを装着する、ホイールの最も外側の部分。スポークがつながっている部分でもある。リムの高さは空気抵抗に影響する。リムが低いホイールは高いホイールと比べてエアロダイナミクスで劣るが、ホイール全体としては軽く仕上がる。タイムトライアルではリムの高いホイール（ディープ・リム・ホイール）を用いるが、山岳ステージでは低めのリムのホイールが選ばれることが多い。

ボトル ドリンクを入れる使い捨てボトルのこと。

マイヨ・ヴェール ツール最速のスプリンターに贈られる緑色のジャージ。「ポイント賞ジャージ」とも呼ばれ、ステージ途中に設けられたスプリント地点の通過順位やスプリントステージの最終順位に応じて与えられる点数の合計で争われる。

股ズレ 一種の擦過傷。サドルとの摩擦が原因で臀部に生じることが多い。

マリア・ローザ ジロ・デ・イタリアにおいて総合トップの選手に贈られるピンク色のジャージ。

マルトデキストリン デンプン由来の多糖。

ミオグロビン 心臓や筋肉中に存在するタンパク質。競技中、筋肉は利用可能な酸素をすべて使ってしまうが、ミオグロビンには酸素分子が結合しており、これが筋肉への酸素供給源として機能するため、運動強度を長く保つことが可能となっている。

ミトコンドリア 大半の細胞に存在している細胞小器官であり、その内部では酸素呼吸とエネルギー生成という生体力学的作用が生じている。別名「細胞の発電所」。

無酸素能力 1回の連続運動において嫌気状態（酸素のない状態）で得られる総エネルギー量。

網状赤血球 未熟な状態の赤血球。一般に、人体の赤血球のうち、およそ1％ほどが網状赤血球である。

ルーラー どんなタイプのコースでも活躍できる万能型の選手。ただし、エースのアシストを務めなくてはならない場合が多い。

ワット 出力を表す最も標準的な単位。

索引 INDEX

*ページ番号末尾の「G」は用語集を示す

数字・英字

1893年のパリでのレース　5
3つのP　15
7ゾーンシステム　15
AIS（オーストラリア国立スポーツ研究所）　112, 133, 191, 192, 194, 216, 217
ASO（アモル・スポル・オルガニザシオン）　67, 194, 210, 230G
ATP-CP（アデノシン三リン酸-クレアチンリン酸）系　26, 73, 129, 171, 230G
BMCレーシング　6, 43
　栄養　50, 58, 59, 62, 167, 172
　回復　183, 198, 220
　ゴールデン・チーター　26
　サドル　122
　タイヤ　104
　トレーニング　74, 76, 79, 143
　ヘルメット　117
CFD（数値流体力学）　86, 90-91, 112, 120
EPO（エリスロポエチン）　7, 126, 138, 192, 230G
FDJ　122, 215
HTC・ハイロード　68
MTN　140
ORAC（活性酸素吸収能力）　59
SRM（ショーバー・バイク技術測定）　9-11
UCI（国際自転車競技連合）　7, 105, 194, 230G
　〜とEPO　126
　〜とグリセロール　217
　〜とコンタドール　63
　〜とバイクフィッティング　32-34
　〜とヘルメット　117
　3:1ルール　87-89
　6.8kg規制　89, 95
　カフェインの規制　176
　コンプレッション・ソックスの規制　187
　ホイールの規制　101

ア

アームストロング、ランス　7, 85, 94, 126, 147, 151, 157
アイスバス　191
アイスベスト　219, 230G
アグリコール、クレディ　14
アスタナ　11, 30, 37, 125, 143
暑さ　220
　〜とウェア　214-215
　〜と水分補給　205-213
　〜とヘルメット　118-119
　暑熱順化　220-221
　スラッシュ　216-217
　ベスト／ストッキング　219-220
アナスン、イェスパー　77
アボバーティ、マウロ　103
アムステル・ゴールド・レース　12
アルケシュテイン、マルコ　102
アレン、ハンター　15, 16, 150
アンクティル、ジャック　85, 192
閾値　19-20
　乳酸性閾値　15-16, 232G
遺伝学　229
イノー、ベルナール　65, 94-95, 123
イル・ロンバルディア　127
インデュライン、ミゲル　85, 93, 147, 151
ヴァンダーユーフドゥ、ティム　176, 201
ウィギンス、サー・ブラッドリー　11-12, 15, 19, 36, 43, 85, 108, 200
　ウェア　116
　高地トレーニング　134-135, 142-143
　サドル　123
　体脂肪　153, 155
　パワーウェイトレシオ　151
ヴィジャヤラガヴァン、アラヴィンド　119
ウィッキング　115, 214, 226
ヴィラ、アナ　119-120
ウェア　107-116, 214-215
ウェイト・トレーニング　71, 76-77
ウェゲリウス、チャーリー　127, 130
ウェッソン、ロブ　117

ヴォーターズ、ジョナサン　50, 56-57, 61, 81, 225
ウォール、ジュリアン　30-31
ヴォクレール、トマ　11, 25
ヴュイエルモーズ、アレクシー　145
ウラン、リゴベルト　142
ヴルーメン、ジェラード　89-91, 95
ヴルムバエック、クリスティアン　104-105
ウルリッヒ、ヤン　7, 57, 147, 151, 157
エアロダイナミクス
　→「空気抵抗」を参照
栄養　5-6, 49, 63-64
　〜とウェアデザイン　116
　〜と回復　186-192
　〜と脂質　50-54
　〜と睡眠　198
　栄養のピリオダイゼーション　56-59
　グルテンフリー食品　60-62
　減量　152, 154
　抗酸化食材　59-60
　摂食障害　156
　「絶食トレーニング」　54, 56
　→「レース中の栄養補給」も参照
エヴァンス、カデル　135, 152, 211, 216, 217
エウスカルテル・エウスカディ　74
エティックス・クイックステップ　11, 30, 37, 60, 63, 76-77, 143
エナオ、セルヒオ　139-140
エナジードリンク／バー　165, 172
エムデン、ヨス・ファン　115
エルプ、トゥーン・ヴァン　11, 60, 69-70, 217, 219, 225
エレラ、ルイス　162
エンヴィ　34, 98-99
エンデュラ　109-110, 114
エンデュランス　15-16
オウンスタッド、アン　158
オブリー、グレアム　13-14
オメガ3脂肪酸　51, 230G
オリカ・グリーンエッジ　122
オリンピック　15, 43, 108, 133, 143, 216

オンセ　208

カ

カーヴァス、ロイ　70
カーター、ジェームズ　175
ガーデレン、ティージェイ・ヴァン　11, 79, 101, 184, 205
カーボンファイバー　92-96
ガーミン・シャープ　42
ガーミン・トランジションズの食事法　60, 62
回復　16, 183-186, 216-217
　〜と栄養　186-187, 190-192
　〜と休息日　198-201
　〜と睡眠　192, 194-195, 198
回復のためのコンプレッションウェア　187-189, 192
ガイム、アンドレ　119
カヴェンディッシュ、マーク　43-44, 68, 77, 84, 145, 154, 221
カステリ　111, 115
カチューシャ　25, 215
カットライク　119-120
カフェイン　176-178
カミングス、スティーブ　57, 86, 110
ガラン、モリス　5, 93
カリウム　206
カルシウム　206
カレル、ケビン　169-170
ガン　14
慣性　102
カンチェラーラ、ファビアン　30, 32, 77, 81, 193, 219
カンパニョーロ　121
キーン、ピーター　14-15
キッテル、マルセル　12-13, 44-45, 60, 69, 70, 76, 101, 134, 146, 217
キャヴェル、フィル　31, 32, 37
脚質別のトレーニング　67-68
キャニオン　92
キャノンデール・ガーミン　11, 50, 56, 81, 111, 115
ギャロパン、トニー　123
キャンサー・カウンシル・ヘルプライン・クラシック　56

キューザック、ダグ　88
キラー、ソフィー　175, 176, 195
キリエンカ、ヴァシル　25
キンタナ、ナイロ　10, 13, 34, 65, 119, 142, 146-147, 158, 162, 221
筋力トレーニング　77-79
空気抵抗　34-36, 41, 114
　ウェア　114-116, 121
　チューブ　84, 90
クドゥス、メルハウィ　140
グニョー、ジャンマルク　94
グライペル、アンドレ　86, 146
クラシカ・サン・セバスティアン　200
グラフェン　119-120
グラント、ハナ　51, 167, 174, 191
グリコーゲン　19, 57, 158-159, 172, 179, 187, 223
　グリコーゲンの枯渇　53-54, 56, 58, 160, 231G
クリスチャンセン、ソーレン　191
クリストフ、アレクサンドル　25
クリテリウム・デュ・ドーフィネ　80, 104, 135, 221
グリバルディ、ジャン・ド　49
クレアチンリン酸塩の減少　26-27
クレティアン、ジャンクロード　84, 94
クレンブテロール　63
ケイデンス　157-161, 231G
ケッチェル、ロビー　37, 42, 223
ケトン飲料の使用　56
ケリー、ショーン　49, 136
ケリソン、ティム　20, 24, 73-74, 134, 147
ケルダーマン、ウィルコ　115
抗酸化食材　59-60
高地トレーニング　125-130
　〜と高地のネイティブ　139-142
　高地トレーニングのルール　134-139
　低酸素テント　133, 142-143
　標高の限界　130-134
　→「上り坂」も参照
コーガン、アンドリュー　15-16, 150
ゴールデン・チーター　27
ゴティエ、シリル　25
異なる強度でのヒルクライム　20
コペンハーゲンでの世界タイムトライアル2011年大会　36

コモンウェルス・ゲームズ2014年大会　110
コモンウェルス・ゲームズのタイムトライアル　36
コルチゾール　133, 187, 231G
コルッチ、リカルド　78
コルト、コーエン・デ　53-54, 70, 115, 122, 134-135, 143, 217
コルネ、アンリ　165
転がり抵抗　39, 84, 103-104
コンタドール、アルベルト　6, 17, 19, 40, 63, 73, 81, 85, 96, 110, 112, 151-152, 161, 171, 194, 203
コントローラー　70

サ

サーベロ　30, 86, 89-91, 103
サイクルフィット　29-31, 32
最新技術　224-227
　〜とウェア　112-114, 123
　パワーメーター　6, 9-11, 14-15, 232G
　→「ソフトウェア／アプリ」も参照
最大酸素摂取量　15-16, 19, 126, 128, 133, 231G
最大脂肪燃焼域（ファットマックス）　53-54
サガン、ペテル　6, 73, 76, 130
サクソ　23
サドル　122-123
サバラ、ミケル　10, 13, 53, 158, 170, 176
ザブリスキー、デイヴィッド　63
ジ・チェン　70
シークレット・スクウィレル・クラブ　108, 120
脂質　50-54, 58, 136
シデルコ、ステファニー　117
自転車反ドーピング財団（CADF）　138-139
シマノ　121
ジモンディ、フェリーチェ　46, 85
ジャイアント　92
ジャイアント・アルペシン　6, 11, 53-54, 60, 68-70, 122, 217
ジャイアント・シマノ　137
シャヴァネル、セバスティアン　183

シャピロ、アッシャー 89
ジューケンドラップ、アスカー 53, 62, 169, 171, 195
重炭酸ナトリウム 178, 180-181
重力 39, 146, 218
出力 10-13
ジュデルソン、ダン 207
ジュリック、ボビー 24
シュレク、フランク 193
ショーバー、ウルリッヒ 9, 11
ショーラー 215
ジョーンズ、アンディ 60
ジルベール、フィリップ 59, 103
ジロ・デ・イタリア 9, 34, 81, 126, 130, 146, 190, 194
神経筋出力 15-16
心拍数 15
　〜と暑さ 207, 213
　〜と回復 199, 201
　〜とカフェイン 177
　〜と高地 126, 129, 135
　〜とトレーニング 81
シンプソン、トム 162, 165, 203, 205
水分補給 199, 205-214
睡眠 192, 194-195, 198, 201
ズートメルク、ヨープ 94
スキバ、フィル 26
スクワット 77-78
ステイプルトン、ボブ 23
ストッキング 219-220
スプリント・トレーニング 71, 73
スペークンブリンク、イヴァン 137
スペシャライズド 31, 37-38, 43, 84, 90-92, 96, 119
スポア、マーク 90
スポーツフル 112, 214
スマート、サイモン 34, 36, 86-87, 99-100, 110
スミス、スティーブ 112
生体パスポート 7, 126, 138
生理的なストレス 225
世界アンチ・ドーピング機関（WADA） 7, 137-138, 143, 178
世界スポーツ用品工業連盟（WFSGI） 89
摂食障害 156
「絶食トレーニング」の新理論 54, 56

セルパ、ホセ 25
ソシオメーター 227
ソフトウェア／アプリ 123, 152, 223, 226
　トレーニングピークス 22-27, 81, 200
　レストワイズ 199, 201

タ

体脂肪 153-156
タイヤ 104-105
ダウセット、アレックス 12
　〜とウェア 109-110
　〜と空気抵抗 35-37
　〜とホイール 98
　電動コンポ 121-122
タッカー、ロス 21, 146-147, 151
脱水
　→「水分補給」を参照
ダニエルソン、トム 61, 98
タピ、ベルナール 95
タランスキー、アンドリュー 115, 219
炭水化物 53, 56, 58
　〜と回復 186-187
　〜と高地トレーニング 136
　〜と睡眠 195
　〜とレース 169-170, 175
　炭水化物を加えたシャーベット 217
タンパク質 58-59, 169, 186-187
チーム・スカイ 5-6, 7, 12, 25, 37
　〜とトラマドール 177-178
　〜と微調整人間 96
　ウェア 115-116, 214-215
　栄養 50, 56-58, 60, 190-191
　回復 184, 189-190, 194
　高地トレーニング 125, 143
　サドル 122
　シークレット・スクウィレル・クラブ 108, 120
　データ分析 42
　トレーニング 73-74
　トレーニングピークス 26
　パワーメーター 11
　フルームの出力データ 20-21
　ブレイルスフォード 15
　ヘルメット 117

チーム・ディメンションデータ 6, 57, 60, 98, 177, 190, 209, 217, 219
チームカー 103
チポリーニ、マリオ 107
チャイルド、ロブ 57, 59, 154, 177, 209, 213
チャップマン、ロバート 136
チャン、スティーブン 213, 228
中鎖脂肪酸トリグリセリド（MCT） 62, 230G
ツアー・オブ・オマーン 71
ツアー・オブ・カタール 71
ツアー・オブ・ドバイ 71
ツアー・オブ・ヒラ 98
ツアー・オブ・ミズーリ 61
ツアー・オブ・ユタ 183
ツアー・ダウンアンダー 221
ツール・ド・スイス 80
ツォイドル、リカルド 41
低酸素症 225
低酸素テント 133, 142-143, 231G
ディスクブレーキ 224
ティマー、アルベルト 70
ティンコフ 6, 11, 20
　〜とトレーニング 71, 73, 74, 78
　〜とトレーニングピークス 25-26
　〜とバイクフィッティング 30, 32
　暑さ対策 219
　ウェア 112, 214-215
　栄養 51, 167-168, 174
　高地トレーニング 125, 130
ティンコフ、オレグ 194
デヴェナインス、ドリス 70
デグランジュ、アンリ 145
テクレハイマノ、ダニエル 140
デゲンコルブ、ジョン 11, 69-70, 134, 217
テストステロン 51-52, 78, 228
鉄分 139, 231G
デニス、ローハン 110, 145, 220-221
デマル、アルノー 175
デュムラン、トム 70, 125
デルガド、ペドロ 95
テルプストラ、ニキ 143
電解質 205-206, 211-214
電動コンポ 121-122

テンポ 15-16, 19
糖新生 154, 231G
トータルシム 120
ドーピング／薬物 7, 10, 63, 139-140, 192, 205, 229
　〜とパワーウェイトレシオ 151
　〜とヘマトクリット値 126
　生体パスポート 7, 126, 138
　ドーピング検査 137, 212-213
トーマス、ゲラント 123, 199, 203
トラックでのデータ採取 37-40
ドラフティング 45
トラマドール 177-178,
トレーニング
　〜と遺伝学 229
　筋力トレーニング 76-79
　脚質別のトレーニング 67-68
　ピークに合わせたテーパリング 80-81
　ピリオダイゼーション・トレーニング 71-76
　リードアウトのトレーニング 68-71
トレーニングゾーン 6, 15
トレーニングピークス 22-27, 81, 200
トレック・セガフレード 11, 22
　〜とトラックでのデータ採取 37
　〜とベスト・バイク・スプリット 41
　栄養 63, 175, 190
　高地トレーニング 143
　トレーニング 76
　フィッティング 30
トレック・リブストロング 12, 98

ナ

ナトリウム 206, 211-214
ニバリ、ヴィンチェンツォ 96, 102, 125, 147, 203
乳酸性閾値 15-16, 232G
尿のカラーチャート 209
上り坂 145-146, 160
　〜とフースホフト 154-157
　最適なケイデンス 157-161
　座るべきか立つべきか 161-162
　パワーウェイトレシオ 146-147, 150-152

ハ

パーカー、マット 155
バーク、ルイス 216
ハーゲン、エドヴァルド・ボアソン 86
ハース、ネイサン 221
バート、フィル 96
バイク
　革新 83-96
　フィッティング 29-46
バイクの振動 225
バイクのチューブ 84, 90
ハウダム、ジュディス 50, 58, 62-63, 166, 172, 177, 184, 186-187, 205, 211
ハウリー、ジョン 54, 56, 58
パオリーニ、ルカ 201
パスフィールド、ルイス 157, 162
バッソ、イヴァン 123
バヌルス、オリヴィエ 137-138
パリ～ニース2015年大会 41
パリ～ボルドー 205
パリ～ルーベ 29, 104, 232G
バリー、マイケル 177
バルベルデ、アレハンドロ 34, 119, 158
ハレン、ヨースタイン 157
パワーウェイトレシオ 146-147, 150-152
パワーメーター 6, 9-11, 14-15, 232G
ハンセン、エルンスト 158, 161
パンターニ、マルコ 85, 126, 127, 146, 151
ハンツマン、サイモン 116, 214-215
バンデベルデ、クリスチャン 61
ビア、ジョー 114
ピーク、ジョナサン 191
ビーツの根 60
ヒーレー、ダニエル 6, 17, 20, 26, 56, 59, 67, 71, 73-74, 77, 150, 152, 156-157, 162, 229
ビタミン 64
ピツラディス、ヤニス 7, 229
ピノ、ティボー 203
ピノッティ、マルコ 130, 135-136
ピリオダイゼーション・トレーニング 71-76
疲労 200-201, 226, 229

ファレル、アラン 178
フィードゾーン 210
フィジーク 122
フィットバイク 30-31
フィニョン、ローラン 83
フースホフト、トル 57, 63, 154
風洞実験 43-44, 90-92, 112, 123, 224, 228
ブーニョ、ジャンニ 90
フェーレルス、トム 70
ブエルタ 34, 110, 114, 161, 184, 209
ブエルタ・アル・パイス・バスコ 184
フェルブルッフェン、ハイン 126
フォイクト、イェンス 10-11
フォス、オイヴァン 157
フグルサング、ヤコブ 36
ブックウォルター、ブレント 15, 135, 139, 170, 175, 192, 199, 220
プラティパス 42
フランドリア 49
フリーラジカル 64, 188
フリール、ジョー 23, 155
フリール、ダーク 23-24, 41, 200
ブリドー、ルーシーアン 64
プリドール、レイモン 94
プリングル、ジェイミー 228
フルーム、クリス 5, 15, 112, 203
　〜と上り坂 145, 157, 161
　〜とパワーメーター 11
　ウェア 214
　栄養 175, 177
　栄養補給のタイミング 171-172
　回復 183, 192
　サドル 122
　出力データ 20-21
　バイク 85-86
　パワーウェイトレシオ 147, 151
　落車 100
ブルターニュ・セシェ・アンヴィロヌモン 84, 94
ブルナン、マキシム 103
ブレイルスフォード、デイヴ 15, 108, 120, 139, 223
フレイレ、オスカル 154
プレシジョン・ハイドレーション 211
ブロウ、アンディ 205-206, 211-212

ブロック・ピリオダイゼーション　74-76
ブロッケン、ベルト　45, 84
ベイカー、ジョナサン　6, 30, 60, 126, 131, 140-142, 178, 181, 225
ベイリー、デイヴィッド　11, 22, 43, 74, 76, 79, 143, 158-161, 184, 189, 191, 198-199
ヘシェダル、ライダー　81
ベスト・バイク・スプリット　41
ヘスペル、ペーター　63, 77, 166-167, 172, 210
ベタンクール、カルロス　142
ヘッド、スティーブ　98, 105
ヘマトクリット　126, 141, 232G
ベリー、マイケル　188
ベルトラン、エドアルド　32
ベルナール、ジャンフランソワ　95
ベルハネ、ナトナエル　140
ヘルメット　116-120
ペレイロ、オスカル　85
ベロキ、ホセバ　208
ヘンダーソン、グレッグ　52, 62, 84, 96, 98, 101, 115, 123, 165
ホイ、サー・クリス　108
ホイール　96-103
　→「タイヤ」も参照
ポート、リッチー　11, 79, 172, 194, 203
ボードマン、クリス　13-14, 23, 87, 108, 120-121, 184, 220
ホーナー、クリス　161-162
ボーネン、トム　77
ボーラ・アルゴン18　190
ホールズワース、デイヴィッド　56
ホールソン、ショーナ　191-192, 194
ポジション　34-40
　→「バイクフィッティング」も参照
ホッダー、サイモン　116
ホバン、バリー　46
ホプカー、ジェームズ　162
ポランティエール、ミシェル　213
ホワイト、フィル　89-90
ボンキング　179
ボンパ、テューダー　71

マ

マーティン、ダン　42, 57, 221
マーティン、デイヴィッド　43, 68, 80, 112, 192, 227
マーティン、マイク　188
マイカ、ラファル　203
マヴィック　103, 104, 121
マグネシウム　206
マクムリー、ロバート　188
摩擦　39, 84, 86
マセソン、ケン　127, 130
マッサージ　192-193
マッスル・サウンド　223
マテュー、ジャン　178
マドセン、ショーン　31-32
マルコーラ、サムエレ　226
マルティン、トニー　36, 110
マローリ、アドリアーノ　34
マンガー、ウィル　64
ミッチェル、ナイジェル　60
ミトコンドリア生合成　53
ミナール、セバスティアン　101
無酸素能力　15, 16, 232G
ムジカ、イニゴ　74
メディチ、アクバル・デ　188
メリダ　92
メルクス、エディ　9, 29, 85, 107, 135
メンタルトレーニング　228
モビスター　6, 10-12, 26, 34, 36, 98, 114, 120, 122
モレマ、バウク　22, 29, 37, 102, 146, 157, 159

ヤ

ヤング、イアン　109-110
ユー、クリス　38, 40, 43-44, 96, 119, 228
ユーロップカー　26
ユンゲルス、ボブ　41, 174
予測分析　42-43

ラ

ラ・ヴィ・クレール　95
ラ・ピエール・サンマルタン　20
ライプハイマー、リーヴァイ　98

ラファ　116, 215
ララサーバル、ジョシュ　41, 76-78, 211, 219
ランプレ・メリダ　11, 25
リース、サム　125-126, 133-134, 142
リース、ビャルネ　7, 147, 151
リードアウト　68-71
リナード、デイモン　90
リム、アレン　61
ルイス、ロブ　86, 120
ルー、ポール　101, 105, 224
ルーバー、サビーネ　193
ルガノ憲章　89
ルチア、アレハンドロ　157
ルック　84, 94-95
レース中の栄養補給　165-171
　〜とカフェイン　176-177
　〜のタイミング　171-175
　乳酸の中和　178, 180-181
レースの消費カロリー　166-168
レストワイズ　199, 201
レテネ、ミシェル　104, 121
レモン、グレッグ　9-10, 83, 95, 147
レンショー、マーク　154
ロイド、ダニエル　212
ロウ、ルーク　184, 214, 221
ローソン、ティム　228
ロータス製のスーパーバイク　13-14
ロクヤール、キム　63, 190
ロジャース、マイケル　25-26, 43, 73, 78, 80-81, 170, 172, 183, 200, 208, 215-217, 219
ロッシュ、ステファン　85
ロッシュ、ニコラス　57
ロット　23
ロット・ソウダル　52, 62, 84, 96
ロットNL・ユンボ　11, 115
ロドリゲス、ホアキン　145, 174
ロブ・チャイルドによる回復法　190-191
ロンネスタッド、ベント　75

PICTURE CREDITS

All photographs © Getty Images with the following exceptions:

Page 31 © Grant Pritchard
Pages 32,33 © BrakeThrough Media
Page 28 © Carson Blume
Page 35 © Cervelo
Pages 38,40,87 © Trek Factory Racing
Pages 50,134,193,216 © Wouter Roosenboom
Page 97 © Specialized
Pages 159,170,184-185,190,204 © Graham Watson
Page 219 © BMC Racing Team

謝辞 ACKNOWLEDGEMENTS

○大勢の人々が私の執筆を手助けしてくれたおかげで、本書は読み応えのある1冊に仕上がった。まずは、ASOに感謝しなければならない。ASOによってツール・ド・フランスが開催されていなければ、言うまでもなく、この本は誕生しなかった。

　スポーツサイエンティスト、栄養士、シェフ、生理学者、科学博士、選手、広報担当者など、多くの時間と知識を私に提供してくれた人々にも感謝したい。特にダニエル・ヒーレー、デイヴィッド・ベイリー、デイヴィッド・マーティン、マイケル・ロジャースの各氏には、私のとめどない質問に何度となくお付き合いいただいた。心からお礼を言う。

　ブルームズベリーは、本書の出版に強い意欲を持ち、私をずっと後押ししてくれた。中でもシャーロットは、情熱的に仕事に取り組み、原稿への率直な意見をくれた。私のメール返信が滞りがちになると、サラが私を丁重に諭し、プロジェクトを前に進めてくれた。まとまりのない私の原稿を美しい本に変えてくれた、編集、校正、デザイン担当の皆さんにも感謝する。

　本書の執筆中、私が寄稿していたすべての雑誌の編集者にも礼を言いたい。特に『サイクリスト』誌のピート・ミューアは、私の寄稿の遅れを快く許してくれた。遅れてしまった分だけ、良い記事が書けたことを願う。また、我が家の才能豊かな子供たちにも力を借りた。サッカーに熱中している息子のハリーのおかげで、私は適度に気分転換を図ることができた（おまけに彼は、絵を描いて本書の表紙デザインまで考えてくれた）。科学が得意な娘のミアのおかげで、私は彼女の想像以上に、知識を深めることができた。両親は、デヴォン州の人間にとって理想的な環境で私を育ててくれた。幼い頃、彼らが買い与えてくれたプジョーの青い自転車は、私の原点だ。ラルプ・デュエズの山頂以上に、本書の完成が遠く感じられたとき、いつも見計らったように励ましてくれた姉にも感謝したい。

　最後に、妻のタラへ。なかなか筆が進まず苦しかった時期は、週末も夜も早朝も、そばにいてやれなくてすまなかった。こうして乗り越えられたのは、君のサポートや信頼、そして愛があったからだ。君は最高の女性だ。

監訳者あとがき

　私（西薗良太）は、2017年をもってプロロードレーサーとしての生活を終え、新たな人生を踏み出しました。それから半年ちょっと経った現在、世間では2020年の東京オリンピックに向けて報道も徐々ににぎわってきているところですが、ロードレースに関してはコース発表がちょっと一般紙に載ったぐらいのものです。個々人の選手は頑張っていますが、ワールドツアーに所属する選手は2人（別府・新城選手）で国別ランキングも30位台と、なかなか厳しいと言わざるをえません。

　自分も一人の選手としては目の前のレースを精一杯こなし、上位チームにアピールするということを繰り返す他はなかったのですが、日本という枠組みで考えると、組織としての取り組みに多く改善の余地があるとも感じていました。若い選手への適切なタレント発掘事業や、良質なレースとコーチングの提供。成長した選手が活動できる、ヨーロッパのレースを回る中堅チームの確立などがよく挙げられると思いますが、良質な文献へのアクセスというのも重要だと考えています。

　英語では本や論文という形で膨大な情報がまとめられており、数千円投資して読むだけで多くの選手やスタッフ、科学者の知見を濃縮した形で得ることができます。自分がエンジニアリングの教育を大学で受けたということもありますが、こういった本や論文から知識を得て、自分のトレーニングに応用できるかを常に考え、応用結果をパワーメーターのデータや体感から自分なりに解釈するというプロセスは、選手として大きいアドバンテージになりました。日本のメディアやSNSでは、ヨーロッパ勢との差は何から生まれるのか、その秘密は何かとよく言われますが、私が垣間見たトップレベルの指導やトレーニングというものは、それほど自分が公開情報から組み立てた像から離れているものではなく、むしろそれを徹底していることだったように思います。まっとうなことをまっとうにすることこそが最も大切なのです。

　レースの現場から離れ、自分が日本のロードレースに恩返しできることがあるとすれば、何だろうかと考えたとき、自分が得てきた知識の元を日本語でシェアするのがよいのではと考えました。その一つの形がこの本の翻訳であり、パワーメーター・フィッティング・栄養・機材・リカバリー……と多様な話題でそこそこ新しい情報まで読者の知識をアップデートできたのではないかと期待しています。

　翻訳について不躾な問い合わせに回答していただき、その後も度々疑問点についてご教授いただいた原著者ウィッツさん、東大のカフェまで何度も訳の議論に来ていただき訳出・訳の取りまとめをしてくださった湊さん、編集水上さん、変わった企画を実現しようと奮闘してくださった東京書籍の山本さん、タトル・モリの三次さん、そして遊びたい盛りを我慢してくれた娘と、訳をチェックする間に娘の世話をしてくれた妻、そしてこの本を手にとってくれた読者の皆さんに感謝します。

　　　　　　東京にて　2018年8月　西薗良太

【著者】
ジェイムズ・ウィッツ　JAMES WITTS

スポーツ科学のバックグラウンドを持ち、英国で数多くの雑誌のライターをつとめる。おもな執筆誌に『サイクリスト』、『サイクリング・プラス』、『220トライアスロン』、『ランナーズ・ワールド』、『メンズヘルス』、『GQ』など。また、「ガーディアン」紙にも執筆し、ツール・ド・フランスの多くの現場を報告している。トライアスロンをはじめ、ハーフマラソンなどのアスリート活動も活発であり、世界中で競技している。

【監訳者】
西薗良太　にしぞの・りょうた

元プロロードレース選手。スポーツデータアナリスト。1987年鹿児島県生まれ。鹿児島第一高校を経て、東京大学に進学。全日本大学対抗選手権（インカレ）の自転車競技・個人ロードレース及び個人タイムトライアルを制し、学生ロード二冠を達成。2011年、東京大学工学部計数工学科システム情報専攻を卒業し、シマノレーシングに加入、日本初の東大卒のプロロードレース選手として話題になる。ヒルクライムでの強さを誇ったが、理詰めでフォームや戦略を組み立てていくタイムトライアルも得意としており、全日本選手権を3度制覇するなど、トップレベルの実績を残し、2017年シーズン終了とともに引退。

翻訳者　　　　小見英之／定木大介／湊麻里
編集協力・DTP　株式会社リリーフ・システムズ
装　幀　　　　榊原蓉子（東京書籍AD）

世界最高のサイクリストたちの
ロードバイク・トレーニング
ツール・ド・フランスの科学

2018年9月18日　第1刷発行
2018年9月25日　第2刷発行

著　者　　ジェイムズ・ウィッツ
監訳者　　西薗良太
発行者　　千石雅仁
発行所　　東京書籍株式会社
　　　　　〒114-8524 東京都北区堀船2-17-1
　　　　　電話　03-5390-7531（営業）
　　　　　　　　03-5390-7508（編集）
印刷・製本　図書印刷株式会社

Copyright © Ryota Nishizono and Tokyo Shoseki Co., Ltd.
All Rights Reserved.
Printed in Japan

ISBN978-4-487-81166-3 C0075

乱丁・落丁の際はお取り替えさせていただきます。
本書の内容を無断で転載することはかたくお断りいたします。